하늘로 땅을 채우는 사람들
하나님 나라의 백성

하나님 나라의 백성
하늘로 땅을 채우는 사람들

발행 2015년 10월 15일

지은이 이복우
발행인 윤상문
디자인 여수정
발행처 킹덤북스
등록 제2009-29호(2009년 10월 19일)
주소 경기도 용인시 기흥구 동백동 622-2
문의 전화 031-275-0196 팩스 031-275-0296

ISBN 979-11-5886-005-9 (03230)

Copyright ⓒ 2015 이복우
이 책은 저작권법에 따라 보호받는 저작물이므로 무단전재와 복제를 금지하며,
이 책의 내용의 전부 또는 일부를 이용하려면 반드시 저작권자와 킹덤북스의 서면 동의를 받아야 합니다.

※ 잘못된 책은 구입하신 곳에서 교환하여 드립니다.
※ 책 가격은 표지 뒷면에 있습니다.

 킹덤북스(Kingdom Books)는 문서사역을 통해 하나님의 나라를 확장하고, 한국 교회와 세계 교회를 섬기고자 설립된 출판사입니다.

하늘로 땅을 채우는 사람들
The People of God's Kingdom

하나님 나라의 백성

이복우 지음

킹덤북스
Kingdom Books

추천사

조병수 총장(합동신학대학원대학교)

성경에는 무궁한 보화가 저장되어 있다. 성경은 영원한 계시로 하나님의 은혜와 인간의 구원에 관한 진리를 쌓아둔 경이로운 곳간이다. 한 마디로 말해서 성경은 하늘을 담고 있다. 하지만 이 하늘 곳간을 열고 그 속에 빼곡히 진열된 것들을 꺼내야만 나의 보화가 된다. 성경의 보화를 우리의 소유로 만들어주는 것을 성경해석이라고 부른다.

이복우 교수는 마치 "새것과 옛것을 그 곳간에서 내오는"(마 13:52) 서기관 같다. 그의 성경해석에서 가장 먼저 두드러지는 특징은 본문 관찰이 뛰어나다는 것이다. 그는 예리한 안목으로 멀리는 문맥으로부터 시작해서 가깝게는 문법과 구조까지 세밀하게 분석해낸다. 그러나 그의 해석은 사물적인 관찰로만 그치는 것이 아니다. 그는 성경으로부터 끄집어낸 진리를 마치 이야기꾼처럼 다시 구성하여 사람들의 마음에 가지런히 정리해준다. 그의 진술은 너저분하게 군더더기를 붙인 저술들과 달리 매우 담백하지만, 오히려 그렇기 때문에 힘차고 설득력 있다. 특히 그의 글에서 눈길을 끄는 것은 실제적인 적용이다. 그는 하늘을 말하다가 땅을 잃는 사람이 아니다. 놀랍게도 그의 적용은 배고픈 사람을 위해서 길목을 지키는 주막처럼 꼭 필요한 곳에는 언제든지 등장한다. 이렇게 하여 그의 성경해석은 하늘을 땅에 연결시키는 우리의 해석이 된다. 이복우 교수의 책은 성경을 읽는 사람, 성경을 연구하는 사람, 성경을 가르치는 사람, 모두에게 큰 유익을 줄 것을 확신한다.

# 추 천 사

이승진 교수(합동신학대학원대학교 설교학)

"말씀이 육신이 되어 우리 가운데 거하시매"(요 1:14a).

기록된 하나님의 말씀인 성경은 항상 올바른 해석과 선포를 기다리고 있다. 올바른 해석과 선포(혹은 교육이나 설교)는 하나님의 능력과 영광으로 이어지지만, 부정확한 해석과 선포는 교회의 쇠락과 이단 발흥으로 이어질 수도 있다. 교회의 주인이 유능한 목회자나 헌신적인 교인이 아니라 거룩하신 삼위 하나님이시라면, 하나님의 교회의 부흥의 비결은 무엇보다도 기록된 하나님의 말씀인 성경에 대한 올바른 해석과 선포에 달려 있다. 주님의 교회는 주님의 말씀으로 일어서기도 하고 쇠락하기도 한다. 그런 의미에서 오늘날 침체한 한국 교회를 위해서는 무엇보다도 올바른 성경 해석에 기초한 말씀 교육과 설교가 절실히 필요하다.

본서, 『하나님 나라의 백성: 하늘로 땅을 채우는 사람들』은 이러한 한국 교회의 필요에 효과적으로 응답할 수 있는 안내서이다. 본서의 저자, 이복우 교수님은 요한복음 전공자로서, 그리고 합동신학대학원에서 신약학을 교수하는 교수이자, 지역 교회에서 일반 신자들을 대상으로 하나님의 말씀을 선포하고 교육하는 목회자로서 한국 교회의 회복은 "하나님의 말씀에 대한 올바른 해석과 선포"에 달려 있음을 그 누구보다 확신하고 있다. 또한 저자는 기록된 하나님의 말씀인 성경에 대한 깊이 있는 성경 해석의 과제와 하나님의 말씀을 먹고 자라는 지역 교회 신자들의 영적인 필요라는 이중의 과제를 어느 한쪽에 소홀함이 없이 효과적으로 감당할 수 있는 적임자이다.

본서는 저자가 특별히 '그리스도인의 정체성'에 관한 주제를 중심으로 신학교와 지역 교회에서 강의와 설교 및 교육을 통해서 다뤘던 내용들을 선별하여 책으로 묶은 것이다. 본서에서 저자가 하나님 나라 백성들의 영적인 정체성이라는 주제를 다룰 때 먼저 해당 구절에 대한 자세한 순차적인 주해에 집중하면서도 신약과 구약을 포함하여 성경 전체의 구속사적인 관점에서 해당 본문의 신학적인 의미를 풍성하게 드러내고 있다. 이러한 구속사적인 관점의 성경해석은 성경에 대한 도덕적이고 윤리적이고 인본주의적 해석의 한계를 쉽게 극복하는 장점이 있다.

본서를 통해서 독자들은 하늘의 신비로운 하나님의 말씀이 친히 우리의 연약하고 비천한 인지 능력의 한계 아래로 찾아 내려오셔서 하나님 나라 백성 된 우리 모두를 하늘의 신비로 가득 채우시는 놀라운 은총을 경험할 수 있을 것이다.

추천사

홍동필 목사(전주새중앙교회 담임목사)

평소에 이복우 교수님을 대하면 신학자이면서도 목회자임을 발견하게 됩니다. 이 교수님은 따뜻하고 정이 많으며 그러면서도 분명하고 확실한 개혁주의 입장에서 강의하고 설교하는 귀한 목사님이며 교수님입니다. 이번에 『하나님 나라의 백성: 하늘로 땅을 채우는 사람들』이라는 책을 출간함을 진심으로 축하드립니다.

이 책에는 그동안 교수님을 대하면서 느꼈던 복음의 열정이 아주 선명하게 드러나 있습니다. 교수님은 신학을 바르게 전할 뿐 아니라 성도와 교회를 진리 위에 온전히 세우려는 열망으로 성경을 해석하고 설명합니다. 특히 교수님은 본서에서 복음의 핵심인 예수님을 성경 본문에 근거하여 다양하게 증거하고 있습니다. 이것은 어디에서도 쉽게 발견할 수 없는 참으로 좋은 내용입니다. 따라서 이 책을 읽는 분들은 예수 믿는 즐거움, 기쁨, 행복, 소망, 감격을 매 글에서 대하게 될 것입니다. 또한 교수님은 모든 글에서 하나님 나라를 선명하게 해석하고 있습니다. 이것은 모든 독자에게 구원의 확신과 감격과 기쁨을 더하여 주고, 그 나라가 우리가 가야 할 아름다운 나라임을 확실히 깨닫게 해 줄 것입니다.

지금은 한국 교회가 교회답지 못하고 성도가 성도답지 못한 위험한 시대라고 누구나 말합니다. 이렇게 된 주요 원인 중의 하나는 성경을 너무 쉽게 해석하고 재미 위주로 해석하려는 데 있다고 봅니다. 때문에 복음과 말씀에 대한 정확한 해석은 진짜를 얻기 원하는 사람들에게는 생명과도 같습니다. 따라서 처음부터 끝까지 정확한 해석으로 일관되어 있는 이 책은 바른 믿음으로 살려고 하는 사람들과 성경을 바로 알기 원하는 사람들에게 큰 유익을 주리라 확신합니다.

　합동신학대학원대학교에서 신대원생들을 사랑과 진심으로 대하며 열정적으로 강의하는 바쁜 일정 가운데서도 이런 귀한 책을 출간하게 됨을 진심으로 축하드립니다. 그리고 부족한 사람에게 이런 귀한 책을 추천할 수 있는 기회를 주셔서 감사드리며, 이 글을 대하는 모든 독자 분들에게 큰 유익이 되리라 믿어 기쁜 마음으로 추천합니다.

 **머리말**

    글을 읽는 목적은 그 안에 담긴 의미를 알기 위해서이다. 그러므로 읽는 것은 곧 해석하는 것이다. 성경을 읽는 목적도 그 안에 새겨진 참 뜻을 바로 이해하고 깨닫기 위함이다. 따라서 독자는 성경의 진의를 왜곡하거나 무시하는 자의적인 해석을 하지 않도록 주의해야 한다. 특히 독자는 자신의 생각과 경험과 선지식을 성경해석의 기준으로 삼아서는 안 되며, 또한 자신의 처지나 현 상황에 대한 해답을 성경에 강요해서도 안 된다. 바른 성경해석은 성경이 독자를 판단하고 가르치며 교정하는 것이다. 즉 주관(독자)이 객관(성경)을 강제하는 것이 아니라, 객관이 주관에게 충격을 주어 변화를 이끌어 내는 것이다. 성경해석의 가장 기본적인 원리는 객관의 주관화가 아니라 주관의 객관화이다. 본서는 이 원리를 적용하고 실천하고자 노력한 작은 결과물이다.

    신자라면 누구나 이미 신학을 하는 사람이다. 그 신학이 초보적이거나 체계화되지는 못했을지라도 그가 믿음의 내용을 가지고 있는 것만은 분명하기 때문이다. 신앙은 신학의 표현이다. 따라서 신앙이 신학교의 전유물이 아닌 이상, 신학 역시 신학교의 울타리 안에 갇혀 있으면 안 된다. 바른 신학일수록 신학교의 담장을 뛰어 넘어 모든 성도에게 풍성히 가르쳐지고 증거 되어야 마땅하다. 이를 위해서는 성도에게 어렵지 않고 은혜가 되면서도 그 속에 바른 신학이 녹아 있는 책들이 많이 출판되어야 한다. 본서는 이런 소원과 바람의 한 열매이다.

본서의 내용은 주로 그리스도인의 정체성(신분과 삶)에 관한 주제로 이루어져 있으며, 필자가 설교와 강의를 위해 준비했던 글들(이런 까닭에 인용한 자료들의 출처를 일일이 밝히지 못했다)을 보완하고 수정한 것이다. 그렇다 해도 이 책이 단지 나의 수고와 노력의 산물일 수는 없다. 나같이 부족하고 죄 많은 자를 내치지 않으시고 변함없는 사랑으로 오래 참으시며 인도하신 하나님의 은혜와 신실하심이 없었다면 이 책은 세상에 나오지 못했을 것이다.

또한 해 아래 새 것이 없다는 말씀대로 본서의 내용 중 많은 부분은 나의 스승이신 조병수 총장님(합동신학대학원대학교)으로부터 듣고 배우고 전수한 것이다. 조 총장님은 언제나 진심과 전심과 성의를 다해 나를 가르쳐 주셨고 그리스도의 사랑과 겸손의 본을 친히 보여

주셨다. 그분은 하나님이 나에게 베풀어 주신 복중의 복이시다. 제자는 스승을 모방하고 흉내 내며 닮아 간다. 나는 평생 그분의 신학과 신앙과 사상과 인격과 삶을 본받기 위해 노력할 것이다.

본서의 추천의 글을 써 주신 존경하는 홍동필 목사님(전주새중앙교회 담임목사)께 감사를 드린다. 홍 목사님은 나보다 더 나를 생각하시고 앞서서 나의 길을 인도해 주신 분이시다. 홍 목사님은 참된 목회자의 표본이시다. 나는 그분에게서 영혼 사랑과 교회 사랑을 배우고 말씀에 대한 헌신과 신실한 믿음을 배운다. 또한 추천서를 써 주신 이승진 교수님(합동신학대학원대학교 설교학)께도 감사를 드린다. 이 교수님은 선배이시지만 후배인 나에게 언제나 먼저 손을 내미시고 격려를 아끼지 않으시는 그리스도의 마음을 가진 분이시다. 그분과의 교제를 통해서 나는 신앙과 지식의 새로운 세계를 경험할 때가 많이 있다. 나아가서 어려운 출판 현실 가운데서도 본서를 출판해 주신 킹덤북스(Kingdom Books) 대표이신 윤상문 목사님께 진심으로 감사를 드린다. 주님께서 윤 목사님의 중심과 헌신을 기억하시고 복주시기를 기도한다.

끝으로 사랑하는 아내에게 감사의 마음을 전한다. 오늘 내가 사명의 길을 갈 수 있는 것은 나와 동행하며 인내와 수고의 짐을 말없이 감당하고 언제나 나를 지지해 주는 아내가 있기 때문이다.

2015. 7. 6.
합동신학대학원대학교 연구실에서
이복우

그러나 내가 나 된 것은 하나님의 은혜로 된 것이니
내게 주신 그의 은혜가 헛되지 아니하여
내가 모든 사도보다 더 많이 수고하였으나
내가 한 것이 아니요
오직 나와 함께 하신 하나님의 은혜로라
(고전 15:10)

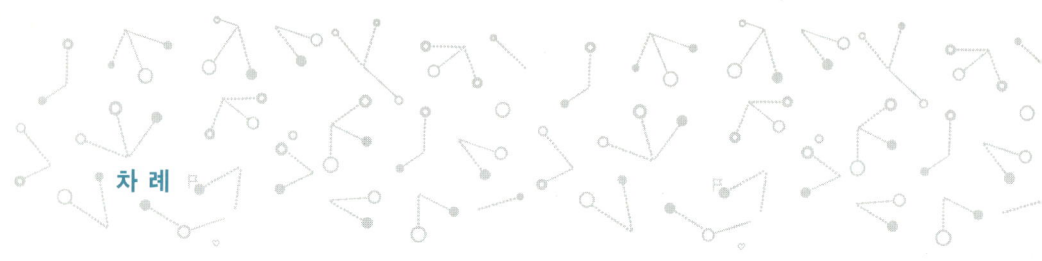

차례

추천사 5
머리말 10

01부 하나님 나라 백성의 구원

01장 빼냄과 들임 골로새서 1:13 — 19
02장 칭의의 목적 로마서 3:21-30 — 27

02부 하나님 나라 백성의 형통

01장 형통한 삶을 위하여 여호수아 1:1-9 — 39
02장 싸우시는 하나님 사무엘상 17:41-51 — 55
03장 120,000:1 요나 4:1-11 — 67
04장 아버지여! 마태복음 6:5-9 — 74

03부 하나님 나라 백성의 복음 전파와 교회

01장 하나님의 교회 고린도전서 1:1-3 89
02장 교회를 향한 하나님의 사랑 사도행전 5:1-11 101
03장 복음 전도의 최대 장애물 사도행전 10:1-16 115
04장 옥터를 흔드시는 하나님 사도행전 16:19-34 128

04부 하나님 나라 백성의 정체와 삶

01장 하나님의 성품에 참여하는 자 베드로전서 1:14-19 143
02장 예수의 사람 에베소서 2:10 154
03장 하나님의 백성인가 바로의 종인가? 출애굽기 5:1-9 167
04장 순종에 따르는 고난 출애굽기 17:1-7 173
05장 매인자의 평강 빌립보서 4:6-7 180
06장 주인의 신뢰 마태복음 25:14-30 193
07장 이것이 의로우니라 에베소서 6:1-4 203
08장 하늘나라 시민의 생활 빌립보서 1:27-2:8 215
09장 사람을 세우는 사람 골로새서 1:28-29 229
10장 나아감이 아니라 머묾이다 디모데후서 3:12-17 241
11장 천국 백성의 표지 요한계시록 7:9-17 256

01부 하나님 나라 백성의 구원

빼냄과 들임

골로새서 1:12-14

12 우리로 하여금 빛 가운데서 성도의 기업의 부분을 얻기에 합당하게 하신 아버지께 감사하게 하시기를 원하노라 13 그가 우리를 흑암의 권세에서 건져내사 그의 사랑의 아들의 나라로 옮기셨으니 14 그 아들 안에서 우리가 속량 곧 죄 사함을 얻었도다

Thomas J. J. Altizer는 사도 바울의 자의식에 대하여 부정적으로 평가한다. 그는 바울의 육체적이고 육신적인 "나"는 전적이고 총체적으로 죄에 사로 잡혀 있으며(롬 7:14-20), 자신의 양심과 자의식을 죄 많고 악한 것으로 이해한다고 주장한다. 하지만 골로새서에 나타난 바울의 자의식은 전혀 부정적이지 않다. 그는 "그가 우리를 흑암의 권세에서 건져내사 그의 사랑의 아들의 나라로 옮기셨으니"(골 1:13)라고 말한다. 사도 바울은 자신을 죄에 사로잡혀 있는 자가 아니라 구원받은 자로 천명한다. 따라서 그의 자의식은 부정적이 아니라 매우 긍정적이다. 사도 바울은 바로 여기에서 구원에 대한 그의 이해를 분명하게 보여주는데, 이것은 골로새서 1:13에 대한 아래의 분석에서 구체화된다.

	그가 = 아버지(골 1:12)
우리를 건져내사 　흑암의 권세에서 　그리고	옮기셨으니 　그의 사랑의 아들의 나라로

1. 구원의 주체

이 분석에는 구원에 관한 몇 가지 특징이 잘 나타난다. 첫 번째 특징은 구원의 주체가 누구냐 하는 것이다. 바울이 말하는 구원의 주체는 "그가"이다. 이것은 12절에 나오는 "아버지"를 가리킨다. 따라서 구원은 오직 "아버지" 하나님께서 행하시는 역사이다. 하나님은 "우리 구원의 시작이요, 유효적인 동인"이시다(Calvin). 그러면 하나님 "아버지"께서 구원을 행하시는 근본 이유는 무엇인가? 그것은 "아버지"의 성품 때문이다. 하나님 "아버지"의 성품은 "아비들아 너희 자녀를 노엽게 하지 말지니 낙심할까 함이라"(골 3:21)는 말씀에서 암시되고 있다. 하나님 아버지는 '은혜로우신' 아버지이시다(골 1:2). "'하나님'이라는 이름이 엄위하심을 더욱 강하게 나타내는 반면, '아버지'라는 이름은 인자하심과 자비하심을 나타낸다. … '아버지'라는 표현에서 그의 비교할 수 없는 은혜를 생각해야 한다"(Calvin). 이런 까닭에 바울은 복음은 "하나님의 은혜"를 깨닫게 하는 것(골 1:6)이라고 말하며, "은혜"가 골로새교회와 함께 있기를 기원한 것이다(골 4:18). 하나님 "아버지"는 은혜로우시며, 그 은혜로우신 성품에 근거하여 구원을 베푸시는 분이시다. 그래서 하나님 "아버지"는 언제나 성도들의 감사의 대상이 되신다(골 1:12; 3:17).

2. 구원의 특성

두 번째 특징은 하나님이 행하신 구원의 특성에 관한 것이다. 이 특성들은 빼냄, 구조, 구출을 의미하는 동사 "건져내사"와 옮김, 이동, 이주를 의미하는 동사 "옮기셨으니"의 연속적인 사용에서 잘 나타난다. 구원은 '빼냄'과 '들임'이며, '건짐'과 '옮김'이며, '구조'와 '이동'이다. 구원은 '구조'만으로나 또는 '이동'만으로 이루어 질 수 없다. 우리가 하늘에 있는 기업에 들어가기 위해서는 우리의 구출이 선행되어야 한다. 그리고 이 구출과 함께 이동(주)이 있어야 비로소 온전한 구원이 이루어진다(참고. 요 5:24). 구출의 궁극적인 목적은 이동을 위한 것이다. 이 개념은 전치사 "권세에서"와 "나라로"에 의해 강화된다(~에서 ~로). 이 두 전치사는 구원의 방향성과 영역성과 목적을 나타낸다.

(1) 방향

첫째, 구원은 방향성을 가지고 있다. 구원은 흑암의 권세'에서' 그의 사랑의 아들의 나라'로' 향하는 것이기 때문이다. 구원은 방향성을 가진 구조와 이동이다. 그것은 "흑암의 권세"로부터의 구조이며 "그의 사랑의 아들의 나라"로의 이동이다. 사람이 "빛 가운데서" 성도의 기업의 부분을 얻기 위해서는(골 1:12) "어둠의" 세력에서(골 1:13) 나와서 그의 아들의 나라로 이전해야만 한다. 여기에 빛과 어두움의 대조가 있다. 어두움의 세력으로부터의 구조는 아들의 나라를 지향한다. 이 나라는 '빛의 나라'이며, 이 나라에서 성도들에게 유업이 주어진다. 그러므로 구원받은 성도는 삶의 방향이 달라진다. 그는 전에 행하던 악한 일들(골 1:21)과 음란과 부정과 사욕과 악한 정욕과 탐심에서 돌이켜("벗어 버리고" 골 3:5-8) 주께 합당하게 행하여 범사에 주를 기쁘시게 하려고 애쓴다. 그는 어둠의 행위를 버리고 빛의 삶을 추구한다.

(2) 영역의 이동

둘째, 구원은 영역의 이동이다. 구원은 흑암의 권세'에서' 하나님의 아들의 나라'로' 들어가는 것이다. 이것은 영역의 변화를 가리킨다. 아들의 나라는 곧 "하나님 나라"(골 4:11)인데 이 나라는 영역과 무관할 수 없다. 영역 없는 나라는 있을 수 없기 때문이다. 그래서 성경은 자주 하나님 나라를 공간을 나타내는 말로 설명한다. 예를 들면 곳간(좋은 씨를 뿌린 자, 마 13:30; 참고. 3:12), 그릇(그물, 마 13:47,48), 포도원(집주인, 마 20:1이하) 등이다. 또한 공간적인 의미에서 자주 천국에 "들어간다"는 표현을 쓴다(마 5:20; 7:21; 18:3; 19:23,24; 요 3:5; 행 14:22; 딤후 4:18). 예수께서는 천국이 공간임을 나타내기 위하여 "천국 안에서", "천국 안으로"라는 용어를 사용하셨다. 여기서 공간은 곧 영역을 의미한다. 또한 예수께서는 천국의 "열쇠들"을 말씀하는데(마

16:19), 이것 역시 공간적인 하나님 나라를 가리키는 것이다. 나라 또는 왕국은 영토(영역)와 불가분리의 관계이다. 따라서 하나님 나라를 말할 때 영역(영토)을 전제하는 것은 너무나도 당연한 것이다.

구원은 한 영역으로부터 나옴이며 다른 영역으로 들어감이다. 이 사실은 "그가"라는 하나의 주어 아래에 두 개의 동사 "건져내사"와 "옮기셨으니"가 "그리고"(개역개정판에는 없음)로 연결되어 있는 것에서도 잘 나타난다. 그러므로 이 두 가지 동사는 각각 다른 주체에 의해 발생하는 것이 아니라 오직 한 분 하나님의 역사이다. 구원은 '하나님 아버지께서' 한 영역에서 건지셔서 다른 영역으로 옮기시는 것이다. 구원은 영역의 이동이다.

이 진리는 우리의 구원을 미리 보여주는 출애굽 사건에서도 분명하게 나타난다. 출애굽기 3:8에 보면 "내가 내려가서 그들을 애굽인의 손에서 건져내고 그들을 그 땅에서 인도하여 아름답고 광대한 땅, 젖과 꿀이 흐르는 땅 곧 가나안 족속, 헷 족속, 아모리 족속, 브리스 족속, 히위 족속, 여부스 족속의 지방에 데려가려 하노라." 여기서 하나님의 약속은 이중적인 내용으로 되어 있다. 첫째는 이스라엘을 애굽 땅에서 빼내는 것이며(건져내고), 둘째는 이스라엘을 가나안 땅으로 '들여보내는 것'이다(데려가려 하노라). 여기에 두 종류의 땅이 나온다. 하나는 애굽 땅이며 다른 하나는 가나안 땅이다. 애굽 땅은 하나님의 백성이 현재 처해 있는 곳이고, 가나안 땅은 하나님의 백성이 얻게 될 미래의 자리이다. 애굽 땅은 이스라엘 백성이 나오게 될 땅이고, 가나안 땅은 이스라엘 백성이 들어가게 될 땅이다. 그러므로 이스라엘이 하나님이 약속하신 가나안 땅으로 들어가기 위해서는 먼저 애굽 땅을 포기해야 하고 그것을 떠나야만 했다. 하나님의 약속은 이스라엘이 현재의 애굽을 포기하지 않으면 미래의 가나안을 얻을 수 없다는 것을 분명하게 알려주고 있다.

이와 마찬가지로 출애굽기 3:17은 "내가 말하였거니와 내가 너희를 애굽의 고난 중에서 인도하여 내어 젖과 꿀이 흐르는 땅 곧 가나안 족속, 헷 족속, 아모리 족속, 브리스 족속, 히위 족속, 여부스 족속의 땅으로 올라가게 하리라"고 말씀한다. 또한 출애굽기 6:6-8도 "그러므로 이스라엘 자손에게 말하기를 나는 여호와라 내가 애굽 사람의 무거운 짐 밑에서 너희를 빼내며 그들의 노역에서 너희를 건지며 편 팔과 여러 큰 심판들로써 너희를 속량하여 너희를 내 백성으로 삼고 나는 너희의 하나님이 되리니 나는 애굽 사람의 무거운 짐 밑에서 너희를 빼낸 너희의 하나님 여호와인 줄 너희가 알지라 내가 아브라함과 이삭과 야곱에게 주기로 맹세한 땅으로 너희를 인도하고 그 땅을 너희에게 주어 기업을 삼게 하리라"고 말씀한다.

(3) 단절과 연합, 그리고 통치

셋째, 구원은 단절과 연합을 일으키며 이것은 통치와 직결된다. 구원은 어두움의 영역으로부터 나오는 것이며 동시에 하나님 나라로 들어가는 것이다. 구원은 이전에 속해 있던 영역을 떠나 새로운 영역으로 옮기는 것이다. 따라서 구원은 이전 영역과의 단절이며 새로운 영역에의 연합이다. 이것은 소속의 변화를 의미하는데, 소속의 변화는 또한 지배의 변화를 가져온다.[1] 하늘의 기업에 참여하기 이전의 인간은 "흑암의 권세"에 소속되어 있다. 우리는 사도 바울이 이 영역을 단순히 흑암이라고 말하지 않고 흑암의 '권세'라고 말하는 데 주의해야 한다. 구원 받기 이전의 인간은 단순히 어둡고 캄캄한 상태에 있는 것이 아니라 흑암에 의하여 다스림을 받고 있었다. 사람이 이 영역에서 벗어날 수 없었던 것은 그가 단순히 흑암의 상태에 있었기 때문이 아니라 흑암의 지배를 받고 있었기 때문이다. 따라서 자력 구원은 불가능하다. 하나님께서 행하시지 않는다면 이 권세로부터의 구원은 있을 수 없다(참고. 마 4:16). "우리는 그리스도의 손으로 말미암아 자유로워질 때까지는 어두움의 압제 아래 붙잡혀 있다"(Calvin). 요약하면, 구원은 흑암에 소속되어 흑암의 권세의 지배를 받던 자가 그것에서 단절되어 하나님께 소속되고 연합하여 하나님의 통치를 받는 것이다(참고. 출 15:17-18 "주께서 백성을 인도하사 그들을 주의 기업의 산에 심으시리이다 … 여호와께서 영원무궁하도록 다스리시도다.") 구원은 하나님의 통치로 귀결되며, 이 통치는 하나님의 성품의 표현이며 실현이다.

---

1)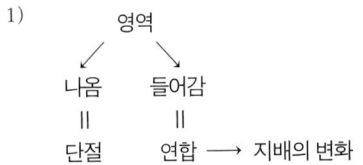

(4) 목적

넷째, 하나님은 아들의 나라를 "위하여" 구원을 행하신다. "나라로 옮기셨다"(골 1:13)는 말은 "나라를 위하여 옮기셨다"로도 해석된다. 신자의 구원은 하나님 나라를 목적으로 한다. 구원받은 성도는 하나님과 그의 나라를 '위하여' 모든 것을 행한다. 인간의 처음 창조도 주를 위한 것처럼(골 1:16d) 인간의 재창조(구원)도 역시 주를 위한 것이다. 그러므로 성도는 주께 합당히 행하여 범사에 기쁘시게 하고(골 1:10) 하나님 아버지께 감사해야 하며(골 1:12; 2:7; 3:15, 17; 4:2) 무슨 일을 하든지 마음을 다하여 주께 하듯 하고(골 3:23) 그리스도를 섬겨야 한다(골 3:24). 이처럼 구원받은 성도는 하나님 나라를 위하여 역사한다(참고. 골 4:11).

(5) 제한

사도 바울은 하나님 아버지에 의해서 구조와 이동을 통하여 이루어지는 구원을 "속량 곧 죄 사함"이라고 표현한다(골 1:14). 이 구원은 "그 아들 안에서" 이루어진다. 구원은 오직 예수 그리스도라는 제한 안에서만 이루어진다. 예수 그리스도를 떠나면 구속은 없다. 구속은 하나님께서 주체가 되어 행하시는 구조와 이동의 역사이나 오직 예수 안에서 이루어진다. 구속은 그의 피(참고. 골 1:20)로 말미암는 죄 사함이기 때문이다.

칭의의 목적

로마서 3:21-30

21 이제는 율법 외에 하나님의 한 의가 나타났으니 율법과 선지자들에게 증거를 받은 것이라 22 곧 예수 그리스도를 믿음으로 말미암아 모든 믿는 자에게 미치는 하나님의 의니 차별이 없느니라 23 모든 사람이 죄를 범하였으매 하나님의 영광에 이르지 못하더니 24 그리스도 예수 안에 있는 속량으로 말미암아 하나님의 은혜로 값없이 의롭다 하심을 얻은 자 되었느니라 25 이 예수를 하나님이 그의 피로써 믿음으로 말미암아 화목제물로 세우셨으니 이는 하나님께서 길이 참으시는 중에 전에 지은 죄를 간과하심으로 자기의 의로우심을 나타내려 하심이니 26 곧 이 때에 자기의 의로우심을 나타내사 자기도 의로우시며 또한 예수 믿는 자를 의롭다 하려 하심이라 27 그런즉 자랑할 데가 어디냐 있을 수가 없느니라 무슨 법으로냐 행위로냐 아니라 오직 믿음의 법으로니라 28 그러므로 사람이 의롭다 하심을 얻는 것은 율법의 행위에 있지 않고 믿음으로 되는 줄 우리가 인정하노라 29 하나님은 다만 유대인의 하나님이시냐 또한 이방인의 하나님은 아니시냐 진실로 이방인의 하나님도 되시느니라 30 할례자도 믿음으로 말미암아 또한 무할례자도 믿음으로 말미암아 의롭다 하실 하나님은 한 분이시니라

1. 놀라운 소식

성경은 모든 사람이 죄라고 하는 중병에 걸렸고, 그로 인해 하나님의 진노의 심판과 죽음이라는 시한부 삶을 살고 있다고 말씀한다. 그래서 모든 사람은 영원한 죽음을 향하여 달려가는 비참한 상태가 되고 말았다. 그러나 본문의 말씀은 참으로 놀라운 소식을 전한다. 그것은 이와 같은 처지에 있는 사람들에게 살길이 생겼다는 것이다. 로마

서 3:19-20은 이렇게 말씀한다. "우리가 알거니와 무릇 율법이 말하는 바는 율법 아래에 있는 자들에게 말하는 것이니 이는 모든 입을 막고 온 세상으로 하나님의 심판 아래에 있게 하려 함이라 그러므로 율법의 행위로 그의 앞에 의롭다 하심을 얻을 육체가 없나니 율법으로는 죄를 깨달음이니라." 하지만 로마서 3:21은 이렇게 시작한다. "그러나 이제는!"(개역개정에는 '그러나'가 빠졌음) 이 표현은 사도 바울이 엄청난 반전을 이야기 할 때 자주 사용하는 표현이다(롬 6:22; 7:6, 17; 참고. 롬 15:23, 25). 인간은 죄로 인해 죽을 수밖에 없었지만, "그러나 이제는" 살길이 생겼다는 것이다. 죄에 대한 진노와 저주와 죽음의 소식이 용서와 화해와 생명의 소식으로 바뀐 것이다. 이제는 죄인이 아닌 의인의 삶을, 사망이 아닌 생명의 삶을 살 수 있게 되었다는 것이다. 따라서 "그러나 이제는"이라는 이 두 단어는 우리를 절망에서 소망으로, 탄식에서 환희로, 죽음에서 생명으로, 지옥에서 천국으로 옮겨놓고 있다. 이것이야 말로 참으로 놀랍고 복된 소식이다. 그리고 그 핵심은 "하나님의 의"이다(롬 3:21, 22, 25, 26).

2. 칭의

로마서 3:21은 "그러나 이제는"이라는 말에 이어 "하나님의 의가 나타났다."고 선언한다. 이 의는 모든 사람이 죄를 범했고 그 결과 하나님의 영광에 이르지 못했기 때문에(23) 나타난 의이다. 그러므로 하나님의 의란 하나님께서 죄인들을 자신 앞에 의로운 '상태'가 되도록 하기 위해 베푸시는 구원 사역을 말한다. 다시 말해 하나님의 의는 죄인을 의인되게 하시는 하나님의 역사이며, 불의한 자를 정당하게 의롭다 하시고 의롭지 않은 자를 의롭게 만드시는 하나님의 의로운 방식이다. 이것은 하나님께서 불의한 자를 의롭다고 선포하시는 것이다(일컬으심). 이렇게 하여 불의한 자가 "의롭다 하심"을 얻게 된다(24, 참고. 26, 28, 30). 우리는 이것을 칭의라고 부른다. 이 칭의는 법정에서 사용하는 법률적인 혹은 변론적인 용어이다. 여기서 우리가 주의해야 할 것은 칭의는 사면과 동의어가 아니라는 사실이다. 사면은 소극적으로 처벌이나 부채를 면제해 주는 것이다. 반면 칭의는 적극적인 것으로서 의로운 지위를 부여하여 죄인이 하나님의 은총과 그분과의 교제로 회복되는 것이다(John Stott, 『로마서 강해』, IVP, 137-138). 핫지는 정죄와 칭의를 대조하여 다음과 같이 말하였다. "정죄는 단지 처벌하는 것이 아니라 피고인이 유죄이거나 처벌을 받아 마땅하다고 선언하는 것이다. 칭의는 단지 그 처벌을 면제하는 것이 아니라 정당하게 그 처벌이 가해질 수 없다고 선언하는 것이다. … 그러므로 사면(pardon)과 칭의는 본질적으로 다르다. 전자는 처벌의 면제이며, 후자는 처벌을 부과할 근거가 존재하지 않는다는 선포이다"(Charles Hodge, The Epistle to the Romans, 82). 이제 이 칭의에 대해서 좀 더 구체적으로 살펴보자.

(1) 칭의의 기원

첫째, 칭의는 어디에서 시작되었는가? 즉 칭의의 기원(유래)은 무엇인가? 그것은 하나님의 은혜이다. 24절은 이렇게 말씀한다. "하나님의 은혜로 값없이 의롭다 하심을 얻은 자 되었느니라." 모든 사람은 죄인이며, 인간 스스로 그 죄를 해결할 수 없다. 인간 자체로는 의롭다 함을 얻을 가능성이 전혀 없다. 이 말은 칭의는 인간 밖에서 온다는 뜻이다. 칭의는 오직 하나님이 주시는 하나님의 선물이다. 인간의 불의를 해결할 수 있는 분은 오직 하나님뿐이시다. 인간은 칭의를 위해서 아무런 값도 치르지 않았다. 따라서 칭의는 "값없이"(24a) 이루어지며, 그래서 칭의는 "은혜"이다. 칭의를 위하여 우리가 할 수 있는 것은 아무 것도 없다. 칭의는 전적으로 "하나님의 은혜로"만 이루어진다(24b). 칭의는 자신을 낮추시어 자비롭게 내어주시는 하나님의 은혜와 과분한 은총으로 되는 것이다.

(2) 칭의의 근거

두 번째로 생각해 보아야 할 것은 의로우신 하나님이 자신의 의를 타협하거나 인간의 불의를 눈감아 주지 않고도 불의한 자를 의롭다고 선포하는 일이 어떻게 가능한가 하는 것이다. 다시 말해 칭의의 근거(root cause)가 무엇이냐 하는 것이다. 그것은 바로 그리스도의 십자가이다. 로마서 4:5에서는 하나님은 "경건하지 아니한 자를 의롭다 하시는 이"(롬 4:5)라고 말씀한다. 하지만 어떻게 의로우신 하나님이 경건치 않은 자를 의롭다 하실 수 있는가? 결백한 사람은 결백하다고 선포되어야 하고, 죄 있는 사람은 죄 있다고 선포되어야 한다. 이것은 너무나 당연한 것이며 정의에 대한 기본적인 원리요 성경의 한결같은 가르침이다. "악인을 의롭다 하며 의인을 악하다 하는 이 두 사람은 다 여호와께 미움을 받느니라"(잠 17:15, 참고. 신 25:1). "나는 악인을 의롭다 하지 아니할 것이라"(출 23:7). 그렇다면 하나님은 다른 사람들에게는 하지 말라고 금하신 일을 스스로 하신 것이다. 이것은 도저히 믿을 수가 없다. 어떻게 이런 일이 있을 수 있을까? 그 해답은 바로 십자가이다. 만일 그리스도께서 십자가에서 죽지 않으셨다면 하나님이 죄인을 의롭다고 선언하시는 일은 결코 일어날 수 없었다. 십자가가 없었다면 불의한 자를 의롭다 칭하는 것은 정당화될 수도 없고 불가능했을 것이다. 하나님이 경건하지 아니한 자를 의롭다 하실 수 있는(롬 4:5) 것은 그리스도께서 경건하지 않은 자를 위하여 죽으셨기(롬 5:6) 때문이다. 예수께서 불의한 자들을 위하여 피 흘려(롬 3:25) 죽으셨기 때문에 하나님은 불의한 자를 정당한 방식으로 의롭다 하실 수 있는 것이다.

그러면 또 일어나는 질문은 예수님의 피 흘려 죽으심, 즉 예수님의 십자가가 어떻게 불의한 자를 의롭다고 할 수 있을까 하는 것이다. 사도 바울은 25절에서 예수님의 피 흘림이 "화목제물"이라고 말한다 (25). 하나님은 의로우신 분이기에 죄악에 대해 분노하시는 분이다. 죄악을 눈감아 주시는 분이 아니다. 악에는 반드시 하나님의 거룩한 분노가 임한다. 인간은 결코 이 분노를 진정시킬 수 없다. 하지만 하나님은 넘치는 사랑으로 우리를 위해 우리 스스로는 결코 할 수 없는 일을 하셨다. 그것은 예수님을 화목(해)제물로 세우신 것이다. 하나님은 우리가 하나님과 화목하도록 하기 위해 자기의 아들 예수님을 제물로 주시고 피 흘려 죽게 하셨다. 하나님의 위대한 사랑이 자기의 소중한 아들을 내어주심으로써 자신의 거룩한 진노와 화목하신 것이다. 이것이 바로 의로우신 하나님이 자신의 의로우심을 손상시키지 않으면서도 동시에 불의한 자를 의롭게 하실 수 있는 정당한 근거이다. 그러므로 칭의는 인간 편에서 보면 아무런 값도 치르지 않은 무상의 일이지만, 하나님 편에서 보면 가장 큰 값을 치른 일이다. 하나님은 불의한 죄인을 의롭게 만들기 위해 "예수의 피"(25)라는 가장 큰 값을 지불하셨다. 불의한 인간을 의롭다 선포하시기 위해 하나님께서는 그 아들 예수님을 화목제물로 십자가에 매달아 피 흘려 죽이셨다. 칭의는 그리스도의 "피로"(25) 이룬 것이며, 그 피가 우리의 칭의의 근거이다.

(3) 칭의의 수단

셋째, 그러면 어떻게 해야 우리는 하나님의 의롭다하심을 받을 수 있는가? 이 질문은 칭의의 수단(instrumental cause)에 관한 것이다. 그것은 오직 믿음이다. 바울 사도는 본문에서 일곱 번에 걸쳐 믿음의 필요성을 강조한다(22, 25, 26, 27, 28, 30bis.). "곧 예수 그리스도를 믿음으로 말미암아 모든 믿는 자에게 미치는 하나님의 의니"(22). "예수 믿는 자를 의롭다 하려 하심이니라"(26). "사람이 의롭다 하심을 얻는 것은 율법의 행위에 있지 않고 믿음으로 되는 줄 우리가 인정하노라"(28). 이처럼 불의한 우리가 하나님으로부터 의롭다고 인정받는 것은 오직 믿음으로 된다. 그러나 오해하면 안 될 것은 우리의 믿음을 수단으로 우리가 의롭게 된다고 해서 그 믿음이 우리의 공로가 될 수는 없다는 것이다. 그 믿음 역시 하나님이 주신 것이기 때문이다. 우리는 원래 허물과 죄로 죽었던 자들이다(엡 2:1; 골 2:13). 죽은 자가 어떻게 스스로 믿음을 발동할 수 있겠는가? 우리가 예수님을 믿는 믿음도 하나님에게서 온 것이다.

(4) 칭의의 목적

넷째, 하나님께서 불의한 우리를 의롭게 하시는 근본적인 목적은 무엇인가? 로마서 3:25-26은 "이 예수를 하나님이 그의 피로써 믿음으로 말미암는 화목제물로 세우셨으니 이는 하나님께서 길이 참으시는 중에 전에 지은 죄를 간과하심으로 자기의 의로우심을 나타내려 하심이니 곧 이 때에 자기의 의로우심을 나타내사 자기도 의로우시며 또한 예수 믿는 자를 의롭다 하려 하심이니라"고 말씀한다. 그러므로 칭의의 목적은 하나님의 의를 나타내는 것이다. 사도 바울은 두 번(25, 26)이나 이 말을 반복함으로써 이 사실을 강조하고 있다. 하나님은 선하시고 거룩하시며 의로우신 분이시다. 하나님은 자신의 선하심과 거룩하심을 감추어 두실 수가 없다. 마찬가지로 하나님은 자신의 의로움도 숨겨두실 수가 없다. 그러므로 인간이 범죄하여 타락했을 때 의로우신 하나님은 그에 대하여 의의 행위를 하실 수밖에 없었던 것이다. 집안을 쓰레기장처럼 더럽고 지저분하게 해놓고 사는 사람과 유리알처럼 맑고 깨끗하게 정리해 놓고 사는 사람의 차이는 곧 그들의 성품의 차이이다. 후자는 더러운 것을 못 보는 성품을 가졌기에 모든 것을 깨끗하고 정결하게 가꾸는 것이다. 하나님이 죄인을 의롭게 하심도 이와 같다. 하나님은 자신의 의로우심 때문에 예수 그리스도를 화목제물로 삼으셨다. 하나님은 자신의 의로우심 때문에 인간을 의롭게 하셨다. 하나님께서 인간을 타락 가운데서 의롭다 하시는 것은 "자기의 의로우심을 나타내려 하심"이다(25, 26). 그러므로 인간의 칭의는 하나님의 의로우심을 가장 완전하게 표현하는 것이다.

3. 맺는 말

본문은 죄라는 중병에 걸려 하나님의 진노와 심판이라는 사망 선고를 받은 인간들에게 참으로 놀라운 복된 소식을 전해 주었다. 우리가 죽을 자리에 있지만 "그러나 이제는" 살 소망이 생겼다. 그것은 하나님께서 불의한 우리를 의롭다 선포하신 것이다. 이 칭의는 전적으로 하나님의 은혜이다. 그 은혜는 예수님을 화목제물로 삼아 십자가에서 피 흘려 죽게 하신 것이다. 하나님의 은혜가 하나님의 진노를 몰아내셨고, 하나님의 아들이 우리를 대신하여 심판을 당하셨다. 우리는 이 사실을 믿음으로 의롭다 하심을 받는다. 하나님은 아무런 가치 없는 자들에게 자비를 베푸셨다. 하나님께서 그렇게 하신 것은 하나님 자신의 의로우심을 나타내려 함이다. 이것은 두 가지 사실을 우리에게 알려준다.

먼저, 인간의 구속이 하나님의 의로우신 성품에 근거한 것이라면, 그것은 결코 파기될 수 없다는 것이다. 하나님의 의로우신 성품은 영원에서 영원까지 이르며 하늘에서 땅까지 미치는 것이기에, 이 의로우신 성품을 나타내기 위한 인간의 구속 또한 영원하며 파기될 수가 없다. 하나님의 의로우심을 입증하는 인간의 칭의는 어떤 영적인 존재도 침범할 수 없으며, 어떤 인간도 망칠 수가 없다. 인간의 칭의는 이처럼 값진 것이다.

또한 의롭게 된 우리에게서 하나님의 의로우심이 표현되고 입증되며 실현된다는 것이다. 의롭게 된 성도는 하나님의 의를 소유한 자로서 하나님의 의를 뿜어내는 생활을 해야 한다. 그리하여 하나님의 의로우신 성품을 생활 가운데 이루어야 한다. 칭의는 정적인 것이 아니라 동적인 것이다. 칭의는 상태에서 활동으로 나아가는 것이다. 의롭게 된 자는 하나님의 의로우신 성품을 자신의 삶 속에 실현하고 표현하는 역동적인 인생을 살아야 한다.

02부

하나님 나라 백성의 형통

형통한 삶을 위하여

여호수아 1:1-9

1 여호와의 종 모세가 죽은 후에 여호와께서 모세의 수종자 눈의 아들 여호수아에게 말씀하여 이르시되 2 내 종 모세가 죽었으니 이제 너는 이 모든 백성과 더불어 일어나 이 요단을 건너 내가 그들 곧 이스라엘 자손에게 주는 그 땅으로 가라 3 내가 모세에게 말한 바와 같이 너희 발바닥으로 밟는 곳은 모두 내가 너희에게 주었노니 4 곧 광야와 이 레바논에서부터 큰 강 곧 유브라데 강까지 헷 족속의 온 땅과 또 해 지는 쪽 대해까지 너희의 영토가 되리라 5 네 평생에 너를 능히 대적할 자가 없으리니 내가 모세와 함께 있었던 것 같이 너와 함께 있을 것임이니라 내가 너를 떠나지 아니하며 버리지 아니하리니 6 강하고 담대하라 너는 내가 그들의 조상에게 맹세하여 그들에게 주리라 한 땅을 이 백성에게 차지하게 하리라 7 오직 강하고 극히 담대하여 나의 종 모세가 네게 명령한 그 율법을 다 지켜 행하고 우로나 좌로나 치우치지 말라 그리하면 어디로 가든지 형통하리니 8 이 율법 책을 네 입에서 떠나지 말게 하며 주야로 그것을 묵상하여 그 안에 기록된 대로 다 지켜 행하라 그리하면 네 길이 평탄하게 될 것이며 네가 형통하리라 9 내가 네게 명령한 것이 아니냐 강하고 담대하라 두려워하지 말며 놀라지 말라 네가 어디로 가든지 네 하나님 여호와가 너와 함께 하느니라 하시니라

1. 형통의 원리

모세가 죽은 후에 하나님께서 여호수아에게 가나안 정복의 사명을 주셨다. 이제 곧 엄청난 정복 전쟁이 벌어질 것이다. 이 때 하나님은 여호수아에게 "강하고 담대하라"고 명령하셨다. 이 명령은 6, 7, 9에서 반복되는데 이러한 삼중적인 반복은 매우 강한 강조를 의미한다. 먼저 6절에서 강하고 담대하라고 말씀한다. 이어 7절에서는 6절과

달리 "오직"이라는 말과 "극히"라는 말을 첨가함으로써 강조의 정도를 점점 더하고(점층법) 있다. 나아가서 9절에서 다시 강하고 담대하라고 말씀한다. 그런데 이 명령은 이스라엘 백성들에 의해서 다시 한번 여호수아에게 반복되고 있다(18). 이렇게 하나님은 여호수아에게 여러 차례 반복하고 강조하여 "강하고 담대하라"고 말씀하는데, 도대체 무엇을 위하여 강하고 담대하라는 것인가? "이제 곧 엄청난 전쟁이 시작된다. 그러니 너는 겁먹지 말고 마음을 강하고 담대하게 하여 용감하게 싸우라"는 말인가? 다시 말해 전쟁을 위하여 강하고 담대하라는 것인가?

7절은 "오직 강하고 극히 담대하여 나의 종 모세가 네게 명령한 그 율법을 다 지켜 행하고 우로나 좌로나 치우치지 말라 그리하면 어디로 가든지 형통하리니"라고 말씀한다. 따라서 강하고 담대하라는 말씀은 율법을 다 지켜 행하기 위하여 강하고 담대하라는 것이다. 이어서 "우로나 좌로나 치우치지 말라"고 말씀한다. 이 말 앞에는 원래 "그것으로부터"라는 말이 있다. 따라서 "그것으로부터 우로나 좌로나 치우치지 말라"는 말씀이 되는데, 여기서 "그것"은 율법을 가리킨다. 그러므로 7절을 풀어서 쓰면 "율법을 다 지켜 행하기 위하여 오직 강하고 극히 담대하라. 그 율법으로부터 우로나 좌로나 치우치지 말라. 그리하면 형통하게 될 것이다"라는 말씀이 된다.

큰 전쟁을 눈 앞에 둔 이스라엘에게 정말 필요한 것은 전쟁에 사용할 무기와 적에 대한 정보와 그에 따른 군사작전과 각종 군사 보급품 등일 것이다. 그런데도 하나님은 이런 것들에 대해 알려주시기는

커녕 오직 하나 하나님의 말씀을 철저히 지키고 그것에서 조금도 벗어나지 말라고 명령하신다. 그 앞에서 메뚜기로 느껴질 수밖에 없는 크고 강력한 가나안 용사들과의 전쟁을 직전에 둔 이스라엘 백성들에게 하나님은 전쟁 준비를 철저히 하고 용기를 내어 싸우라고 말씀하시지는 않고, 오히려 하나님의 말씀을 주야로 묵상하여 그 안에 기록된 대로 다 지켜 행하라고 말씀하신다. 이것은 "너희가 이 전쟁에서 이기고 지는 것은, 너희가 가나안 땅을 정복하느냐 못하느냐 하는 것은 너희의 수의 많고 적음과 탁월한 작전과 무기와 힘과 능력에 달린 것이 아니라 오직 너희가 하나님의 말씀을 지켜 행하느냐 않느냐에 달려 있다"는 것이다. 이 말씀은 이스라엘이 맞서 싸워야 할 진정한 적은 가나안에 살고 있는 여러 족속들이 아니라 이스라엘 자신 안에 있는 '하나님의 말씀을 거역하려는 죄악'이라는 것을 가르쳐 주시는 것이다. 하나님의 백성이 정말 경계하고 깨어 대적해야 할 궁극적인 적은 그들 밖에 있는 것이 아니라 그 자신들 안에 있다. 그리고 그 적은 바로 하나님의 말씀에 불순종하려는 부패한 본성이다.

실제로 이스라엘이 하나님의 말씀에서 치우치지 않았을 때, 그 말씀을 떠나지 않았을 때, 그 말씀을 버리지 않았을 때, 그들은 전쟁에서 승리하는 평탄한 길과 형통한 삶을 살 수 있었다. 그러나 그들이 하나님의 말씀에서 떠났을 때는 전쟁에서 패배하고 멸망의 길을 갔다. 여호수아서는 바로 이 사실을, 이 진리를 확증하고 확인시키고 있다. 이것이 여호수아서의 주된 메시지이다. 이제 여호수아서의 몇 가지 사건들을 통해 이 사실을 확인해 보자.

2. 요단강 도하(수 3장)

여호수아 3장에 보면 싯딤에서 출발한 이스라엘이 요단 강 앞에 도착했다(수 3:1). 그런데 그들 앞을 가로막고 있는 요단 강은 건너기가 결코 만만치 않았다. 요단 강의 물의 속도와 양이 대단했기 때문이다. 요단 강의 물의 속도는 매우 급하고 빨랐다(급경사). 게다가 강물의 양도 심각하게 많았다. 이 때는 곡식을 거두는 시기로 항상 물이 언덕에 넘쳤다고 말씀한다(수 3:15). 이 때는 북쪽에 있는 헬몬 산의 눈이 녹을 뿐만 아니라 또한 봄비가 내리기 때문에 갈릴리 호수는 최고 수위에 오르게 되고 요단 강물은 불어 그 깊이는 3-4m가 되고 그 넓이는 30m이상이 되어 제방이 범람했다. 이처럼 큰물에다 그 흐르는 속도까지 매우 빠르니 처자식과 가축을 거느린 이스라엘 백성이 일반적인 방법으로 그 강을 건넌다는 것은 엄두도 못 낼 일이다. 자칫하다가는 약속의 땅에 발도 한 번 들여놓지 못하고 모두 물에 수장되어 고기밥이 될 판이다. 그런데도 하나님은 "지금"(수 1:2) 그 강을 건너라고 말씀하셨다. 그러면서 하나님은 제사장들이 언약궤를 메고 맨 앞에 서고 나머지는 그 뒤를 따르라고 하셨다. 또한 하나님은 언약궤를 멘 제사장들의 발바닥이 요단 물을 밟고 멈추면 급한 속도로 흐르는 엄청난 양의 요단 강 물이 끊어지고 한 곳에 쌓여 설 것이라고 말씀하셨다(수 3:13, 참고. 15, 16).

급하게 흐르는 많은 양의 물이 갑자기 멈추어 선다는 것은 인간의 경험과 상식으로는 도저히 납득이 되지 않는다. 이스라엘이 이 강을 건너기 위해 몇 년을 기다렸는가? 40년을 기다렸다. 그렇다면 물이 줄어들 때까지 며칠 더 기다린다고 해서 무엇이 문제가 되겠는가? 오히려 안전하게 건너는 것이 더 중요하지 않겠는가? 그래서 여호수아와 이스라엘 백성들은 물이 줄어들 때까지 며칠 더 기다렸다가 안전하게 건너겠다고 하나님께 말씀드릴 수 있었다. 하지만 여호수아는 하나님의 이 이해할 수 없는 명령에 어떤 이의도 달지 않고 그대로 순종한다. 궤를 멘 제사장들이 산더미처럼 쏟아져 내려오는 요단 강 물에 첫발을 내딛었다(수 3:15-16). 그리고 그들의 발이 물가에 잠기자 어떻게 되었는가? 놀랍게도 하나님이 말씀하신 대로 위에서부터 흘러내리던 물이 곧 그쳐서 사르단에 가까운 매우 멀리 있는 아담 성읍 변두리에 일어나 한 곳에 쌓이고 사해로 흘러가는 물은 온전히 끊어졌다(16). 그리고 이스라엘 백성들은 여리고 앞으로 마른 땅을 밟고 건너갔다(17). 이것은 무엇을 보여 주는 것인가? 인간의 경험과 생각에 매이지 않고 오히려 강하고 담대하여 하나님의 말씀에서 치우치지 않고 그대로 지켜 행하였더니 평탄케 되고 형통케 되었다는 것을 보여주는 것이다.

3. 할례를 행함(수 5장)

또한 여호수아 5장에 가면 이스라엘 백성은 요단 강을 건너 무사히 길갈에 도착했다. 그러나 갈수록 태산이다. 왜냐하면 하나님께서 더욱 이해할 수 없는 일을 명하셨기 때문이다. 하나님은 그곳에서 이스라엘 자손들에게 할례를 행하라고 말씀하신다(수 5:2). 지금 이스라엘 백성이 도착한 곳이 어디인가? 그들이 도착한 곳은 요단 강 동편이 아니다. 그들은 이미 요단 강을 건너왔다. 그러므로 그들의 목전에는 막강한 적들이 버티고 있다. 그들은 중무장한 적들이 우글거리는 적진에 들어가 있는 것이다. 그런데도 하나님은 언제 들이닥칠지 모르는 적 앞에서 할례를 행하라고 말씀하신다. 이것이야말로 위험천만한 일이다. 왜냐하면 전쟁을 해야 하는 남자들이 할례를 행하면 한 동안 거동을 할 수 없으므로 적들이 쳐들어오면 전쟁은커녕 손도 한 번 못 써보고 앉은자리에서 다 죽임을 당할 수밖에 없기 때문이다. 이스라엘 역사에 실제로 이런 일이 있었다(창 33:18-34:31). 그런데도 하나님은 지금 그곳에서 할례를 행하라고 명령하신 것이다. 이것은 시퍼렇게 무장한 적군 앞에서 무장해제를 하고 가만히 앉아 죽기를 기다리라는 말과 다름이 없다. 전쟁을 해서 땅을 빼앗으라는 것인지 아니면 적들의 칼에 다 죽임을 당하라는 것인지 이해가 되지 않는다.

광야 40년 동안 행하지 못한 할례가 아닌가!(수 5:7) 그렇다면 좀 더 기다렸다가 행한들 무엇이 문제이겠는가? 여호수아는 좀 더 안전한 때에 할례를 행하겠다고 하나님께 말씀드릴 수 있었다. 하지만 그는 할례를 행하라는 하나님의 말씀에 어떤 이유도 달지 않고 온 백성에게 할례를 행하였고(수 5:3) 백성은 진중 각 처소에 머물며 낫기를 기다렸다(수 5:8). "행하라 하시매 … 행하니라"(수 5:2-3). 여기에는 어떤 갈등이나 아무런 망설임도 없다. 만일 이 때에 적이 쳐들어왔다면 어떻게 되었을까? 하지만 이스라엘은 위험천만한 상황에서도 하나님의 말씀에서 우로나 좌로나 치우치지 않고 순종했다. 그리고 아무 일도 없었다. 위험한 상황을 핑계대거나 구실로 삼지 않고 오직 하나님의 말씀에서 우로나 좌로나 치우치지 않고 순종한 이스라엘을 하나님이 함께 하셔서 지키시고 형통케 하신 것이다(수 1:7).

4. 여리고 성을 무너뜨림(6장)

나아가서 여호수아 6장에는 이스라엘 백성이 여리고에 도착하는 내용이 나온다. 여리고 성은 가나안 땅에 들어가는 관문이다. 따라서 가나안 땅을 정복하기 위해서는 반드시 이 성을 무너뜨려야만 한다. 고고학자들이 발굴한 결과에 의하면 이 성은 견고하기가 이루 말할 수 없었다고 한다. 성 위로는 마차가 지나다닐 정도로 그 성은 넓고 크고 튼튼했다. 그런데 하나님은 이 성을 무너뜨리기 위해서 땅굴을 파라든가 또는 사다리를 타고 올라가라고 말씀하시지 않았다. 단지 하나님은 법궤를 메고 온 백성이 입을 꼭 다문 채 하루에 한 번씩 엿새 동안 그 성을 돌라고 하셨다. 그리고 마지막 칠 일째는 성을 일곱 번 돌고, 그때에 제사장들은 나팔을 불고 백성들은 다 큰 소리로 외치라고 하셨다. 그리하면 그 성벽이 무너져 내린다는 것이다(수 6:5).

이것이 이해가 되는가? 이거야말로 비상식적이고 비과학적이며 이해가 되지 않는 말씀이다. 그 크고 견고한 성이 사람들이 몇 바퀴

돌고 소리를 지르면 무너진다는 말이 이해가 되는가? 혹시 성을 돌고 있는 동안 적들이 공격이라도 한다면, 돌을 굴리고 창을 던지고 뜨거운 물을 쏟아 붓기라도 한다면 어떻게 되겠는가? 그러므로 여호수아는 하나님께 "이것은 위험천만한 일이니 다른 방법으로 하시지요."라며 매우 정중히 거절할 수 있었다. 또는 그렇게 크고 견고한 성이 그냥 돈다고, 소리 지른다고 무너지겠냐고 하면서 아주 합리적인 이유로 거절할 수도 있었다. 하지만 여호수아는 이 말씀에 아무런 반론을 하지 않고 다 지켜 행하였다. "하시매 … 하고"(수 6:5-6). 이 두 단어 사이에는 어떤 갈등의 틈도 없다. 말씀대로 행하였더니 성벽이 무너져 내렸다(수 6:20). 우로나 좌로나 치우치지 말라는 하나님의 말씀에 대한 순종이 인간의 상식과 이해와 과학을 뛰어 넘어 형통의 길을 연 것이다.

5. 아이 성 전투의 패배(7장)

그런데 여호수아 7장에 가면 우리는 이런 형통의 경험과는 전혀 다른 매우 당황스러운 보고를 접하게 된다. 그것은 이스라엘이 아이 성 전투에서 패배했다는 보고이다. 여리고 성을 정복한 여호수아는 아이로 올라가기 위해 사람들을 보내서 정탐하게 했다. 정탐꾼들이 정탐을 마치고 돌아와서는 "백성을 다 올라가게 말고 2, 3천명만 올라가서 아이를 치게 하소서 그들은 소수이니 모든 백성을 그리로 보내어 수고롭게 하지 마소서"(수 7:3)라고 보고했다. 그만큼 아이 성은 이스라엘의 상대가 되지 못했다. 그러나 전쟁의 결과는 어땠는가? 오히려 이스라엘이 대패하여 아이 사람 앞에서 도망해야만 했다.

그러면 이스라엘이 이렇게 패한 이유는 무엇인가? 그들의 군사가 적어서인가? 적의 수효를 잘못 알았기 때문인가? 아니다. 이스라엘이 패한 유일한 원인은 그들이 하나님의 언약(말씀을 의미. 수 6:18; 7:1. 말씀에서 치우쳤음)을 어겼기 때문이다(수 7:11, 15). 그들이 범죄하고 망령된 일을 행하였기 때문이다. 누가 봐도 이길 수밖에 없었던(수 7:3) 전투에서 그들이 패한 것은 아간이 하나님의 말씀을 지키지 않았기 때문이다(수 6:18; 7:1,11). 하나님의 말씀에서 치우쳤기 때문이다. 하나님의 말씀에 대한 불순종과 치우침이 형통이 아닌 패망을 안겨 준 것이다.

6. 형통한 삶을 위한 비결

승리하는 인생이 되기를 원하는가? 형통한 삶을 살기를 원하는가? 그 비결은 무엇인가? 우리는 이에 앞서 먼저 성경이 말씀하는 형통의 의미를 정립해야 한다. 형통이라는 단어는 영어 성경에 대부분 '성공'(success)으로 번역되어 있다. 그래서 성경의 형통을 세상적인 성공의 의미로 오해하는 사람들도 있다. 그러나 성경이 말하는 형통은 그것과는 전혀 다르다.

(1) 형통의 의미

　세상에서의 성공은 물질적인 것으로 간주되나 성경의 형통은 그것과 전혀 다르다. 여호수아는 오랜 세월동안 광야의 길을 걸었고, 그의 생애는 가나안 정복을 위한 죽이고 죽는 전쟁의 연속이었다. 그 길이 평탄했는가? 아니다. 그의 길은 피 흘리는 길이었고 그의 삶은 피 흘림의 날들이었다. 이것이 어찌 세상이 말하는 번영과 성공이 될 수 있겠는가? 하지만 그는 하나님이 그에게 부여하신 사명을 다 감당했다. 세례자 요한을 보라. 그는 광야에서 살았고 메뚜기와 석청을 먹는 금욕적인 생활을 했다. 그리고 그는 나이 30대에 참수형을 당했다. 그러므로 세상의 눈으로 본다면 그는 정말 비참한 사람이다. 그러나 그는 "그는 흥하여야 하겠고 나는 쇠하여야 하리라"(요 3:30)고 말한 대로 자신의 길을 갔다. 그러므로 그는 형통한 사람이었다(참고. 요 10:40-42). 사도 바울은 어떠한가? 그는 수없이 많은 고난을 당하고 수차례 죽음의 문턱까지 갔었다. 고린도전서 11:23-33을 보라. 이 세상에서 누가 또 그와 같은 고통을 당했겠는가? 그런데도 그는 "나의 달려갈 길과 주 예수께 받은 사명 곧 하나님의 은혜의 복음 증거 하는 일을 마치려 한다."(행 20:24)고 말했다. 그는 형통을 말하고 있는 것이다. 예수께서는 어떠하신가? 그분은 30대의 젊은 나이에 죄인 중의 죄인이 되어 십자가에 못 박혀 죽임을 당하셨다. 이 세상의 믿지 않는 자 중에 누가 예수님의 모습을 보고 형통했다고 말하겠는가. 그러나 예수께서는 "다 이루었다"(요 19:30)고 선언하였다. 예수님도 형통의 삶을 사신 것이다. 하지만 세상적인 관점에서 보면 이들의 삶이 어찌 형통이요 성공이요 번영이요 평탄이겠는가? 세상의 안목으로 보면 이들의 삶은 절대로 형통한 삶도 아니고 성공한 삶도 아니다. 이들 모두는 실패자 중의 실패자일 뿐이다. 하지만 이미 확인한 대로 이들 모두는 형통했다. 왜 그런가? 그들은 하나님이 그들에게 주신 사명을 다 이루었기 때문이다. 그러므로 그리스도인의 형통은 세상에서 얼마나 물질의 복을 누렸느냐를 말하는 것이 아니다. 그리스도인의 형통은 하나님이 그에게 주신 사명을 다 이루었느냐 그렇지 않았느냐를 말하는 것이다. 하나님이 주신 사명을 성심을 다해 이루는 것, 이것이 바로 신자의 형통이다.

(2) 형통의 비결

그러면 형통의 삶을 위한 비결은 무엇인가? 성경은 담대하여 하나님의 말씀에서 우로나 좌로나 치우치지 않는 것이 그 비결이라고 말씀한다. 그러면 어떻게 해야 그리할 수 있는가? 이를 위해서는 무엇보다 먼저 하나님의 말씀이 우리 안에 풍성하게 거하도록 해야 한다. 하나님의 말씀을 우리의 입에서 떠나지 않게 해야 하고(8a), 그 말씀을 밤낮으로 묵상하고 연구해야 한다(8b). 그리해야만 그 말씀이 우리의 심비에 새겨져 지워지지 않고 달려가면서도 읽을 수 있다(합 2:2).

그러나 여기서 그치면 안 된다. 하나님의 말씀을 모르는 것도 문제이지만 그것을 아는 것과 지켜 행하는 것은 별개의 것일 수 있기 때문이다. 말씀을 안다고 해서 그것이 자동으로 지켜지는 것은 아니다. 이

것이 우리의 문제이다. 우리가 하나님의 말씀에서 치우치지 않고 그것을 다 지켜 행하기 위해서는 오직 강하고 매우 담대해야 한다. 말씀을 지키면 손해를 보고 어려움을 당하며 세상에서 버림을 받고 심지어 목숨까지도 잃을 수 있는 상황에 처할 수도 있다. 또한 말씀의 요구가 우리의 경험과 너무 멀며 비현실적인 것으로 생각될 때도 많다. 그래서 이 모든 상황과 경험과 생각을 뛰어 넘어 말씀대로 살려고 할 때에는 정말 놀라움과 두려움이 있을 수밖에 없다. 그렇기 때문에 말씀을 따라 살려는 우리에게는 담대함과 강함이 절대적으로 요구되는 것이다.

그러나 이 강함과 담대함은 그냥 생기는 것이 아니다. 말씀을 지키는 강함과 담대함은 믿음이 있을 때에야 가능하다. 히브리서는 "믿음으로 7일 동안 여리고를 두루 다니매 성이 무너졌다"(히 11:30)고 말씀한다. 이것이 바로 여호수아가 형통한 비결이었다. 믿음이 없이는 하나님의 말씀을 지키는 강함이나 담대함이 있을 수 없다. 믿음이 견고할 때에만 강하고 담대하여 연약함을 극복하고 말씀을 준행할 수 있다. 그러면 이 믿음은 어떤 믿음인가? 그것은 바로 하나님의 약속에 대한 믿음이다. 이 약속에 대하여는 본문에서 두 가지를 말씀한다.

첫째, 하나님께서 나와 함께 하신다는 임마누엘의 약속이다. 본문은 이 약속을 특별히 강조하고 있다. 5절에서 하나님은 여호수아에게 모세와 함께 있었던 것 같이 그와 함께 있을 것이며 그를 떠나지도 아니하고 버리지도 아니하시겠다고 약속하신다. 하나님은 이 약속에 이어서 강하고 담대히 하라는 말씀을 6, 7, 9a에서 세 번 반복하신다.

그리고 하나님은 다시 9b에서 "네가 어디로 가든지 네 하나님 나 여호와가 너와 함께 하느니라"고 약속하신다. 따라서 5절의 임마누엘의 약속이 9절에서 반복되고 있다. 이렇게 함으로써 하나님이 함께 하신다는 임마누엘의 약속이 강하고 담대하라는 세 번의 명령을 앞뒤에서 꽉 붙잡고 있는 모양이 된다(5b—6,7,9a—9b). 이것은 일종의 그림 언어이다. 여기서 우리는 하나님께서 함께 하신다는 약속에 대한 믿음이 위험과 유혹 앞에서도 하나님의 말씀을 지키게 하는 강함과 담대함의 비결이라는 것을 알 수 있다. 우리가 강하고 담대하여 하나님의 말씀에서 치우치지 않고 그것을 지켜 행하기 위해서는 이와 같이 하나님이 나와 함께 하신다는 사실을 믿어야 한다. 이 믿음이 우리가 하나님의 말씀을 버리는 것을 막는 능력이요 힘이요 비결이다.

우리의 믿음을 위한 두 번째 약속은 하나님이 이기게 하신다는 승리의 약속이다. 6절에서 하나님은 "강하고 담대하라"고 말씀하신 뒤, 그 이유를 설명하는데, 그것은 하나님께서 약속하신 땅을 얻게 하신다는 것이다(참고. 수 1:2, 3). 이것은 하나님이 친히 가나안에 있는 여러 족속들과 싸워 이기시고 승리하실 것에 대한 약속이다. 그리고 하나님은 실제로 이 약속대로 행하셨다. 그래서 여호수아는 23:3에서 "너희의 하나님 여호와 그는 너희를 위하여 싸우신 이시니라"고 말씀한다. 또한 그는 여호수아 23:9에서 "이는 여호와께서 강대한 나라들을 너희의 앞에서 쫓아 내셨으므로 오늘날까지 너희에게 맞선 자가 하나도 없었느니라"(참고. 수 1:5)고 말씀하며, 21:44-45에서는 "이는 여호와께서 그들의 모든 원수들을 그들의 손에 넘겨주셨음이니라 여호와께서 이스라엘 족속에게 말씀하신 선한 말씀이 하나도 남음이 없이 다 응하였더라"고 말씀한다. 그러므로 우리는 하나님이 언제나 나와 함께 하시며 또한 나를 위해 싸우시고 이기게 하신다는 이 약속을 믿고 의지해야 한다. 그리할 때에야 비로소 우리는 강하고 담대해져서 손해와 두려움과 염려를 이기고 말씀에서 치우치지 않고 다 지켜 행할 수 있다. 하나님이 함께 하심이 신자의 능력이요 진정한 힘이다. 또한 함께 하시는 그 하나님께서 반드시 승리를 주실 것을 믿는 이 믿음이 말씀을 준행하게 하는 원동력이다.

7. 맺는 말

가나안 정복을 시작하는 여호수아에게 하나님이 하신 명령은 율법을 다 지켜 행하고 우로나 좌로나 치우치지 말라는 것이었다. 여호수아는 하나님이 함께 하심과 이기게 하심을 믿고 이 명령을 철저히 순종하여 그에게 주어진 사명을 다 이루는 형통한 삶을 살았다. 그런 그가 나이 많아 늙게 되었을 때 이스라엘 지도자들에게 마지막으로 한 말이 무엇인가?(수 23:1-2) "너희는 크게 힘써 모세의 율법 책에 기록된 것을 다 지켜 행하라 이것을 떠나 우로나 좌로나 치우치지 말라"(수 23:6)는 것이었다. 가나안 정복을 앞둔 여호수아에게 하나님이 하신 바로 그 말씀을 여호수아는 자신의 생애 마지막에 그의 후손들에게 똑같이 반복하고 있는 것이다.

여호수아는 지금 이렇게 말하고 있다. "가나안 정복을 앞둔 나에게 하나님께서 율법에서 치우치지 않고 다 지켜 행하면 평탄하게 되고 형통할 것이라고 말씀하셨다. 그런데 나는 가나안 땅을 정복하는 오랜 과정을 통해서 이 말씀이 진리라는 것을 확인하였다. 그러므로 나도 너희에게 동일하게 권면한다. 하나님의 말씀에서 치우치지 말고 다 지켜 행하라. 그리하면 형통할 것이다." 오랜 세월 모진 풍파를 겪으면서 가나안 땅을 정복하고 한 평생을 살아보니 하나님이 하신 그 말씀이 진리이며, 그 말씀을 지키고 따르는 것이 곧 형통의 비결이었다는 것이다.

우리가 형통하기 위해서, 다시 말해서 우리가 사명을 다 이루며 살기 위해서 우리에게 필요한 것은 빛나는 졸업장이나 많은 재물이나 높은 권세 같은 것들이 아니다. 사명을 이루는 형통의 삶을 위해 우리에게 필요한 것은 오직 하나님의 말씀을 떠나지 않고 다 지켜 행하는 것이다. 이를 위해서는 극히 강함과 담대함이 있어야 하는데 이것은 하나님이 나와 함께 하시며 또한 나를 위해 싸우시며 이기게 하신다는 약속을 굳게 믿고 의지하는 것이다.

사명자의 길을 가는 우리는 세상의 논리에 속지 말아야 한다. 모든 사람이 다 옳다고 해도 하나님이 아니라고 하면 아닌 줄 알고 말씀에서 치우치지 않는 강함과 담대함을 길러야 한다. 말씀대로 살려고 하면 손해 볼 일이 너무나도 많다. 하지만 모른 척하고 눈 한 번 감으면 많은 이익과 명예를 얻을 수도 있다. 이럴 때 우리는 어찌해야 하는가? 세상은 그럴듯한 구실로 우리의 불순종을 괜찮다고, 현실이 어렵다고, 세상 사람들이 다 그렇게 한다고, 그럴 수 있다고 두둔한다. 그러나 이것에 속으면 안 된다. 유혹과 위기 앞에서 두렵고 놀라며 짐짓 약해질 때, 우리는 하나님이 나와 함께 계시고 나를 떠나지 아니하시며 결코 나를 버리지도 않으시며 결국에는 이기게 하실 것이라는 이 약속을 믿고 담대하고 강해져서 말씀을 버리지 않아야 한다. 결론은 믿음이다. 하나님의 약속을 끝까지 붙드는 믿음이 우리를 강하게 만들며 말씀에서 벗어나지 않게 한다. 이 믿음이 우리로 하여금 하나님이 주신 사명을 다 감당하는 형통의 은혜를 풍성히 누리게 한다.

싸우시는 하나님

사무엘상 17:41-51

41 블레셋 사람이 방패 든 사람을 앞세우고 다윗에게로 점점 가까이 나아가니라 42 그 블레셋 사람이 둘러보다가 다윗을 보고 업신여기니 이는 그가 젊고 붉고 용모가 아름다움이라 43 블레셋 사람이 다윗에게 이르되 네가 나를 개로 여기고 막대기를 가지고 내게 나아왔느냐 하고 그의 신들의 이름으로 다윗을 저주하고 44 그 블레셋 사람이 또 다윗에게 이르되 내게로 오라 내가 네 살을 공중의 새들과 들짐승들에게 주리라 하는지라 45 다윗이 블레셋 사람에게 이르되 너는 칼과 창과 단창으로 내게 나아오거니와 나는 만군의 여호와의 이름 곧 네가 모욕하는 이스라엘 군대의 하나님의 이름으로 네게 나아가노라 46 오늘 여호와께서 너를 내 손에 넘기시리니 내가 너를 쳐서 네 목을 베고 블레셋 군대의 시체를 오늘 공중의 새와 땅의 들짐승에게 주어 온 땅으로 이스라엘에 하나님이 계신 줄 알게 하겠고 47 또 여호와의 구원하심이 칼과 창에 있지 아니함을 이 무리에게 알게 하리라 전쟁은 여호와께 속한 것인즉 그가 너희를 우리 손에 넘기시리라 48 블레셋 사람이 일어나 다윗에게로 마주 가까이 올 때에 다윗이 블레셋 사람을 향하여 빨리 달리며 49 손을 주머니에 넣어 돌을 가지고 물매로 던져 블레셋 사람의 이마를 치매 돌이 그의 이마에 박히니 땅에 엎드러지니라 50 다윗이 이같이 물매와 돌로 블레셋 사람을 이기고 그를 쳐 죽였으나 자기 손에는 칼이 없었더라 51 다윗이 달려가서 블레셋 사람을 밟고 그의 칼을 그 칼집에서 빼내어 그 칼로 그를 죽이고 그의 머리를 베니 블레셋 사람들이 자기 용사의 죽음을 보고 도망하는지라

본문의 말씀은 다윗과 골리앗의 싸움에 관한 말씀이다. 이 이야기는 너무나 유명해서 교회에 다니지 않는 사람들도 대체로 잘 알고 있는 이야기이다. 특히 주일학교 아이들의 관심을 끌고 그들의 신앙을 자극하기 위해 설교에 단골로 등장하는 본문이기도 하다. 하지만 잘 알려지고 자주 말해지는 것에 비해서 본문의 의미는 제대로 전해지

지 않는 것 같다. 왜냐하면 많은 설교자들이 다윗의 위대함에 초점을 맞추고 "우리도 다윗처럼 되자"는 식의 메시지를 전하기 때문이다. 물론 다윗이 본문에서 매우 중요한 역할을 하는 것은 사실이다. 그러나 다윗은 이 싸움의 주인공이 아니다. 이 사건의 주인공은 따로 있다.

1. 다윗의 승리

사무엘상 17장은 블레셋 사람들이 이스라엘을 쳐들어와 전쟁을 벌이는 내용으로 시작한다. 블레셋에는 골리앗이라는 엄청나게 강한 장수가 있었다. 4절에 보면, 그는 키가 여섯 규빗 한 뼘(약 292cm)이었고, 머리에는 놋 투구를 썼고 고기의 비늘처럼 만들어진 갑옷을 입고 있었는데 그 무게는 놋 오천 세겔(약 80Kg)이나 되었다. 그리고 어깨 사이에 놋 단창을 메었는데 그 창 자루는 베틀 채 같고 창날의 철은 육백 세겔(약 9-10Kg)이나 되었다(김진수, 『우리에게 왕을 주소서』, 175f.). 그는 하나님과 이스라엘의 군대를 모욕하면서 싸울 사람은 나오라고 소리쳤다. 그러자 온 이스라엘이 놀라고 크게 두려워했다.

마침 이 때에 다윗이 전쟁에 나가 있는 형들에게 간식도 전해주고 안부를 알아오라는 아버지의 명령을 받고 그곳에 왔다. 그리고 그는 골리앗이 하나님과 하나님의 군대인 이스라엘을 그처럼 모욕하는데도 꿈쩍도 못하고 두려워 떨고 있는 사울과 이스라엘 군대의 모습을 보았다. 다윗은 매우 화가 났다. 그래서 그는 골리앗과 싸우기 위해 달려 나갔다. 그의 손에는 무기가 없었으며, 단지 막대기와 매끄러운 돌 다섯 개가 전부였다. 그는 골리앗을 향해 빨리 달려가며 주머니에서 돌을 꺼내어 물매로 던졌다. 그랬더니 그 돌이 골리앗의 이마에 정확하게 박혔다. 드디어 40일(삼상 17:16)동안이나 이스라엘을 공포에 몰아넣었던 골리앗이 땅에 엎드러졌다. 다윗이 달려가 골리앗을 밟고 골리앗의 칼집에서 칼을 빼내어 그 칼로 그를 죽이고 그의 머리를 베었다. 그러자 블레셋 사람들이 다 도망쳤다. 싸움은 끝났다. 다윗은 정말로 대단한 사람이다.

2. 전쟁의 성격

그러나 여기에서 우리가 주의해야 할 것이 있다. 그것은 이 사건을 통하여 다윗을 영웅으로 만들거나 신앙의 위인으로 만들면 안 된다는 것이다. 다시 말해 우리는 본문을 다윗에 대한 찬양시로 변질시켜서는 안 된다는 것이다. 흔히 우리는 다윗을 그리스도인과 동일시하여 "우리 모두 다윗처럼 되어야 한다. 다윗과 같은 믿음을 가집시다."라고 말한다. 그러나 이렇게 말하는 것은 우리에게 용기를 주기보다는 오히려 우리를 좌절하게 만든다. 사실 그리스도인들은 용감히 나가 돌멩이 하나로 3m나 되는 골리앗을 넘어뜨리는 다윗이기보다는 오히려 골짜기에 박혀서 무서워 덜덜 떨고 있거나 낙심하여 달아나기 바쁜 저 이스라엘의 군인들과 같다. 그러므로 이 본문으로 우리도 다윗처럼 살고 다윗처럼 되자는 식으로 몰아가서는 안 된다. 본문이 말하려고 하는 것은 그것이 아니기 때문이다. 그러면 이 싸움이 보여 주는 주된 의미는 무엇일까? 이를 위해서 우리는 다음과 같은 몇 가지 사실에 주의해야 한다.

(1) 전쟁의 당사자

첫째는 이 전쟁의 진정한 당사자가 누구냐 하는 것이다. 본문을 자세히 살펴보면 이 싸움은 단순히 이스라엘 군대와 블레셋 군대와의 전쟁이거나 또는 다윗과 골리앗의 싸움이 아니라는 것을 알 수 있다. 골리앗이 나와서 '이스라엘의 군대'를 모욕했다(삼상 17:10, 45). 이것은 곧 '이스라엘'을 모욕하는 것이다(삼상 17:25). 그래서 그것이 이스라엘에게 치욕거리가 되었다(삼상 17:26). 이 뿐만 아니라 이스라엘의 군대를 모욕하는 것은 살아 계시는 하나님의 군대를 모욕하는 것이요(삼상 17:26, 36), 하나님의 군대를 모욕하는 것은 곧 그 군대의 주인인 하나님을 모욕하는 것이다. 이스라엘은 하나님의 백성이요 이스라엘 군대는 하나님의 군대이므로 그들이 모욕을 당하는 것은 곧 하나님이 모욕을 당하는 것이며, 그들을 모욕하는 것은 곧 하나님을 모욕하는 것이다. 그러므로 골리앗은 지금 이스라엘 군대를 모욕하지만 실은 하나님을 모욕하고 있는 것이다. 따라서 골리앗은 지금 단순히 이스라엘 군대와 싸우고 있는 것이 아니라 하나님을 상대로 전쟁을 벌이고 있는 것이다.

또한 다윗은 블레셋을 그냥 블레셋이라고 부르지 않고 "할례 받지 않은" 블레셋이라고 부른다. 구약 성경에서 이 말이 사용된 용례들(삿 14:3; 15:18; 삼상 14:6; 17:26,36; 31:4; 삼하 1:20)을 자세히 살펴보면, 이 말은 단순히 그들이 할례 받지 않았다는 사실만을 묘사하는 것이 아니라 하나님의 백성인 이스라엘의 대적자에 대한 표현이며, 또한 하나님을 대적하는 자들을 상징하는 말이다. 따라서 이스라엘 군대와 할례 받지 못한 블레셋과의 전쟁은 곧 하나님과 하나님을 대적하는 자들과의 싸움인 것이다. 이 사실을 가장 확실하게 보여 주는 것이 있다. 그것은 바로 골리앗과 다윗이 각각 누구의 이름으로 싸우느냐 하는 것이다. 골리앗은 "그의 신들(באלהיו)로" 다윗을 저주했다(43). 반면에 다윗은 "이스라엘 군대의 하나님의 이름으로(בשם יהוה)" 골리앗을 향하여 달려갔다(45). 그러므로 이 싸움의 당사자는 다윗과 골리앗이 아니며, 이스라엘과 블레셋도 아니다. 이 전쟁은 이스라엘의 주인인 하나님과 블레셋이 섬기는 신들과의 싸움이다.

(2) 다윗의 승리의 원인

둘째는 다윗이 이 싸움에서 승리한 원인이 무엇이냐 하는 것이다. 사울 왕과 이스라엘 군대는 블레셋과 골리앗의 위용에 눌려서 처참한 모습을 보이고 있다. 골리앗은 무려 40일 동안이나 아침저녁으로 이스라엘 군대 앞에 나타나서 그들을 위협하고 농락한다(삼상 17:16). 그 결과 사울과 '온 이스라엘'이 놀라 '크게' 두려워하고 있다(삼상 17:11). 또한 24절에서도 이스라엘 '모든 사람'이 골리앗을 보고 '심히' 두려워하여 그 앞에서 '도망한다.' 사무엘상 17:11에서는 크게 두려워하는 것으로 그쳤지만 24절에서는 크게 두려워 할 뿐 아니라 도망을 치고 있다. 또한 32절은 이 일로 이스라엘 사람들이 낙담하였다는 것을 알려준다. 그러므로 이스라엘의 군대 중에서 그 누구도 골리앗을 대항해서 싸울 용기가 없다. 골리앗으로 인해 이스라엘 군대의 상황은 점점 더 악화되고 있고, 이스라엘이 이 전쟁에서 패배할 것은 너무나 분명해 보인다. 하지만 놀랍게도 소년 다윗이 그 어마어마한 골리앗과 싸워 이겼다. 너무나도 엄청난 일이 벌어진 것이다. 이 놀라운 반전을 대하면서 우리는 다음과 같은 질문을 하게 된다. 아무도 대항할 수 없었던 골리앗을 향하여 어떻게 소년 다윗이 달려 갈 수 있었을까? 어떻게 그가 이 싸움에서 이길 수 있었을까? 소년 다윗이 승리한 원인은 과연 무엇이었을까?

겉으로는 다윗의 믿음과 하나님에 대한 그의 헌신과 돌을 잘 던지는 그의 기술이 합쳐져서 이긴 것처럼 보인다. 그러나 그렇지 않다. 이 싸움은 하나님이 싸우셨고 그래서 이긴 것이다. 다윗은 하나님을 "살아 계시는" 하나님이라고 부른다(삼상 17:26, 36). 그에게 있어서 하나님은 죽은 하나님이 아니라 '살아 계시'는 하나님이시다. 그래서 그는 살아 계시는 하나님의 군대가 모욕당하는 것을 견딜 수가 없었고, 살아 계시는 하나님의 이름으로 골리앗을 향하여 달려갈 수 있었다. 그래서 그는 "여호와께서 건져내시리이다"라고 말한다(삼상 17:37). 또한 그는 "여호와께서 내 손에 넘기시리라"(46, 47)고 말한다. 하나님이 살아 계심을 믿는다면 하나님이 건져 내실 것도 믿어야 한다. 하나님이 건져 내실 것을 믿지 못한다면 하나님이 살아 계심을 믿지 않는 것이다. 믿음은 하나님이 살아 계신다고 말로 고백할 뿐만 아니라 실제로 그 사실을 의지하여 적진을 달리고 담을 뛰어 넘는 것이다(삼하 22:30; 시 18:29). 이 믿음에 근거하여 다윗은 칼과 창과 단창이 아니라 만군의 여호와의 이름으로 싸웠고(45), 여호와께서 골리앗을 자신의 손에, 이스라엘의 손에 넘기실 것을 확신했던 것이다(46, 47). 나아가서 그는 여호와의 구원하심이 칼과 창에 있지 않으며, 전쟁은 여호와께 속한 것이라고 말한다(47). 이것은 이 전쟁의 주관자가 하나님이시고, 그래서 하나님이 이스라엘을 구원하셨다는 것이다. 이처럼 다윗은 하나님은 살아 계시는 하나님이시고, 건져 내시는 여호와시며, 이스라엘을 구원하시고 전쟁을 주관하는 분이라는 사실을 증거 했다.

그러므로 다윗이 이 전쟁에서 승리한 궁극적인 원인은 다윗 자신에게 있지 않다. 특히 이 사실은 "다윗이 이같이 물매와 돌로 블레셋 사람을 이기고 그를 쳐죽였으나 자기 손에는 칼이 없었더라"(50)는 말씀에서 더욱 확실해 진다. 결국 육신의 눈으로 보기에는 다윗이 하나님을 모욕한 블레셋과 골리앗을 대항해 싸웠으나, 믿음의 눈으로, 성경의 눈으로 보면 하나님이 싸우셨고 하나님이 이기신 것이다. 이런 까닭에 다윗은 "온 땅으로 이스라엘에 하나님이 계신 줄 알게 하겠다."(46)고 말한 것이다. 다윗이 이 싸움에서 승리한 것은 그 땅에 하나님이 계셨기 때문이다. 이처럼 본문은 하나님이 자기 백성 이스라엘을 위해 싸우셨고, 그리고 이기셨다는 사실을 말씀하고 있다. 따라서 이 본문으로 "우리 모두 다윗처럼 되자"고 말한다면 그것은 본문의 핵심을 놓치는 것이다.

(3) 다윗의 신분

셋째는 골리앗과 싸우고 있는 다윗의 신분이 무엇이냐 하는 것이다. 다윗은 지금 어떤 자격과 신분으로 골리앗과 싸우고 있는가? 사람들의 눈에는 단지 한 어린 소년이 용감하게 달려 나가 그 엄청난 적장 골리앗을 상대로 싸우고 있는 것으로만 보일 수 있다. 야, 용감하다. 와, 대단해! 그렇게만 보일 수 있다. 그러나 성경을 조금만 주의해서 보면 우리는 이것과는 전혀 다른 다윗을 보게 된다. 다윗에게는 우리에게 결코 적용될 수 없는 독특한 그 무엇이 있다. 그것은 바로 하나님이 그에게 기름을 부으셨다는 것이다. 사무엘상 16:12-13은 다음과 같이 말씀한다. "이에 사람을 보내어 그를 데려 오매 그의 빛이 붉고 눈이 빼어나고 얼굴이 아름답더라 여호와께서 이르시되 이가 그니 일어나 기름을 부으라 하시는지라 사무엘이 기름 뿔병을 가져다가 그의 형제 중에서 그에게 부었더니 이 날 이후로 다윗이 여호와의 영에게 크게 감동되니라." 하나님의 지시로 사무엘이 다윗에게 기름을 부었다. 이것은 하나님이 다윗을 이스라엘의 왕으로 세우는 의식이다. 이 사실은 사무엘상 16:1에 의해 지지를 받다. "너는 뿔에 기름을 채워 가지고 가라 내가 너를 베들레헴 사람 이새에게로 보내리니 이는 내가 그의 아들 중에서 한 왕을 보았느니라."

또한 다윗이 기름 부음을 받음으로써 이스라엘의 왕이 되었다는 사실은 그가 기름 부음을 받은 뒤에 "여호와의 영에게 크게 감동"(삼상 16:13)되었다는 것에서도 분명하게 드러난다. 우리는 동일한 현상을 사울에게서 찾아 볼 수 있다. 사무엘상 10:1에서 사무엘은 하나님의 지시를 따라 사울에게 기름을 부었다. 이것은 여호와께서 사울을 하나님의 기업의 지도자로 삼은 것이다. 이 일에 이어 사무엘상 10:6, 10에서 하나님의 영이 사울에게 크게 임한다. 이것은 사울이 왕이 되었음을 보여주는 하나님의 인준이다. 이런 까닭에 사무엘상 16:1에서 하나님이 사울을 버려 이스라엘 왕이 되지 못하게 하신 뒤 사무엘상 17:14에서는 여호와의 영이 사울에게서 떠난다. 하나님이 사울을 왕에서 폐위시킨 뒤에 그것에 대한 확증으로 하나님의 영이 떠나신 것이다. 그러므로 다윗이 기름 부음을 받고 여호와의 영에게 크게 감동이 된 것은 그가 하나님에 의해 이스라엘의 왕으로 세워진 것을 의미한다. 이와 관련하여 우리가 특히 주목해야 할 것은 사무엘상 16장에서 다윗이 하나님에 의해 왕으로 세움을 받은 후, 이어서 17장에서 그가 골리앗과 싸우고 있다는 사실이다. 이러한 연결은 다윗은 소년 목동의 신분으로서가 아니라 이스라엘의 왕의 자격과 신분으로 골리앗과 싸우고 있다는 것을 잘 보여준다.

그런데 이스라엘의 왕에게는 특이한 점이 있다. 그것은 이스라엘의 왕은 이스라엘의 진정한 왕이신 하나님을 대신하여 이스라엘을 다스리는 자라는 것이다(참조. 삼상 12:22; 삼하 7:7, 8, 10, 11). 이스라엘의 인간 왕은 이스라엘의 진정한 왕이신 하나님의 대행자이다. 따라서 다윗은 지금 다윗 개인의 자격이 아니라 이스라엘의 왕으로서 하나님을 대신하여 싸우는 것이다. 결국 다윗이 골리앗과 싸워 이긴 것은 하나님이 자기 백성 이스라엘을 위해 친히 싸우신 것이며, 하나님이 친히 자기 백성을 큰 두려움과 놀라움에서 건지셨다는 사실을 증거 하는 것이다. 이것이 바로 이 사건을 통해서 전하고자 하는 중심 메시지이다.

다윗과 골리앗의 싸움에서 싸움의 당사자는 다윗이 아니라 하나님이시다. 다윗이 골리앗을 이길 수 있었던 근본 원인은 하나님이 자신의 대행자인 다윗을 통하여 친히 싸우셨기 때문이다. 그러므로 다윗이 전쟁에서 이기고 이스라엘 군대를 모든 두려움에서 자유하게 한 것은 하나님이 자기 백성들을 위하여 친히 싸우신 결과이며, 이는 자기 백성들을 끝까지 보호하시고 지키시며 구원하시는 자기 백성에 대한 하나님의 신실함과 충성을 잘 보여 주는 것이다.

(4) 그리스도의 구원

그런데 이 사건은 장차 그리스도가 오셔서 택한 자기 백성들을 구원하시고 끝까지 보호하시고 지켜 인도하실 것을 미리 보여 주는 예표이기도 하다. 본문은 다윗을 소개함에 있어서 특별한 수식어를 사용한다. "유다 베들레헴 에브랏 사람 이새의 아들"(12), "베들레헴 사람 이새의 아들"(58). 따라서 본문은 다윗과 골리앗의 싸움에서 다윗이 등장하고 퇴장하는 곳에서 모두 동일하게 다윗을 '베들레헴 사람 이새의 아들'이라고 소개하고 있다. 이 반복은 아무런 의미도 없는 단순 반복이 아니다. 이것은 다윗이 장차 이새의 후손으로 유대 베들레헴에서 태어나실 예수 그리스도를 예표하는 자라는 것을 나타내기 위한 것이다. 이 사실은 다윗이 기름 부음 받은 이스라엘의 왕이며, 예수 그리스도 역시 기름 부음을 받으신 진정한 이스라엘의 왕이라는 점에서도 잘 드러난다(참조. 행 13:22-23). 그러므로 다윗이 골리앗을 때려눕힘으로써 두려움에 떨고 있는 이스라엘 군대를 자유하게 한 이 사건은 장차 그리스도가 오셔서 사탄의 권세를 깨뜨리시고 죄로 인해 사망의 권세 아래서 두려움으로 떨고 있는 자기 백성들을 자유하게 하실 것을 미리 보여 주는 중요한 구속사적 사건이다.

(5) 맺는 말

우리는 성경을 볼 때나 설교를 할 때 "누구처럼 되자, 누구를 닮자"는 식으로 사람에게 초점을 맞추려는 경향이 강하다. 그러다 보니 그 사람을 사용하셔서 역사를 이루어 가시는 진짜 주인공인 하나님을 보지 못하는 잘못을 자주 범한다. 우리는 사람을 영웅이나 위인으로 만드는 잘못을 범하지 않도록 주의해야 한다. 성경은 신앙 위인전이 아니기 때문이다. 다윗과 골리앗의 싸움도 다윗 개인의 위대함을 기리는 데 목적이 있지 않다. 인간 다윗에게 초점을 맞추면 참뜻이 흐려진다. 사람을 크게 보면 하나님이 가려지는 법이다. 사람에게 매이면 사람을 우상으로 만들 수도 있다. 사람을 강조하면 그리스도는 사라진다.

물론 다윗은 참으로 위대한 사람이다. 우리는 그의 위대함을 무시해서는 안 되며, 또한 무시하려는 것도 아니다. 요점은 이 사건의 초점이 다윗 개인의 위대함에 있지 않고 그의 배후에서 역사하시는 하나님에게 있다는 것이다. 다윗과 골리앗의 싸움은 다윗이 신앙이 좋고 용감하고 돌멩이를 잘 던진다는 것을 보여주려는 것이 아니다. 이 싸움은 온 땅으로 이스라엘에 하나님이 계시다는 것과 구원은 여호와께 있다는 것을 알게 하려는 것이며(46-47), 하나님은 자기 백성을 위해 싸우시는 분임을 증거 하기 위한 것이다. 하나님은 절대로 자기 백성을 포기하거나 버릴 수 없다. 하나님은 자기 백성을 질투하기까지 사랑하신다. 하나님은 우리를 위해 싸우는 분이시다. 하나님은 악한 것이 우리를 건드리는 것을 용납하지 않으신다(참고. 눅 10:19; 요일 5:18). 우리를 넘어뜨리려는 모든 것들에 대해 하나님은 진노하시고 싸우신다. 이것은 자기 백성을 향한 하나님의 신실하심이며 충성하심이다.

왕이신 하나님은 자기 백성에게 신실하시고 충성을 다 하신다. 하나님은 우리를 위해 싸우시고 우리에게 오래 참으시어 종내에는 우리를 목적하신 그 자리까지 인도하시고야 말 것이다. 하나님은 우리를 향해 "너는 내 것이라"고 말씀하신다(사 43:1). 우리는 하나님의 소유된 백성이다. 그러므로 하나님은 우리를 절대로 포기하지 않으실 것이고 버리지도 않으실 것이다. 이것이 바로 우리가 날마다 넘어지나 아주 엎드러지지 않으며 음부의 권세가 우리를 이기지 못하는 이유이다. 우리를 향한 주님의 성실과 충성은 오늘도 멈추지 않는다. 우리가 고난과 어려움 중에도 믿음과 소망으로 살아갈 수 있는 힘과 능력이 바로 여기에 있다. 우리는 어떤 어려움이 있어도 우리를 위해 싸우시는 하나님의 신실하심과 충성을 굳게 믿어야 한다. 그리하여 소망 중에 기뻐하며 인내해야 한다. 결국에는 하나님께서 우리로 하여금 우리의 얼굴을 들게 하실 줄 믿기 때문이다.

03장

120,000:1

요나 4:1-11

1 요나가 매우 싫어하고 성내며 2 여호와께 기도하여 이르되 여호와여 내가 고국에 있을 때에 이러하겠다고 말씀하지 아니하였나이까 그러므로 내가 빨리 다시스로 도망하였사오니 주께서는 은혜로우시며 자비로우시며 노하기를 더디하시며 인애가 크시사 뜻을 돌이켜 재앙을 내리지 아니하시는 하나님이신 줄 내가 알았음이니이다 3 여호와여 원하건대 이제 내 생명을 거두어 가소서 사는 것보다 죽는 것이 내게 나음이니이다 하니 4 여호와께서 이르시되 네가 성내는 것이 옳으냐 하시니라 5 요나가 성읍에서 나가서 그 성읍 동쪽에 앉아 거기서 자기를 위하여 초막을 짓고 그 성읍에 무슨 일이 일어나는가를 보려고 그 그늘 아래에 앉았더라 6 하나님 여호와께서 박넝쿨을 예비하사 요나를 가리게 하셨으니 이는 그의 머리를 위하여 그늘이 지게 하며 그의 괴로움을 면하게 하려 하심이었더라 요나가 박넝쿨로 말미암아 크게 기뻐하였더니 7 하나님이 벌레를 예비하사 이튿날 새벽에 그 박넝쿨을 갉아먹게 하시매 시드니라 8 해가 뜰 때에 하나님이 뜨거운 동풍을 예비하셨고 해는 요나의 머리에 쪼이매 요나가 혼미하여 스스로 죽기를 구하여 이르되 사는 것보다 죽는 것이 내게 나으니이다 하니라 9 하나님이 요나에게 이르시되 네가 이 박넝쿨로 말미암아 성내는 것이 어찌 옳으냐 하시니 그가 대답하되 내가 성내어 죽기까지 할지라도 옳으니이다 하니라 10 여호와께서 이르시되 네가 수고도 아니하였고 재배도 아니하였고 하룻밤에 났다가 하룻밤에 말라 버린 이 박넝쿨을 아꼈거든 11 하물며 이 큰 성읍 니느웨에는 좌우를 분변하지 못하는 자가 십 이만여 명이요 가축도 많이 있나니 내가 어찌 아끼지 아니하겠느냐 하시니라

민주주의 체제에서 의사결정의 주요수단은 다수결의 원칙이다. 대통령이나 국회의원을 선출하는 것은 물론이고 학교의 회장을 뽑을 때에도 표를 많이 얻은 사람이 당선이 된다. 이 원리는 다수의 의견을 존중한다는 의미와 더불어 어느 한 쪽을 결정해야만 하는 상황에서 취할 수 있는 지혜로운 방법이 아닌가 생각된다. 그러나 문제는 반대

입장에 있는 소수의 의견이 언제나 무시된다는 것이다. '또래 문화'라는 현상도 이러한 사회 구조의 영향을 받은 듯하다. 모두가 유명 농구화를 신을 때 혼자 길거리 표 운동화를 신는다는 것은 소위 '왕따'를 당하는 지름길이다. 그래서 아이들에게는 '너이키'라도 신으려는 안타까운 몸부림이 있다. 옳고 그름을 따지기 이전에 수 대결로 모든 것을 결정하려는 시도는 우리 가운데 무섭게 파고 들어와 있다. 영화를 봐도 그렇고 베스트셀러를 봐도 그렇다. 그것의 가치를 평가하는 기준은 얼마나 많은 사람들이 보았으며 얼마나 많이 팔렸느냐 하는 것이다. 결국 수적으로 많은 것이 곧 선이요 정의이며 진리라는 생각이 공식처럼 되어 버렸다. 이런 까닭에 모두가 "짜장면이요" 할 때 혼자 "짬뽕이요"라고 말하려면 희생을 각오하는 대단한 용기와 결단이 있어야 한다.

요나서는 요나에 대한 하나님의 질문으로 막을 내린다(욘 4:11). 하나님께 성을 내고 덤벼들던 요나의 입이 갑자기 꽉 닫혀버렸기 때문이다. 입은 있으나 아무 말도 못한다. 유구무언(有口無言)이다. 그 말 많던 요나가 왜 갑자기 꿀 먹은 벙어리가 되었을까? 11절에서 하나님은 "이 큰 성읍 니느웨에는 좌우를 분변하지 못하는 자가 12만여 명이요"라고 말씀하셨다. 혹시 요나가 12만이라는 엄청난 수 때문에 아무 말도 못한 건 아닐까? 요나도 우리처럼 다수결의 원리에 길들여져 있어서 하나님이 12만이라는 수를 말씀하셨을 때 그것은 자기 한 사람과는 비교도 할 수 없는 것이므로 어쩔 수 없이 승복하고 만 것은 아닌지 모르겠다. 다시 말하자면 니느웨 사람 12만 대 요나 한 사람,

그러니까 120,000: 1이라는 수적 열세 때문에 입을 다물 수밖에 없었던 것은 아닌지 모르겠다. 정말 그렇다면 다수결의 법칙은 세상의 선택기준일 뿐만 아니라 하나님 나라의 통치원리이자 선택기준이 되고 만다. 정말 그럴까? 결론부터 말하자면 그렇지 않다. 이것은 하나님께서 12만 명에 비하면 수적으로 비교가 되지 않는 요나 한 사람을 어떻게 대하셨는지를 살펴보면 분명하게 나타난다. 하나님은 요나를 단지 한 사람에 지나지 않는다고 무시하거나 홀대하지 않으셨다.

하나님은 요나를 선지자로 부르시고, 그에게 사명을 주셨다. 하나님은 요나를 선택하시고 그를 통해 이루실 일을 가르쳐 주셨다. 그러나 요나는 이것을 거역하고 달아났다. 그는 다시스로 도망하기 위해서 뱃삯을 지불했다(욘 1:3b). 그는 하나님께 불순종하고 죄를 짓는 일에 돈을 낭비했다. 또 그는 자신의 죄로 인해서 많은 사람들이 폭풍의 위험에 빠져 있는데도 쿨쿨 잠을 잤다. 하나님은 그런 요나를 바다에 던지셨고(욘 2:3) 큰 물고기에게 명령하여 그를 삼키게 하셨다. 그리하여 밤낮 삼일을 물고기 뱃속에 있었다. 하나님은 요나로 하여금 죽음과 지옥의 고난을 경험하게 한 뒤, 그 흑암의 자리에서 그를 구원하셨다. 그 후에 하나님은 또 한번의 기회를 요나에게 주셨다. 그럼에도 불구하고 요나는 하나님의 자비와 은혜가 니느웨에 베풀어진 것에 대해 매우 싫어하고 화를 내어(욘 4:1) 차라리 죽여 달라고 하나님께 대들었다(욘 4:3). 니느웨에 대한 하나님의 사랑이 요나에게 분노를 가져왔다. 참으로 편협하고 민족 우월적이고 국수주의적이며 이기적이고 배타적인 요나이다.

그래서 하나님은 따지고 덤비는 요나에게 "그래? 네 마음대로 해라. 나도 너 같은 녀석은 더 이상 필요 없다. 니느웨의 12만 명에 비하면 너 한 명쯤은 없어도 전혀 문제될 것이 없다."라며 요나를 내쫓아 버렸을 수도 있었다. 그러나 하나님은 그렇게 하시지 않으셨다. 이미 하나님은 요나를 통해서 이루고자 했던 니느웨 백성들을 돌이키는 일을 완성하셨다. 그러므로 어찌 보면 이제 요나의 사명은 끝났고 하나님이 목적하신 바는 다 이루어졌다. 따라서 그로 인해 속 썩느니 차라리 버릴 수도 있었다. 그러나 하나님은 그렇게 하시지 않으셨다. 하나님은 요나를 소모품으로 여기지 아니하셨다.

하나님은 다시 그와 변론하시고 그를 설득하시기 시작한다. 이를 위해서 하나님은 박넝쿨과 벌레와 뜨거운 동풍과 태양을 동원하셨다. 하나님에게는 니느웨의 12만 명도 소중했지만 그에 못지않게 요나 한 사람도 똑같이 소중했기 때문이다. 그러므로 하나님은 요나가 한 사람에 지나지 않는다고 무시하지 않으셨다. 또한 그의 생각을 바꾸기 위해 억압이나 무력을 쓰지도 않으셨다. 하나님은 끝까지 그와 대화로 그를 설득하시고 깨우치셨다. 하나님은 요나를 포기하지 않으시고 그에 대하여 오래 참으셨으며 그를 인격적으로 대우하셨다. 우리는 다수결에 익숙해 있지만 그러나 하나님은 1이라는 수에 지나지 않는 그 말썽 많은 요나를 끝까지 끌어안으셨다. 이것은 참으로 놀라운 일이 아닐 수 없다. 이로 보아 하나님께서는 다수결의 법칙이 적용되지 않는 것이 분명하다. 그래서 하나님은 99마리의 양을 들에 두고 잃어버린 한 마리의 양을 찾아 길을 떠나는 분이시다. 이처럼 하나님은 한 생명을 천하보다 귀하게 여기신다. 하나님은 한 사람이라도 무시하지 않으시고 소중히 여기신다는 사실은 '12만'이라는 숫자 속에도 분명히 나타난다. 이 숫자는 하나님께서 니느웨 성읍의 한 사람 한 사람을 다 알고 계신다는 사실을 잘 보여주기 때문이다. 하나님은 니느웨 사람이 12만여 명이라고 말씀하셨다. 하나님은 니느웨 사람을 뭉뚱그려 대충 몇 명쯤으로 알고 계신 것이 아니라 낱낱이 그 수를 다 세고 계신 것이다. 또한 하나님은 그들이 좌우를 분변하지 못하는 자들이라고 말씀하셨다. 이것은 하나님이 그들의 수뿐만 아니라 그들의 형편과 처지를 정확하게 알고 계신다는 것을 의미한다. 이처럼 하나님은 니느웨에 있는 각 사람을 아시고 그들의 형편을 살피시며 깊은 관심을 가지고 계셨다.

이상에서 살펴본 바, 요나를 대하시는 하나님의 태도와 니느웨 백성의 수와 상황을 알고 계시는 하나님의 관심은 우리 각 사람이 하나님께 매우 소중하고 귀한 존재들이라는 것을 증거 하기에 충분하다. 또한 이 사실은 하나님은 자기 백성 한 사람 한 사람에게 최선을 다하신다는 것을 증거 한다. 하나님은 그의 자녀에게 당신의 성의와 정성과 성실(애 3:23)과 열심을 다하시는 분이시다. 우리는 이러한 하나님의 성품을 하나님의 '신실하심'이라고 말한다(신 7:9; 사 49:7). 이 신실하심은 '충성'과 같은 말이다(히 2:17; 3:2, 6; 계 3:14). 하나님은 우리에게 충성을 요구하기 이전에 먼저 자기 백성인 우리 각 사람에게 충성을 다하시는 분이시다. 이러한 하나님의 충성하심이 우리 한 사람 한 사람을 포기하지 않으시고 결국에는 하나님이 계획하신 자리까지 인도하신다.

　나아가서 우리를 향한 주님의 이러한 '충성'은 우리 각 사람의 가치가 어느 정도인지를 잘 증거 한다. 우리는 우리 자신이 얼마나 소중한 존재인지를 어떻게 알 수 있을까? 그것은 우리에게 값을 매겨보면 안다. 당신은 당신 자신을 얼마짜리로 알고 있는가? 우리는 하나님께서 예수님을 주고 산 사람들이다. 그러므로 우리는 우리의 가치를 낮추어 보면 안 된다. 자신을 싸구려로 보면 안 된다. 스스로를 쓸모없다거나 가치 없는 자로 생각하면 절대로 안 된다. 성경에 보면 여러 곳에서 하나님이 우리의 구원을 위한 보증으로 성령을 주셨다고 말씀한다(고후 1:22; 5:5; 엡 1:14. 참고. 히 7:14). 우리가 전세 계약을 할 때, 그 집에 들어가 살 것을 담보하기 위해 보증금을 지불한다. 그런데 보증금을 아무리 많이 지불한다 해도 그 전세 값 이상으로는 지불하는 법은 없다. 그런 까닭에 성령이 우리의 보증이 되셨다는 것은 하나님께서 우리의 가치를 최소한 성령과 동일하거나 그 이상으로 인정하셨다는 말씀이다. 이렇게 놀라운 사실이 어디 있는가? 자신을 얕잡아 보지 말라. 물론 우리는 요나와 같은 자신의 모습을 발견할 때가 자주 있을 것이다. 반복되는 죄와 이기적이고 자기중심적이며 다른 사람을 용납할 줄 모르는 좁은 마음을 가진 자신을 보면서 절망도 한다. 그러나 낙담하거나 좌절하지 말라. 스스로 자신의 가치를 평가절하하지 말라.

　하나님은 다수결의 법칙에 따라 그 백성을 다스리시는 분이 아니시다. 그분에게 120,000: 1이라는 수적 대결은 아무런 의미가 없다.

하나님은 12만 명만큼이나 한 사람도 소중하게 여기시기 때문이다. 따라서 우리는 자신이 낮아 보이고 아무 것도 할 수 없다고 생각될 때에도 한 사람을 향한 주님의 인내와 사랑과 열심과 성의와 정성과 충성을 기억함으로 새 힘을 얻어야 한다. 그리하여 다시 힘을 얻고 일어서는 주의 친 백성이 되어야 한다.

04장

아버지여!

마태복음 6:5-9

---

5 또 너희는 기도할 때에 외식하는 자와 같이 하지 말라 그들은 사람에게 보이려고 회당과 큰 거리 어귀에 서서 기도하기를 좋아하느니라 내가 진실로 너희에게 이르노니 그들은 자기 상을 이미 받았느니라 6 너는 기도할 때에 네 골방에 들어가 문을 닫고 은밀한 중에 계신 네 아버지께 기도하라 은밀한 중에 보시는 네 아버지께서 갚으시리라 7 또 기도할 때에 이방인과 같이 중언부언하지 말라 그들은 말을 많이 하여야 들으실 줄 생각하느니라 8 그러므로 그들을 본받지 말라 구하기 전에 너희에게 있어야 할 것을 하나님 너희 아버지께서 아시느니라 9 그러므로 너희는 이렇게 기도하라 하늘에 계신 우리 아버지여 이름이 거룩히 여김을 받으시오며

예수께서는 제자들에게 기도할 것을 가르치셨다(요 16:23-27; 마 7:7-11 등). 또한 기도의 내용을 가르치셨다. 그 대표적인 것이 주기도문이다. 이것은 그리스도인으로서 마땅히 기도해야 할 가장 중요한 요지를 가르치신 것으로, 신자가 하나님께 드리는 기도의 모범으로 주신 것이라 할 수 있다. 그러므로 주기도문은 단순히 우리가 날마다 따라 외워야 할 기도문으로 주신 것이라기보다는 "참으로 기도라고 하는 것은 이렇게 하는 것이로구나"라고 깨닫도록 하기 위해 주신 것이다.

1. 아버지를 부름

그러면 어떻게 하는 기도가 바른 기도일까? 우리는 이것에 대한 대답을 주기도문의 첫 단어에서 확인할 수 있다. 주기도문의 첫 단어는 무엇인가? "하늘에 계신"인가? 아니면 "우리"인가? 이 둘 다 아니다. 그것은 "아버지여"이다. 주기도문은 "아버지여"라는 말로 시작한다. 예수께서는 제자들에게 기도의 모범을 가르쳐 주시면서 제일 먼저 "아버지여"라는 말로 기도를 시작하라고 가르치셨다. 예수께서는 제자들이 기도할 때 아버지를 부름으로 시작할 것을 가르치신 것이다. 우리는 예수님 자신도 이렇게 기도하신 예를 성경에서 얼마든지 발견할 수 있다(마 26:39, 42; 막 14:36; 눅 11:2; 22:42; 요 11:41; 12:27, 28; 17:1 등). 그러면 예수께서 왜 이렇게 '아버지'를 부름으로 기도를 시작하도록 하셨을까? 여기에는 특별한 의미가 있다. 공관복음 가운데는 마태복음에 "아버지"가 가장 많이 사용되었으며(44회) 그 중에서도 본문이 포함되어 있는 산상설교에만 17회 나타난다. 본문에도 4번(6bis., 8, 9)이나 언급되고 있다. 이렇게 자주 사용된 "아버지"라는 말에는 몇 가지 중요한 의미가 있다. 이 의미를 알아야 기도를 "아버지여"로 시작하게 하신 주님의 뜻을 알 수 있다. 그런데 이것을 알기 위해서는 먼저 주께서 금하신 중언부언의 기도가 무엇인지를 정확하게 이해해야 한다.

2. 중언부언 하는 기도

예수께서는 바른 기도를 가르쳐 주시기 위하여 세 번의 부정명령(금지)과 한 번의 긍정명령을 사용하신다. 예수께서는 먼저 잘못된 기도 두 가지에 대하여 말씀하신다. 첫째는 바리새인들의 외식하는 기도이다. 예수께서는 "외식하는 자와 같이 하지 말라"(5)고 말씀하셨다. 둘째는 이방인들의 중언부언하는 기도이다. 예수께서는 "이방인과 같이 중언부언하지 말라"(7)고 하시며, "그들을 본받지 말라"(8)고 하셨다. 이어서 예수께서는 "너희는 이렇게 기도하라"(9)고 말씀하시면서 "아버지여"로 기도를 시작하셨다. 이해를 돕기 위해, 앞의 설명을 요약하여 정리하면 "외식하는 기도를 하지 말라(5) … 중언부언 하지 말라(7) … 그들을 본받지 말라(8) … 그러므로 이렇게 기도하라. 아버지여(9)"라는 내용이 된다.

따라서 "아버지여"라는 말로 기도를 시작하게 하신 이유를 알기 위해서는 먼저 예수께서 금하신 중언부언의 기도가 어떤 기도인지를 알아야 한다. 중언부언이라는 것은 7절에 의하면 말을 많이 하는 것을 의미한다. 말을 많이 하는 것은 두 가지 경우를 생각해 볼 수 있다. 하나는 같은 말을 중복해서 하는 것이고 다른 하나는 여러 가지 말을 오랫동안 하는 경우이다. 그러나 예수께서 금하신 중언부언하는 기도는 이 두 가지 모두에 해당되지 않는다. 왜냐하면 예수님도 제자들을 부르기 전에 밤이 맞도록 길게 기도하셨고(눅 6:12), 요한복음 17장은 한 장 전체가 예수님의 기도이며, 또한 예수께서는 십자가에 처형당하기 전에 겟세마네 동산에서 같은 내용을 세 번이나 중복하여 기도하셨기 때문이다. 그렇다면 예수께서 금하신 중언부언하는 기도는 단순히 길게 기도하거나 같은 내용을 중복되게 하는 기도가 아니다. 그러면 예수께서 금하신 중언부언의 기도는 어떤 기도일까?

우리는 그 해답을 "이방인과 같이"(7)라는 말에서 찾을 수 있다. 예수께서는 단순히 말을 많이 하는 중언부언의 기도를 금하신 것이 아니라 하나님을 모르는 '이방인'들이 하는 중언부언의 기도를 금하셨다. 그러면 이방인들은 왜 중언부언하는 기도를 하는 것일까? 그 이유에 대하여 예수께서는 다음과 같이 알리셨다. "왜냐하면 그들은 말을 많이 함으로써 그들의 기도가 들려질 것이라고 생각하기 때문이다"(7b). 이방인들이 기도에서 중언부언하는 근본 이유는 말을 많이 해야 그들의 기도가 '들려진다'고 생각하기 때문이다.

그러면 그들이 이렇게 생각하는 이유는 무엇일까? 그것은 그들이 누구에게 기도하느냐와 밀접한 관련이 있다. 즉 그들의 중언부언 하는 기도는 그들의 기도의 대상에 관계되어 있다는 것이다. 이방인들은 누구에게 기도하는가? 이방인들은 우상을 섬기는 자들이다. 우상은 어떤 존재인가? 우상은 사람이 만든 것으로 입이 있어도 말하지 못하며 눈이 있어도 보지 못하고 귀가 있어도 듣지 못한다. 그러므로 우상에게 기도하는 이방인들은 말을 많이 할 수밖에 없다. 그래야만 기도가 들려진다고 생각하기 때문이다. 우리 식으로 말하자면 "지성이면 감천이다."는 생각으로 말을 많이 하는 것이다. 그러므로 예수께서 금지하신 중언부언의 기도는 단순히 말의 많고 적음이나 기도의 길고 짧음에 관계된 문제가 아니라 누구에게 기도하느냐에 관련된 문제이다. 이방인들은 생명이 없는 비인격체인 우상에게 기도했고 그래서 중언부언해야만 했다. 그러나 제자들은 하나님께 기도한다. 그러므로 성도들은 이방인처럼 중언부언해서는 안 된다. 하나님은 우상과는 비교할 수 없는 분이시기 때문이다. 그리고 이 비교할 수 없는 다른 점이 바로 "아버지"라는 말에 잘 나타나 있다.

따라서 우리의 기도에 있어서 가장 중요한 것은 기도의 태도나 시간이나 말의 유창함이나 화려한 미사여구가 아니라 우리가 '하나님'께 기도한다는 사실과, 그 하나님이 어떤 분인가에 대한 바른 이해와 믿음이다. 만일 하나님을 우상처럼 생각해서 말을 많이 하는 기도를 한다면 그것이 바로 중언부언하는 기도이다. 그러나 비록 말은 어눌하여 더듬거리며 서툴고 중복되게 한다할지라도 그 기도의 대상이신 하나님에 대한 바른 이해와 믿음이 있다면 그것은 참된 기도이다. 예수께서는 제자들에게 "아버지여"로 기도를 시작하게 하심으로써 그들의 기도의 대상이신 하나님이 그들의 아버지가 되신다는 사실을 가르쳐주고 있다. 그러면 이것은 어떤 의미인가?

3. 아버지여

(1) 관계성

아버지라는 말의 첫 번째 의미는 우리와 하나님과의 관계성을 말하는 것이다. 하나님이 우리의 "아버지"라는 것은 우리의 유래와 기원을 밝히는 것이다. 우리가 하나님을 아버지로 부르는 것은 우리가 하나님으로부터 나왔고 하나님으로 인해 존재한다는 말이다. 하나님 아버지는 우리의 존재의 근원이다. 하나님이 없다면 우리도 없다. 그래서 우리의 모든 것이 그분에게 매여 있으며 우리는 그분을 의존하여 산다. 우리는 홀로 모든 것을 해결할 수 있는 존재가 아니다. 우리는 스스로 모든 것을 해결 할 수 있는 자충족적인 자들이 아니다. 우리는 오직 하나님을 힘입어 살며 기동하며 있다(행 17:28). 이것은 우리의 생명과 활동과 존재가 모두 하나님 안에 있다는 말이다. 그래서 우리는 하나님께 요청할 수밖에 없고 또 하나님께서 베풀어 주셔야만 지탱될 수 있는 자들이다. 우리는 하나님 아버지의 소생이다(행 17:28). 우리는 하나님의 은혜로만 사는 자들이요 하나님 의존적인 자들이다. 하나님과 우리는 이런 관계에 놓여 있다. 이것이 바로 "아버지여"라는 부름 속에 담겨 있는 의미이다.

우리가 아버지를 부름으로 기도를 시작하는 것은 "우리는 하나님으로부터 나왔고, 따라서 우리는 하나님에 의해 존재하며, 우리의 호흡과 생명과 삶과 그 외의 모든 것이 전적으로 하나님께 매여 있으므로 하나님 없이는 우리는 아무 것도 아닌 자들임을 알고 오직 하나님만을 절대적으로 의지하오니 불쌍히 여겨주십시오"라는 믿음의 고백으로 기도를 시작하는 것이다. 기도는 언제나 하나님에 대한 이와 같은 신앙을 바탕으로 시작해야 한다.

(2) 전지성

아버지라는 말의 두 번째 의미는 우리의 기도를 들으시는 하나님은 전지하신 분이라는 것을 나타낸다. 우리 하나님은 말을 많이 하여야 들으시는 분이 아니다. 하나님 우리 아버지께서는 우리가 구하기 전에 우리에게 있어야 할 것을 아시는 분이시다(8). 이방인들은 자신들이 만든 돌이나 나무나 금속으로 된 비인격체인 우상에게 기도한다. 그러나 성도들은 미리 아시는 인격적이시고 전지하신 아버지께 기도한다. 아버지이신 하나님은 참으로 깊은 관심과 사랑으로 우리의 모든 사정을 헤아리시고, 또한 우리의 앞길에 대한 구체적인 계획을 가지고 계시며, 우리에게 필요한 것이 무엇인지 가장 잘 아신다. 아버지이신 하나님은 우리 자신보다 우리를 더 잘 아시는 분이시다. 우리의 기도는 사려 깊고 자상하시며 우리의 모든 사정을 아시고 헤아리시는 하나님 아버지께 드리는 기도이다. 따라서 예수께서 "아버지여"라는 말로 기도를 시작하게 하신 것은 우리의 기도는 하나님의 인격성과 전지하심에 대한 이해와 믿음에서 시작되어야 한다는 것을 강조한 것이다.

(3) 아버지의 성품

예수께서 아버지를 부름으로써 기도를 시작하게 하신 세 번째 의미는 우리의 기도가 하나님 아버지의 성품과 관련이 있다는 것을 알려준다.

① 온전하심

먼저 우리의 아버지이신 하나님은 온전하신 분이시다. 마태복음 5:48은 하나님 아버지는 온전하신 분이라고 말씀한다. 그분에게는 어떤 부족함이나 연약함이나 결점이나 흠이 없다. 그분의 계획과 생각과 행하심은 언제나 완전하다. 그러므로 우리는 아버지께 기도할 때 기대와 소망을 가지게 된다. 왜냐하면 아버지는 온전하신 분이므로 온전한 것으로 응답하실 것이기 때문이다. 온전하신 하나님에게서 온전하지 못한 것이 나올 수 없다. 아버지를 부름으로써 기도를 시작하는 신자는 하나님이 최고로 합당한 것을 공급하시며, 때를 따라 그의 모든 쓸 것을 온전하게 채우실 것을 확고히 믿는다(참고. 빌 4:19).

② 은밀성

또한 아버지는 은밀한 중에 보시며(마 6:4, 6, 18) 은밀한 중에 계시는 분이시다(마 6:18). 우리는 살다보면 참으로 세상 어느 누구에게도 말할 수 없는 문제로 인해 답답한 가운데 탄식할 때가 있다. 당신은 이럴 때 어떻게 하는가? 아버지 하나님은 은밀한 중에 계시고 은밀한 중에 보시는 분이기에 그 누구에게도 말할 수 없는 우리의 아픔과 고통을 이미 비밀리에 보시고 아시는 분이시다. 그러므로 그분 앞에서는 숨길 것도 없고 말하지 못할 것도 없다. 아버지께서 우리의 비밀한 것도 보신다는 것은 참으로 우리에게 큰 위로가 된다. 세상 그 누구와도 나눌 수 없는 일이라 할지라도 아버지께 의논하고 도움을 구하는

데는 전혀 문제가 되지 않기 때문이다. 그래서 우리는 하나님께 "아버지여"라며 기도하는 것이다.

③ 용서하심

더 나아가서 우리의 기도를 들으시는 하나님은 용서하시는 아버지이시다. 마태복음 6:14은 하늘 아버지는 우리 잘못을 용서하시는 분이라고 단언한다. 이사야 선지자는 우리에게 죄가 있으면 하나님이 듣지 않으신다고 말씀하셨다. "오직 너희 죄악이 너희와 너희 하나님 사이를 갈라 놓았고 너희 죄가 그의 얼굴을 가리어서 너희에게서 듣지 않으시게 함이니라"(사 59:2). 그러므로 죄악을 품고 있으면 하나님이 우리의 요청을 듣지 않으신다. 그러나 하나님 아버지는 우리의 죄를 용서하시는 분이시다. 우리는 죄 중에 출생하고, 죄를 먹고 마시며 살지만 그래도 우리가 담력을 가지고 하나님께 기도할 수 있는 것은 아버지 하나님께서 우리의 죄를 용서해 주시는 분이기 때문이다. 우리가 아버지께 용서를 구하면 그는 우리의 죄를 사하시고(요일 1:9) 우리의 기도를 들어 주실 것이다. 이런 까닭에 예수께서는 하나님을 '아버지'로 부름으로써 기도를 시작하라고 하셨다.

(4) 아버지의 섭리

우리가 기도할 때 아버지를 부르면서 시작해야 하는 네 번째 이유는 아버지이신 하나님의 섭리와 관련이 있기 때문이다. 아버지 하나님은 어떤 분이신가? 아버지 하나님은 우리에게 해를 비추고 비를 내리시며(마 5:45), 상주시고(마 6:1), 갚으시는 분(마 6:4, 6, 18)이시며, 공중의 새를 기르시며(마 6:26), 들풀도 최고의 것으로 입히시며(마 6:30), 우리에게 좋은 것으로 주시는(마 7:11) 분이시다. 아버지 하나님은 이 세상을 떠나 계셔서 우리의 삶에 아무런 개입도 간섭도 도무지 하지 않으시는 그런 분이 아니시다. 우리의 아버지 하나님은 오늘도 여전히 해를 비추시고 비를 내리시며 상을 주시고 수고에 갚으시며 우리를 기르시고 입히시며 좋은 것으로 주시는 분이시다. 우리의 아버지는 살아 계신 분이시며 만물을 지배하시고 주권적으로 통치하시며 그 자녀들의 삶에 구체적으로 개입하셔서 그 길을 지도하시며 필요를 채우시고 인도하시는 분이시다. 이렇게 섭리하시고 다스리시는 분이 바로 우리의 아버지이시다. 그러므로 예수께서 아버지를 부르며 기도를 시작하게 하신 것은 하나님 아버지의 섭리에 대한 믿음을 가지고 그분의 개입과 도우심과 역사하심을 바라며 기도하라는 뜻이다.

(5) 절대적 차별성

예수께서 아버지를 부름으로써 기도를 시작하라 하신 다섯 번째 이유는 하나님 아버지의 절대적인 차별성과 관련이 있다. 하나님 아버지는 "하늘에 계신"(마 6:9) 아버지이시다. 여기서 '하늘'은 '땅'과 대조되는 말이다. 땅은 하나님의 발등상이지만(마 5:35) 하늘은 높이 계시는 하나님의 보좌이다(마 5:34). 하나님은 땅을 초월하여 계시는 분이다. 그분에게 나라와 권세와 영광이 영원히 있다(마 6:13). 반면에 "땅"에 있는 인간은 언제나 연약하고 부족하다(참고. 마 5:48). 그러므로 하늘에 계신 하나님 아버지와 땅에 있는 육신의 아버지 사이에는 하늘과 땅 차이보다 더 큰 차이가 있다. 이런 차이 때문에 우리는 육신의 아버지가 아닌 하나님 아버지께 기도한다. 예수께서는 이것을 잘 설명하기 위해 한 가지 예를 드셨다(마 7:9-11). 세상에 있는, 땅에 있는 악한 자라도 아들이 떡을 달라 하면 돌을 주며 생선을 달라 하면 뱀을 줄 사람이 없다. 땅에 있는 악한 자라도 좋은 것으로 자식에게 줄 줄 안다. 그렇다면 "하물며" 하늘에 계신 절대적으로 선하시고 온전하신 아버지, 아무도 가까이 할 수 없는 영광의 아버지께서 구하는 자녀에게 좋은 것으로 주시지 않겠는가? 이 말씀은 우리로 하여금 확신과 기대를 가지고 기도하게 만든다. 따라서 신자가 하나님 아버지께 기도할 수 있다는 것은 무엇과도 바꿀 수 없는 특권이자 참으로 귀한 복이다.

4. 맺는 말

예수께서 제자들의 기도를 교정하고 가르쳐 주셨다. 신자는 바리새인처럼 외식하는 기도를 해서도 안 되고, 이방인처럼 중언부언하는 기도를 해서도 안 된다. 우리는 하나님께 기도한다. 그리고 하나님은 우리의 아버지이시다. 우리는 이와 같은 하나님과의 특별한 관계에 근거하여 기도해야 하며, 하나님의 인격과 전지성과 성품과 초월성과 절대성을 믿고 의지하여 기도해야 한다. 그러므로 우리의 기도에 있어서 가장 중요한 것은 우리의 정성이나 열심이 아니라 기도의 대상이신 하나님에 대한 우리의 바른 이해와 믿음이다. 그래야 외식하는 기도와 중언부언하는 기도를 하지 않게 되며, 나아가서 기쁨과 확신과 담대함으로 기도하여 하나님의 성품에 따른 온전하고 풍성한 응답을 받게 된다.

03부

하나님 나라 백성의
복음 전파와 교회

01장

하나님의 교회

고린도전서 1:1-3

1 하나님의 뜻을 따라 그리스도 예수의 사도로 부르심을 받은 바울과 형제 소스데네는 2 고린도에 있는 하나님의 교회 곧 그리스도 예수 안에서 거룩하여지고 성도라 부르심을 받은 자들과 또 각처에서 우리의 주 곧 그들과 우리의 주 되신 예수 그리스도의 이름을 부르는 모든 자들에게 3 하나님 우리 아버지와 주 예수 그리스도로부터 은혜와 평강이 있기를 원하노라

성경은 이 세상에 의인은 하나도 없으며(롬 3:10) 모든 사람이 죄인(롬 3:23)이라고 선언한다. 세상 어느 한 곳도 죄로 오염되지 않은 곳이 없다는 말씀이다. 심지어 거룩함을 생명으로 하는 교회조차도 예외는 아니다. 그 대표적인 교회가 바로 고린도 교회였다. 그래서 사도 바울은 교회의 본질과 참 모습이 어떠해야 하는지를 가르쳐 주기 위해서 고린도 교회에 편지를 썼다. 이를 위해 그는 고린도 교회가 어떤 교회인지를 편지를 막 시작하는 2절에서 세 가지로 밝힌다. 그는 고린도 교회를 첫째로 "고린도에 있는 교회", 둘째로 "하나님의 교회", 셋째로 "거룩하여지고 성도라 부르심을 받은 자들"로 정의하고 있다. 이제 이 각각에 대하여 살펴봄으로써 교회의 본질과 정체성에 대한 우리의 이해와 믿음을 새롭게 하고, 이 땅에 있는 교회들이 무엇을 추

구해야 하는지를 생각해 보자.

1. 고린도에 있는 교회

(1) 죄악 가운데 세워지는 교회

첫째로 사도 바울은 고린도 교회를 "고린도에 있는" 교회라고 부른다. 이것은 교회의 지역성을 밝히는 것이다. 교회는 천국에 세워지는 것이 아니라 세상 가운데 세워지는 것이며, 허공에 세워지는 것이 아니라 어떤 특정한 지역에 세워진다. 우리는 이것을 지역교회라고 부른다. 그런데 교회의 이러한 공간적 특성은 교회는 죄로 가득한 세상에 세워진다는 것을 의미한다. 교회는 거룩한 저 천국이 아닌 죄악이 우글대는 이 세상에 설립된다.

고린도 교회도 마찬가지였다. 고린도는 그리스 반도의 항구도시로서 육로로는 남북을 연결하고, 해로로는 동서를 이어주는 도시이다. 이처럼 고린도는 교통의 요지였기 때문에 경제적으로 번창하여 돈이 많고 흥청거리는 도시였다. 그래서 호화찬란하고 운동 경기가 많이 열렸으며, 도덕적으로 문란했다. 또한 고린도 사람들은 지역적으로 아테네와 가까웠던 까닭에 미의 여신 아프로디테(비너스)를 섬겼는데, 이 신전에는 약 1,000명이나 되는 신전 창녀가 있었다. 이렇게 고린도는 종교적으로도 매우 음란한 도시였다. 그런데 하나님은 도덕적으로, 종교적으로 타락하고, 사회적으로 음란하여 각종 악으로 가득한 이 더러운 도시에도 바울을 통하여 교회를 세우셨다.

(2) 고린도 교회의 문제들

바울 사도는 고린도에서 일 년 6개월 동안 온갖 정성과 힘을 기울여 교회를 세우고 목회를 했다(행 18:11). 그 후에 바울 사도는 그곳을 떠났고 얼마만큼의 기간이 지났는지는 알 수 없지만 고린도 교회는 여러 가지 죄악과 어려운 문제에 휩싸이게 되었다. 그것은 다음과 같이 매우 다양하고 복잡했다.

첫째는 고린도 교회에는 시기와 분쟁이 심했다(고전 1:10, 11; 11:18). 고린도 교회는 나는 바울에게, 나는 아볼로에게, 나는 게바에게, 나는 그리스도에게 속한 자라고 말함으로써 서로 시기하고 분쟁하여 편당을 지었다(고전 1:12). 이것은 자신들이 가지고 있는 세상적인 지혜를 자랑하고(고전 1:29f), 사람을 자랑(고전 3:18, 21)하고, 육신에 속하여 사람을 따라 행하고(고전 2:3), 서로를 판단하고, 교만하게 행동한 결과였다. 일종의 영적 우월의식이 교회를 감염시켰고, 결국 파벌주의로 이어졌던 것이다. 우리가 명심해야 할 것은 어느 교회든 사람을 자랑할 때 그 교회는 반드시 어려움을 겪게 된다는 것이다.

둘째는 그들 중에 음행이 있었다. 고린도전서 5:1-2에 보면 "너희 중에 심지어 음행이 있다 함을 들으니 이런 음행은 이방인 중에라도 없는 것이라 누가 그 아비의 아내를 취하였다 하는 도다."라고 말씀하고 있다. 하지만 그들은 이런 엄청난 죄악을 저지르고도 교만하여서 그것을 애통해하지 않았고 물리치지도 않았다.

셋째는 성도들이 서로 고소하는 일이 발생했다(6장). 그것도 세상의 법정에 고소했다. 의로운 하나님의 백성이 불의한 자들 앞에서(1), 믿는 자들이 믿지 않는 자들 앞에서(6) 형제를 고소하는 참으로 웃지 못 할 일을 했다. 이에 대해 바울 사도는 차라리 불의를 당하는 것이 낫다(7)고 말씀함으로써 그들의 잘못을 나무라고 있다.

넷째는 우상 제물에 관한 문제가 발생했다. 고린도 교회의 성도들은 우상에게 드렸던 제물을 먹었다. 그것 자체는 아무런 문제가 되지 않는다. 그러나 정작 문제가 된 것은 우상에게 드렸던 제물을 먹으면 죄를 짓는 것으로 알고 있는 형제들 앞에서 그들이 우상제물을 먹음으로써 믿음이 연약한 자들을 실족케 했다는 것이다. 그들은 자신들의 자유함이 약한 자들에게 거치는 것이 되지 않도록 조심하지 않았다. 이와 같은 행동에 대해 사도 바울은 "만일 음식이 내 형제를 실족하게 한다면 나는 영원히 고기를 먹지 아니하여 내 형제를 실족하지 않게 하리라"(고전 8:13)고 말씀한다. 또한 그는 "모든 것이 가하나 모든 것이 유익한 것이 아니요 모든 것이 가하나 모든 것이 덕을 세우는 것이 아니니"(고전 10:30), "그런즉 너희가 먹든지 마시든지 무엇을 하든지 다 하나님의 영광을 위하여 하라"고 가르친다(고전 10:23, 31). 그러나 고린도 교회에는 이런 신앙 정신이 없었다.

다섯째는 애찬과 관련된 죄가 있었다(고전 11:17-34). 교회가 세워진 이래로 성도들이 함께 모여 먹는 것은 하나의 관례였다(행 2:42, 46). 그것은 성도가 서로 교제할 수 있는 기회였으며, 더 가진 자가 덜 가진 자에게 자기 것을 나누어 줄 수 있는 기회였다. 그러나 고린도 교회의 문제는 부유한 자들이 자기들끼리만 모여 음식을 먹었다는 점이다. 그래서 그들 중 몇몇 교인들은 취하는 반면에 가난한 성도들은 부끄러움을 당해야 했다. 바울은 이러한 태도를 보고 '하나님의 교회를 업신여기는 행위'라고 책망했다(고전 11:22).

여섯째는 은사와 관련된 문제가 발생했다(고전 12-14장). 고린도 교회는 서로 자기의 은사가 최고라고 뽐내며 다른 사람들을 무시했다. 하나님이 선물로 주신 것을 마치 자신의 능력의 결과인 양 스스로를 높이고 자랑했다. 그들은 하나님이 주신 은사로 자신을 드러내고 자랑하기에 바빴을 뿐, 교회의 덕을 세우는 데는 관심이 없었다.

일곱째는 부활에 관한 문제가 일어났다(고전 15장). 고린도 교회의 어떤 이들은 부활이 없다고 말함으로써 교회를 어지럽게 만들었다(15:12b). 이것은 불신앙을 넘어서 이단의 문제이다. 그래서 사도 바울은 썩을 것으로 심고 썩지 아니할 것으로 다시 살며(15:42-44), 마지막 나팔에 순식간에 다 변화할 것이라고(15:51b) 부활에 관하여 바로 잡아 주고 있다.

이처럼 죄악이 가득한 도시에 세워진 고린도 교회는 그 도시를 선도하여 거룩한 도시로 변화시키기는커녕 오히려 교회 안에 더럽고 추한 죄악들을 행하고 있었으며, 심지어는 이단적인 주장까지 판을 치는 어려운 상황 속에 있었다.

2. 하나님의 교회

둘째로 사도 바울은 고린도 교회를 "하나님의 교회"라고 부른다. 이 호칭이 매우 어색하게 들리지 않는가? 참으로 이해할 수 없는 호칭이 아닌가? 물론 이것이 무슨 문제가 되냐고 말할 수도 있다. 그러나 우리가 앞에서 확인한 것처럼 고린도 교회는 죄악과 문제투성이의 교회였다. 그렇기 때문에 사도 바울이 이런 교회를 향해서 '하나님의 교회'라고 부르는 것은 합당해 보이지 않는다. 칼빈의 말처럼 사람들이 모인 곳, 하나님보다는 사탄이 더 기세를 부리는 허물 많은 고린도 교회를 하나님의 교회라고 부르는 것은 이상하고 이해가 되지 않는 일이다. 그런데도 사도 바울이 그렇게 부르는 이유는 무엇일까? 사도 바울은 이 편지를 보내기 전에 그 교회에 분쟁, 음행, 법정소송, 우상제물, 애찬, 은사, 부활 등의 도덕적, 영적, 신학적인 많은 문제점이 있다는 것을 알고 있었다. 그런데도 그가 이와 같은 고린도 교회를 하나님의 교회라고 부른 까닭은 무엇일까? 그것은 고린도 교회에 죄악이 많고 여러 가지 불법한 문제들이 산적해 있다 하더라도 그 교회가 하나님의 교회라는 사실에는 변함이 없기 때문이다.

(1) 하나님이 시작하심

그러면 교회가 하나님의 교회인 이유는 무엇일까? 교회가 하나님의 교회인 이유는 무엇보다도 교회의 시작이 하나님께 있기 때문이다. 고린도 교회의 설립과 그 교회에 대한 사역이 사도들의 손을 통하여 이루어진 것은 분명 사실이다. 그래서 사도 바울은 "나는 심었고 아볼로는 물을 주었다."(고전 3:6a)고 말씀한다. 분명히 고린도 교회는 바울이 숱한 고생을 하면서 1년 6개월 동안 온갖 노력을 기울여 세운 교회이다. 그는 감옥에 갇히기도 하고 여러 가지 어려움과 죽을 고비를 넘기면서 복음의 불모지인 고린도에 목숨을 걸고 공을 들여 교회를 세웠다. 그러므로 하나님의 교회라고 말하기보다는 오히려 '바울의 교회'요 '내 교회'라고 주장하는 것이 더 마땅할 것 같다.

그러나 그는 그렇게 말하지 않는다. 그는 분명히 '하나님의 교회'라고 부르고 있다. 이것은 하나의 교회를 세우기 위해 사람이 죽도록 고생을 하고 모든 것을 다 바쳤다 할지라도 교회의 기원이 하나님께 있다는 사실을 잘 보여주는 것이다. 사도 바울은 하나님이 사람을 택하셨다(고전 1:27-28)고 말하며, 하나님이 사람을 부르셨다(고전 1:26)고 말한다. 그래서 그는 교회가 하나님께로부터 난다고 말씀한다(고전 1:30). 이처럼 교회는 하나님의 선택과 하나님의 부르심(소명)과 하나님의 시작에 의해 이 땅에 존재하게 된다. 그러므로 교회는 하나님의 교회요, 하나님 소유의 교회이다.

(2) 하나님이 진행하심

또한 사도 바울이 교회를 '하나님의' 교회라고 말한 것은 교회의 시작뿐만 아니라 교회의 진행과 성장이 하나님께 달려 있기 때문이다. 다시 말해, 하나님이 교회를 자라게 하신다. "오직 하나님은 자라나게 하셨나니"(고전 3:6b). 심는 이나 물주는 이는 아무것도 아니며 오직 자라게 하시는 하나님이 중요하다(고전 3:7). 따라서 교회는 오직 하나님에 의하여 진행된다. 교회는 하나님이 성장시키신다. 그래서 교회는 '하나님의' 교회이다. 이 말씀 앞에서 사람은 침묵해야 한다.

(3) 하나님의 영광을 목적으로 함

나아가서 사도 바울이 교회를 '하나님의' 교회라고 말한 것은 교회의 목적이 하나님을 향하고 있기 때문이다. 사도 바울에 의하면 만물이 교회의 것이며, 교회는 그리스도의 것이고, 그리스도는 하나님의 것이다. "그런즉 누구든지 사람을 자랑하지 말라 만물이 다 너희의 것임이라 바울이나 아볼로나 게바나 세계나 생명이나 사망이나 지금 것이나 장래 것이나 다 너희의 것이요 너희는 그리스도의 것이요 그리스도는 하나님의 것이니라"(고전 3:21-23). 그렇다면 모든 것의 최종점에는 하나님이 계신다. 이것은 교회가 무엇을 목적으로 삼아야 할지를 분명하게 알려주는 것이다. 그래서 바울 사도는 "너희가 먹든지 마시든지 무엇을 하든지 다 하나님의 영광을 위하여 하라"(고전 10:31)고 말씀한다. 교회의 목적은 하나님이며, 하나님께 영광을 돌리는 것이다(참조. 조병수, 『신약성경총론』, 257-258).

이처럼 교회의 시작과 진행과 목적은 모두 하나님께 있다. 그래서 사도 바울은 고린도 교회를 '하나님의' 교회, 즉 하나님 소유의 교회라고 부르는 것이다. 사도 바울은 서로 내가 옳고 네가 그르네, 내가 높고 네가 낮네, 나는 누구 파요 너는 누구 파라, 이렇게 서로 시기 질투 싸움을 하는 교회를 향해 '하나님의' 교회라고 말씀한 것은 인간들이 아무리 야단법석을 쳐도 이 교회가 하나님의 소유라는 사실에는 변함이 없다는 것을 분명히 한다. 교회는 어느 당파나 인간의 것이 아니라 하나님의 것이다. 하나님께서 홀로 교회를 시작하시며 친히 진행하시고 유지하신다. 그리고 교회를 통하여 영광을 받으시기를 원하신다. 고린도 교회의 성도들이 이 사실을 알고 인정했더라면 그들 안의 많은 문제들이 발생하지 않았을 것이다.

3. 거룩하게 된 자들

셋째로 사도 바울은 고린도 교회를 "그리스도 예수 안에서 거룩하게 된 자들"이라고 부르며 또한 "성도"라고 부른다(2). 그는 한 번은 "거룩하게 된 사람들"이라고 하고, 한 번은 성도, 즉 "거룩한 자들"라고 말한다. 사실상 이 두 표현은 같은 것이다. 사도 바울은 이와 같은 반복적인 표현으로써 성도의 거룩한 신분을 강조하고 있다.

이어서 그는 성도의 이 거룩함이 어떻게 이루어졌는지를 설명한다. 성도의 거룩함은 "예수 그리스도 안에서" 이루어졌다. 비록 전에는 이 교회의 구성원들이 음란한 도시의 시민이었고, 천하고 멸시받던 사람들이었고(고전 1:26-28), 말 못하는 우상에게 끌려갔던 이방인이었고(고전 12:2), 혹은 유대인이었지만(고전 1:24), 이제는 예수 그리스도 '안'에서 거룩하게 되었다. 하지만 앞에서 우리가 확인한 대로 고린도 교회가 거룩해 보이며 성도다워 보이는가? 그토록 죄와 허물과 문제가 많은 그들이 영광스러워 보이는가? 그렇지 않다. 그렇다면 사도 바울이 고린도 교회를 향하여 거룩하게 된 사람이라고, 성도라고 부른 이유가 무엇일까? 그 유일한 이유는 그들이 그리스도 예수 '안'에 있기 때문이다. 그리고 그리스도 안에 있다는 것은 그들에게 뿌려진 예수 그리스도의 피가 영원한 효력을 가지고 있다는 것이다.

다시 말해 고린도 교회는 그리스도께서 자신의 보혈로 값 주고 사신 교회요 그가 친히 한 영혼 한 영혼을 자기 피로 씻어 죄의 더러움을 제거하여 거룩하게 하신 교회임에는 틀림이 없다는 것이다. 그들이 여전히 부족하고 부정함에도 불구하고 지금 성도라고, 거룩하여진 자라고 불릴 수 있는 것은 그들을 죄에서 건져내어 거룩한 자로 세우시려는 하나님의 부르심의 목적과 뜻은 결코 변하지 않고 영원히 유효하며, 마지막 날에는 틀림없이 그들을 하나님 앞에 점도 없고 흠도 없는 교회로 세우실 것이기 때문이다. 그러므로 인간이 뿌리 깊은 이기심과 명예욕과 오만과 고집과 야심과 욕망으로 교회를 갈기갈기 찢어 놓았을지라도 이 교회는 여전히 하나님의 교회이며, 그리스도 안에서 거룩하여진 교회요, 성도로 부르심을 입은 교회라는 사실은 변함이 없다는 것이다.

교회는 하나님이 시작하시고 진행하시고 유지하시며 성장시키시는 교회이며, 하나님의 영광을 목적으로 하는 교회이며, 하나님 소유의 교회이다. 하나님이 주인 되신 교회이며, 하나님께서 예수 그리스도의 피로 거룩하게 하신 교회이다. 따라서 우리의 현재 모습이 어떠하다 할지라도 예수께서 친히 다스리시며, 예수께서 자신의 그 고귀한 피로 우리를 친히 씻으시고 정결케 하신 그 효력은 여전히 유효하며, 영원히 변함이 없다. 그래서 우리는 하나님이 친히 이 교회를 돌보시고 견고하게 지키실 것을 조금도 의심하지 않는다. 이런 까닭에 우리는 앞으로의 변화에 기대를 가지고 기뻐하며 하나님께 감사와 영광과 찬송을 올려 드리는 것이다.

4. 맺는 말

사도 바울이 고린도 교회를 향하여 그 교회의 본질과 참 모습을 일깨운 것은, 특히 그렇게 부족한 자들을 향하여 하나님 아버지와 주 예수 그리스도의 은혜가 있기를 기원한 것(고전 1:3)은 교회가 어떤 존재인가를 일깨우기 위한 것이며, 하나님께서 교회를 세우신 목적과 뜻이 무엇인지를 밝히기 위한 것이다. 바울 사도의 의도는 고린도 교회로 하여금 지금의 더러운 모습 그대로 죄 가운데 주저앉아서 희희낙락하며 안주하라는 것이 결코 아니다. 오히려 사도 바울은 하나님이 죄 가운데서 부르신 목적 앞에 그들을 세우고, 하나님 앞에서 그들의 모습이 어떠해야 마땅한지를 맞닥뜨려 보게 함으로써, 그들로 하여금 자신들의 더럽고 흉악한 모습 앞에 울부짖으며 슬퍼하며 가슴을 찢어 회개하도록 하기 위함이었다. 교회는 하나님께서 세우신 교회이며, 하나님 소유의 교회임에는 변함이 없다. 또한 하나님이 거룩하게 만드신 교회이며, 하나님이 부르시고 택하신 교회이며, 하나님의 영광을 목적으로 하는 교회라는 사실도 틀림이 없다. 그러므로 이제 우리는 교회의 본질을 확인하고 교회의 교회됨을 확고히 하기 위해 노력해야 한다. 이를 위하여 무엇보다도 우리는 하나님의 거룩한 부르심 앞에 우리의 모습을 정직하게 비춰보고 교회의 거룩함을 위해 경성하고 깨어 있어야 할 것이다. 이렇게 할 때 비로소 나의 허물과 더러움에도 불구하고 여전히 하나님의 교회라 하시며, 그리스도의 은혜로 거룩해진 자라 하시고, 거룩한 성도라 하시고, 주께 속한 자라 하시는 주님의 인정하심이 의미가 있다.

교회를 향한 하나님의 사랑
사도행전 5:1-11

1 아나니아라 하는 사람이 그의 아내 삽비라와 더불어 소유를 팔아 2 그 값에서 얼마를 감추매 그 아내도 알더라 얼마만 가져다가 사도들의 발 앞에 두니 3 베드로가 이르되 아나니아야 어찌하여 사탄이 네 마음에 가득하여 네가 성령을 속이고 땅 값 얼마를 감추었느냐 4 땅이 그대로 있을 때에는 네 땅이 아니며 판 후에도 네 마음대로 할 수가 없더냐 어찌하여 이 일을 네 마음에 두었느냐 사람에게 거짓말한 것이 아니요 하나님께로다 5 아나니아가 이 말을 듣고 엎드러져 혼이 떠나니 이 일을 듣는 사람이 다 크게 두려워하더라 6 젊은 사람들이 일어나 시신을 싸서 메고 나가 장사하니라 7 세 시간쯤 지나 그의 아내가 그 일어난 일을 알지 못하고 들어오니 8 베드로가 이르되 그 땅 판 값이 이것뿐이냐 내게 말하라 하니 이르되 예 이것뿐이라 하더라 9 베드로가 이르되 너희가 어찌 함께 꾀하여 주의 영을 시험하려 하느냐 보라 네 남편을 장사하고 오는 사람들의 발이 문 앞에 이르렀으니 또 너를 메어 내가리라 하니 10 곧 그가 베드로의 발 앞에 엎드러져 혼이 떠나는지라 젊은 사람들이 들어와 죽은 것을 보고 메어다가 그의 남편 곁에 장사하니 11 온 교회와 이 일을 듣는 사람들이 다 크게 두려워하니라

우리는 삶 속에서 매우 당황스럽고 이해하기 힘든 일들을 만날 때가 있다. 또는 매우 놀랍고 충격적인 사건들을 접할 때도 있다. 본문이 이와 같은 경우가 될 것이다. 교회에서 사람이 죽었다. 그것도 두 사람이나, 그것도 약 세 시간의 간격을 두고 부부가 죽었다. 그것도 모두 사도 베드로의 책망을 받고 죽었다. 이게 어찌된 일인가? 만약 오늘날 교회에서 목사의 책망을 받고 사람이 죽었다면 어떻게 될까?

예루살렘 교회에 '아나니아와 삽비라'라고 하는 부부가 있었다. 이들은 서로 의논하여 그들의 땅을 팔아 그 돈의 일부를 감추고 나머지 일부를 교회에 헌금했다. 이 일은 부부가 "더불어"(1) "함께 꾀한 일"(9)이다. 그때 사도 베드로는 그들이 땅값의 얼마를 감춘 것을 알고 아나니아를 책망했다. 이 책망의 말을 들은 아나니아는 그 자리에서 죽고 말았다. 젊은 사람들이 그 시체를 싸서 메고 나가 장사했다. 세 시간쯤 지나 이 일을 새까맣게 모르는 그의 아내 삽비라가 교회에 왔다. 다시 베드로가 그녀에게 "그 땅 판 값이 이것뿐이냐 내게 말하라"(8)고 하니 삽비라는 그렇다고 대답했다. 그러자 베드로는 그녀를 책망하면서 "보라 네 남편을 장사하고 오는 사람들의 발이 문 앞에 이르렀으니 또 너를 메어 내가리라"(9) 하니 곧 그녀가 베드로의 발 앞에서 죽고 말았다. 그리고 아나니아를 장사한 사람들이 그녀도 메어다가 남편 곁에 장사했다.

1. 이 사건을 어떻게 이해할 것인가?

우리는 이 당황스럽고도 충격적인 사건을 어떻게 이해해야 할까? 또한 하나님께서 이렇게 비참하고 험악한 일을 숨기지 않으시고 굳이 성경에 기록하여 오고 오는 세대의 모든 교회에 알리려 하신 이유는 무엇일까? 교회에서 부정직과 속임수를 행하고 거짓말을 하면 죽임을 당한다는 것을 말하기 위해서일까? 만일 그렇다면 아마도 이 땅의 성도들 중 대부분은 이미 다 죽었을 것이다. 아마도 아무도 살아남지 못하고 모든 교회는 텅텅 비고 말았을 것이다. 우리도 정직하지 못할 때가 있고, 어쩔 수 없이 거짓말을 할 때도 있기 때문이다. 그러므로 이 사건은 "착하게 살자, 정직하게 살자, 거짓말하지 말자, 안 그러면 죽는다."는 것을 말하려는 것은 아니다. 그렇다고 해서 일부러 거짓말을 하고 부정직하게 살아서도 안 된다. 신자는 당연히 착하고 정직하며 거짓말을 하지 말아야 한다. 그러나 이 사건이 이것을 말하려는 것은 아니다.

그렇다면 또 하나의 가능성으로, 헌금을 떼먹지 말고 헌금을 많이 하며 성실하게 하라. 그렇지 않으면 죽는다는 것을 말하기 위해서일까? 잘 생각해 보자. 헌금한 것 자체만 놓고 보면 사실 아나니아와 삽비라는 대단한 부부이다. 그들은 교회에 헌금하기 위해 땅을 팔았고 그 땅값의 일부를 헌금했다. 비록 땅값의 전액을 헌금한 것은 아니었지만 이 일은 그 자체만으로도 대단한 것이다. 오늘날 교회에 헌금하기 위해 땅이나 집을 팔 사람이 얼마나 있을까? 하지만 아나니아와 삽비라는 교회에 헌금을 하려고 땅을 팔았다. 이것 자체는 대단한 일이다. 물론 헌금을 많이 하고 싶어도 집이나 땅이 없어서 하지 못할 수도 있다. 하지만 재물이 많이 있다고 해도 그렇게 하는 것은 결코 쉬운 일이 아니다. 그리고 무엇보다도 중요한 것은 그렇게 하지 않아도 죽임을 당하지 않는다는 것이다.

그러므로 본문은 "집 팔고 땅 팔아서 헌금하되, 절대로 떼먹지 말라. 안 그러면 다 죽는다."는 것을 말하려는 것도 역시 아니다. 물론 우리는 하나님께 정직하고 최선의 것을 드리는 헌신의 삶을 살아야 한다. 그러나 이 사건이 이러한 교훈을 주기 위해 기록된 것은 아니다. 우리는 이 사건을 단지 도덕적이거나 윤리적인 문제로 또는 헌신의 문제로 몰아가면 안 될 것이다.

2. 초대 교회의 특수한 상황

우리가 이 사건의 참된 의미를 알기 위해서는 무엇보다도 먼저 이 사건의 배경이 되고 있는 초대 교회의 특수한 상황을 잘 이해야만 한다. 신약의 교회는 오순절 성령강림과 더불어 시작되었다. 이 교회는 성령이 충만하였고 예수님의 십자가 죽음과 부활과 승천과 영화롭게 되심에 대하여 담대하게 증거 했다(행 2장). 또한 사도 베드로와 요한은 날 때부터 앉은뱅이인 사람을 일으켜 세우는 이적을 행하였다(행 3장). 그리하여 믿는 자의 수가 매우 많아졌다. 그러자 이스라엘의 종교 지도자들이 교회를 핍박하기 시작했다. 제사장들과 성전 맡은 자와 사두개인들은 사도들이 백성들을 가르치는 것과 예수님의 부활을 전하는 것을 싫어하여 사도들을 핍박했다. 그들은 사도들을 감옥에 가두는가 하면(행 4:1-3), 계속해서 위협했다(행 4:17, 21, 29). 그리고 예수님의 이름으로 말하지도 말고 가르치지도 말라고 명령했다(행 4:18). 권력자들이 사도들을 체포하고 감금하고 위협을 가하고 복음을 전하지 못하게 한 것이다. 이것은 물리적인 핍박이며 교회 외부로부터 온 핍박이었다. 그러나 그럴수록 사도들은 더욱 담대히 복음을 전했다. 교회도 역시 핍박에 굴하지 않고 오히려 더 기도함으로써 성령이 충만하여 큰 권능으로 예수 그리스도의 이름과 부활을 증거 하였다.

이처럼 성령이 오심으로 신약의 교회가 시작되었고, 성령의 충만으로 지속적으로 복음이 증거 되었으며, 믿는 자의 수가 많아지고 있었다. 사탄은 이러한 교회의 성장과 복음의 확장을 싫어하여 교회 외적이고 물리적인 핍박을 가함으로써 중단시키려고 했지만 실패하고 말았다. 이 사건, 즉 아나니아와 삽비라의 죽음은 바로 초대 교회의 이러한 특수한 상황(context)을 배경으로 하여 일어났다. 이 배경을 이해하는 것은 본문의 사건을 바로 이해하는 데 매우 중요하다.

3. 사건의 진의

지금까지 초대 교회는 복음 증거를 위해서 세상과 종교 권력에 의해 체포와 감금과 위협을 당하는 어려움을 겪었다(행 4:1-6) 이것은 교회에 대한 외적이고 물리적인 핍박이었다. 그러나 아나니아와 삽비라의 사건은 이와는 정반대의 성격을 가지고 있다. 이 사건은 교회 내적이고 영적인 핍박과 관련되기 때문이다. 사탄은 교회를 넘어뜨리고 복음 전파를 막으려고 교회 외적이고 물리적인 핍박을 행하였지만 그것이 통하지 않자 드디어 교회 내적이고 영적인 핍박을 시작한 것이다. 이것이 아나니아와 삽비라 사건의 본질이다. 그러면 이 사건을 사탄에 의한 교회 내적이고 영적인 핍박으로 보는 이유는 무엇일까?

(1) 성령을 속임

첫 번째 이유는 아나니아와 삽비라의 행위가 단순한 거짓이나 속임이 아니라 성령을 속인 것이며 하나님께 거짓말을 한 것이기 때문이다. 아나니아와 삽비라에게는 충분한 자유가 주어져 있었다. 땅은 팔기 전에 그들의 것이었으며 판 후에도 그 값은 그들의 것이었다. 사도 베드로도 이것을 분명히 인정하였다(4). 아나니아와 삽비라는 땅이나 그 값에 대하여 충분한 자유를 가지고 있었고 믿음에 맞게 하나님께 헌금할 분량을 정할 수 있었다. 그렇게 하는 것에 대해 아무도 나무랄 수가 없었다. 그러므로 베드로가 그들을 책망한 이유는 다른 데 있다. 사도 베드로는 아나니아에게 이렇게 말한다. "네가 성령을 속이고"(3), "사람에게 거짓말 한 것이 아니고 하나님께로다"(4). 그리고 삽비라에게는 "주의 영을 시험하려 하느냐"(9)고 말한다. 그들의 문제의 핵심이 여기에 있다. 그들의 행위는 성령을 속인 것이고 하나님께 거짓말을 한 것이며, 주의 영을 시험하려 한 것이다. 따라서 그들의 행위의 문제는 윤리나 도덕적이기 이전에 영적인 문제이다.

(2) 성령 충만과 대조 - 복음 확장과 하나 됨을 막음

아나니아와 삽비라의 행위를 영적 핍박으로 보는 두 번째 이유는 그들의 행위가 성령을 대적함으로써 복음의 확장을 막고, 교회의 하나 됨을 깨뜨리는 것이었기 때문이다. 초대 교회는 외부적이고 물리적인 핍박을 당했을 때 오히려 한마음으로 하나님께 소리를 높여 기도했다(행 4:24). 그리고 그들이 빌기를 마쳤을 때 모든 사람들이 성령으로 충만해졌다(행 4:31). 그때 그들에게 두 가지 현상이 나타났다.

하나는 그들이 모두 담대히 하나님의 말씀을 전하게 되었다는 것이다. "무리가 다 성령이 충만하여 담대히 하나님의 말씀을 전하니라"(행 4:31b). 성령 충만과 말씀전파는 뗄 수 없는 관계이다. 초대 교회가 성령으로 충만했을 때 나타난 또 하나의 결과는 온 교회가 하나 된 것이다. 초대 교회는 성령으로 충만하여 사도들의 가르침을 받아 서로 교제하며 떡을 떼며 기도하며 모든 물건을 팔아 서로 통용하고 또 재산과 소유를 팔아 각 사람의 필요를 따라 나눠주고 날마다 마음을 같이하여 모이기를 힘쓰고 순전한 마음으로 음식을 먹고 하나님을 찬미하며 온 백성에게 칭송을 받았다(행 2:42-47). 또한 한 마음과 한 뜻이 되어 모든 물건을 서로 통용하고 자기 재물을 조금이라도 자기 것이라 하는 사람이 하나도 없었다. 그리하여 교회에 가난한 사람이 없었다(행 4:32-35). 성령으로 충만해진 초대 교회는 밭과 집 있는 자는 그것을 팔아서 그 판 것의 값을 사도들의 발 앞에 두었고, 사도들은 각 사람의 필요에 따라 나누어 주었다(행 4:35). 초대 교회는 이와 같은 물질의 통용이 있었고 그것을 통하여 온전한 하나 됨을 이루었다. 이 말씀이 있은 다음에 성경은 바나바를 그 대표적인 예로 든다. "구브로에서 난 레위족 사람이 있으니 이름은 요셉이라 사도들이 일컬어 바나바(번역하면 위로의 아들이라)라 하니 그가 밭이 있으매 팔아 그 값을 가지고 사도들의 발 앞에 두니라"(행 4:36, 37). 이와 같이 초대 교회는 성령이 충만하였으며, 그 결과 복음을 열심히 증거 했고 또한 물질을 통용하는 온전히 하나 됨을 이룬 아름다운 교회였다.

그러나 사도행전 5장에 넘어오면 분위기는 완전히 달라진다. 왜냐하면 5장은 "그러나"라는 말로 시작하기 때문이다(개역개정 성경에는 생략됨). "그러나"라는 단어는 앞의 것과 정반대의 상황이 벌어질 때 사용한다. 4장에서는 교회가 핍박 중에도 성령이 충만하여 큰 권능으로 복음을 증거 하고 큰 은혜를 받고 한마음과 한 뜻이 되어 성도 중에 가난한 자가 없게 되었다고 말씀한다. 하지만 5장은 "그러나"라는 말로 시작함으로써 무언가 이와 반대되는 일이 일어날 것을 예감하게 한다. 그리고 한 사건이 벌어지는데 그것이 바로 '아나니아와 삽비라 사건'이다. 그런 까닭에 아나니아와 삽비라의 거짓행위는 초대 교회의 성령 충만과 반대되는 것이며 바나바의 행위와도 대조되는 것이다. 따라서 우리는 아나니아와 삽비라의 행위가 초대 교회의 성령 충만에 반하여 복음 증거를 훼방하고 교회의 하나 됨을 깨뜨리려는 교회 내적이고 영적인 핍박이었다는 것을 알 수 있다.

(3) 사탄 충만

아나니아와 삽비라의 행위가 교회 내적이고 영적인 핍박인 세 번째 이유는 이 일이 사탄에 의한 것이었기 때문이다. 이것이 이 사건이 발생한 가장 근본적인 이유이다. 이 사건이 사탄에 의한 것이었다는 사실은 초대 교회와 아나니아 부부를 비교해 보면 분명하게 드러난다.

먼저, 겉으로 드러난 모양만 비교해 보면 성령 충만한 초대 교회가 하는 것과 아나니아와 삽비라가 하는 것 사이에는 전혀 차이가 없다. 사도행전 4:34, 37절에 보면 교회의 성도들과 바나바가 자기의 소유를 팔았다. 그런데 사도행전 5:1에 보면 아나니아도 그 아내 삽비라와 더불어 자기의 소유를 팔았다. 또한 사도행전 4:34, 37에서 성도들과 바나바는 그 판 것의 값을 가져다가 사도들의 발 앞에 두었다. 그런데 아나니아도 그 값에서 얼마를 가져다가 사도들의 발 앞에 두었다(행 5:1, 2). 그러므로 성도들과 아나니아 부부가 행한 행위의 외적인 모습은 똑같다.

하지만 그들의 내적인 상태는 전혀 달랐다. 이것은 매우 중요한 차이다. 사도행전 4:31은 성도들이 "성령이 충만하였다"라고 말한다. 이에 반해 사도행전 5:3절은 아나니아의 상태에 대하여 "사탄이 네 마음에 가득하여"라고 말씀한다. 여기에 사용된 "가득하여"라는 말은 원래 "충만하여"라는 뜻이다. 성도들은 "성령"이 충만했다. 그러나 아나니아와 삽비라는 "사탄"이 충만했다. 이것이 결정적이자 절대적 차이다. 사탄의 충만은 지금까지 교회가 경험하고 있던 성령의 충만(행 4:31. 참고. 눅 1:41, 67; 행 2:4; 4:8; 9:17; 13:9)과는 극단적인 대조를 이루는 것이기 때문이다.

아나니아와 삽비라가 죽임을 당한 가장 직접적이고 근본적인 이유가 여기에 있다. 초대 교회는 성령으로 충만했지만 아나니아와 삽비라는 사탄으로 충만했다. 사탄은 어떤 자인가? 사탄은 거짓말하는 자이다. 예수께서는 사탄이 "거짓말쟁이요 거짓의 아비"라고 말씀하셨다(요 8:44). 또한 요한계시록에서는 사탄을 꾀는 자(계 12:9)라고 하며 미혹하는 자(계 20:8, 10)라고 말씀한다. 사탄은 거짓말하고 속이고 미혹하는 자이다. 아나니아와 삽비라가 무엇을 잘못하여 죽임을 당했는가? 외적으로 봐서는 아나니아와 삽비라가 잘못한 것이 하나도 없다. 중요한 것은 그들이 거짓을 범했다는 것이다(행 5:3). 하지만 그들의 거짓이 근본적인 문제는 아니었다. 그들이 거짓을 말할 수밖에 없었던 것은 그들 마음에 사탄이 충만했기 때문이다(행 5:3). 사탄 충만! 이것이 아나니아와 삽비라의 근본적인 문제이며 그들이 죽임을 당한 직접적인 이유이다. 베드로는 아나니아와 삽비라의 위선적인 행동의 배후에 있는 사탄의 이 교묘한 활동을 정확하게 꿰뚫어 보고 있었던 것이다.

그들은 사탄이 충만하여 성령을 속이고 하나님께 거짓말을 했으며 궁극적으로는 복음 증거를 훼방하고 교회의 하나 됨을 깨뜨리려고 했다. 이것은 사탄에 의한 교회 외적이고 물리적인 핍박에 이은 교회 내적이고 영적인 핍박이었다. 사탄은 명예와 명성을 얻기 위해 위선과 거짓을 행하는 인간의 연약함을 이용하여 성령 충만한 교회를 사탄 충만한 교회로 바꾸려고 했던 것이다. 성령 충만 앞에 사탄 충만이 가로막아 선 것이다. 주님의 교회가 성령으로 충만하여 이제 막 힘찬 첫발을 내디뎠다. 그러자 사탄은 교회의 복음 전파와 하나 됨을 깨뜨리고 교회를 말살하고자 하였다.

하나님은 사탄의 이러한 시도를 용납하지 않으시고 심판하셨다. 이 사건은 아나니아와 삽비라에 대한 심판의 의미도 있으나, 근본적으로는 교회를 넘어뜨리고 복음 확장을 방해하려는 사탄에 대한 하나님의 진노와 심판이었다. 하나님이 이렇게 행하신 까닭은 무엇보다도 하나님이 교회를 사랑하시기 때문이다. 따라서 이 사건은 교회에 대한 하나님의 사랑의 표현이라고 말할 수 있다.

4. 사건의 결과

그러면 교회를 사랑하시는 하나님의 심판으로 인해 어떤 결과가 일어났는가? 첫째는 온 교회와 사람들에게 큰 두려움이 임하였다. 5절은 "이 일을 듣는 사람이 다 크게 두려워하더라"고 말씀하며, 11절은 "온 교회와 이 일을 듣는 사람들이 다 크게 두려워하니라"고 말씀한다. 하나님은 아나니아와 삽비라를 심판하심으로써 교회를 넘어뜨리려는 사탄의 궤계를 용납하지 않으셨다. 그 결과 큰 두려움이 교회와 사람들에게 임하였다. 이것은 하나님께 대한 사람들의 경외심을 강조하는 것이다. 하나님께서 아나니아와 삽비라를 심판하심으로써 하나님이 살아 계셔서 친히 교회를 돌보시고 사랑하시며 그 목적과 하나 됨을 지켜나가신다는 인식이 온 성도와 사람들의 마음에 깊이 자리하게 되었다.

이 일로 인해 일어난 두 번째 결과는 사도들이 표적과 기사를 행하고 복음이 지속적으로 확산된 것이다. "사도들의 손을 통하여 민간에 표적과 기사가 많이 일어나매 믿는 사람이 다 마음을 같이하여 솔로

몬 행각에 모이고 그 나머지는 감히 그들과 상종하는 사람이 없으나 백성이 칭송하더라 믿고 주께로 나아오는 자가 더 많으니 남녀의 큰 무리더라"(행 5:12-14). 교회에서 아나니아와 삽비라가 죽음으로 인해 교회가 시험에 들고 사람들에 의해 욕을 먹고 교회가 흩어진 것이 아니다. 오히려 교회는 더욱 한마음이 되었다. 사도행전 4:32은 믿는 무리가 "한마음과 한 뜻이 되었다"고 말씀한다. 그리고 이 사건 후 사도행전 5:12에서는 "믿는 사람이 '다' 마음을 같이하였다"고 말씀한다. 이것은 이 사건으로 인해 교회가 '더욱' 하나 되었다는 것을 확실히 보여 주는 것이다. 또한 교회가 사람들의 칭송을 들었으며, 복음은 더 힘차게 진군하게 되었다. 교회를 향한 하나님의 사랑이 교회로 하여금 더욱 교회되게 하고 교회의 사명을 능력 있게 계속 감당하게 하신 것이다.

5. 맺는 말: 하나님의 사랑

성령께서 유쾌하지 못한 이 험악한 사건을 성경에 기록하신 것은 단순히 도덕적 교훈을 하려는 목적이 아니다. 이것은 교회를 향한 하나님의 사랑과 복음에 대한 하나님의 성실하심이 어떠한지를 잘 보여주기 위함이다. 사탄은 세상 권력을 동원하여 외적이고 물리적인 핍박으로 교회를 파괴하려고 했다. 그러나 성령 충만한 교회에게 그것이 먹히지 않자 헛된 영광을 구하는 아나니아와 삽비라를 사탄으로 충만하게 하여 교회 내부에 거짓과 위선을 행하게 하였다. 그리하여 복음의 진군을 막고 교회의 하나 됨을 무너뜨리려 하였다. 그러나 하나님은 이것을 용납하실 수가 없었다. 하나님은 교회를 넘어뜨리려는 사탄의 시도에 불같은 진노를 쏟아 부으셨다. 여기서 우리는 교회를 향한 하나님의 크고도 진한 사랑을 볼 수 있어야 한다. 우리는 이 사건에서 하나님이 교회를 얼마나 사랑하시는지 느끼고 배우고 감격해야 한다. 교회는 어떤 존재인가? 교회는 하나님께서 자기 아들의 생명을 주고 사신 것이다(행 20:8). 그래서 하나님께서는 친히 교회를 사랑으로 돌보시고 보호하시고 양육하신다.

우리 모두는 하나님의 교회이다. 하나님은 우리 각 사람을 그 아들의 피로 사셨다. 하나님은 우리 한 사람 한 사람을 다 지극히 사랑하시고 돌보고 계신다. 우리는 이 사건을 통해서 하나님이 하나님의 교회인 우리를 얼마나 사랑하시는지, 그리고 우리에게 얼마나 큰 관심을 가지고 열심과 성실함으로 대하시는지를 깊이 깨달아 알아야 한다. 하나님은 우리를 무너뜨리려는 사탄의 그 어떤 시도도 용납하지 않으신다. 하나님은 우리가 잘못되는 것을 보고만 계실 수 없으신 분이다. 그래서 하나님은 사탄이 우리를 만지지도 못하게 하신다(요일 5:18b). 이렇게 하나님은 우리를 사랑하시고 지키신다.

우리는 살면서 많은 어려움을 당한다. 그러나 어떤 어려움이 있어도 우리는 하나님이 우리를 사랑하시고 지키시고 보호하셔서 장차 저 천국에 인도하여 들이시고 영원한 하나님의 승리에 참여하게 하실 것을 잊지 말고 굳게 믿어야 한다. 하나님은 어느 한 순간도 교회와 성도를 포기하거나 잊어버리거나 홀로 버려두신 적이 없다. 하나님은 오늘도 우리를 사랑하시고 우리에게 충성을 다하고 계신다. 하나님은 사도 바울을 통하여 교회를 향한 자신의 사랑을 이렇게 고백했다. "누가 약하면 내가 약하지 아니하며 누가 실족하게 되면 내가 애타하지 않더냐"(고후 11:29). 이것이 바로 교회를 향한 하나님의 사랑고백이다. 이 사랑이 있기에 사탄의 충만이 성령의 충만을 이길 수가 없다. 성령 충만한 교회를 사탄 충만이 공격한다. 그러나 사탄의 공격과 핍박은 우리를 향한 주님의 사랑을 이길 수가 없다. 우리는 비록 어렵고 힘든 상황에 있더라도 우리를 향한 하나님의 이 사랑과 보호하심을 믿고 의지함으로써 소망 중에 기뻐하며 새 힘을 얻어야 한다. 교회를 향한 주님의 사랑이 모든 시련과 핍박과 환난에서 우리를 보호하시고 지켜주실 것이다. 우리는 이 사랑 안에서 한마음과 한 뜻이 되어 더욱 주님을 사랑하고, 성령의 하나 되게 하심(엡 4:3)을 힘써 지키며, 하나님 나라를 힘있게 이루어 나가야 한다.

복음 전도의 최대 장애물

사도행전 10:1-16

1 가이사랴에 고넬료라 하는 사람이 있으니 이달리야 부대라 하는 군대의 백부장이라 2 그가 경건하여 온 집안과 더불어 하나님을 경외하며 백성을 많이 구제하고 하나님께 항상 기도하더니 3 하루는 제 구 시쯤 되어 환상 중에 밝히 보매 하나님의 사자가 들어와 이르되 고넬료야 하니 4 고넬료가 주목하여 보고 두려워 이르되 주여 무슨 일이니이까 천사가 이르되 네 기도와 구제가 하나님 앞에 상달되어 기억하신 바 되었으니 5 네가 지금 사람들을 욥바에 보내어 베드로라 하는 시몬을 청하라 6 그는 무두장이 시몬의 집에 유숙하니 그 집은 해변에 있다 하더라 7 마침 말하던 천사가 떠나매 고넬료가 집안 하인 둘과 부하 가운데 경건한 사람 하나를 불러 8 이 일을 다 이르고 욥바로 보내니라 9 이튿날 그들이 길을 가다가 그 성에 가까이 갔을 그때에 베드로가 기도하려고 지붕에 올라가니 그 시각은 제 육 시더라 10 그가 시장하여 먹고자 하매 사람들이 준비할 때에 황홀한 중에 11 하늘이 열리며 한 그릇이 내려오는 것을 보니 큰 보자기 같고 네 귀를 매어 땅에 드리웠더라 12 그 안에는 땅에 있는 각종 네 발 가진 짐승과 기는 것과 공중에 나는 것들이 있더라 13 또 소리가 있으되 베드로야 일어나 잡아 먹어라 하거늘 14 베드로가 이르되 주여 그럴 수 없나이다 속되고 깨끗하지 아니한 것을 내가 결코 먹지 아니하였나이다 한대 15 또 두 번째 소리가 있으되 하나님께서 깨끗하게 하신 것을 네가 속되다 하지 말라 하더라 16 이런 일이 세 번 있은 후 그 그릇이 곧 하늘로 올려져 가니라

예수께서는 승천하신 후에 사도들을 통한 천상사역을 시작하셨다. 이 천상사역은 "예루살렘과 온 유대와 사마리아와 땅 끝까지"(행 1:8) 복음을 전하는 사역이다. 사도행전은 이 내용을 자세히 증거 하고 있다.

1. 땅 끝을 향하여 복음이 확장되는 과정

오순절에 성령강림이 있은 후 예루살렘에 복음이 전파되고 신약교회가 세워졌다. 그 결과에 대하여 사도행전 6:7은 "하나님의 말씀이 점점 왕성하여 예루살렘에 있는 제자의 수가 더 심히 많아지고 허다한 제사장의 무리도 이 도에 복종하니라"고 말씀한다. 이것은 예수님의 천상사역의 첫 단계인 예루살렘에서의 복음 전파가 성공적이었다는 말씀이다. 그 후 사도행전 8:1은 "예루살렘에 있는 교회에 큰 박해가 있어 사도 외에는 다 유대와 사마리아 모든 땅으로 흩어지니라"고 말함으로써 복음이 예루살렘을 지나 온 유대와 사마리아에 전파되기 시작했음을 알린다. 그리고 사도행전 8:5-25은 예루살렘 교회의 일곱 일꾼 중의 한 사람인 빌립에 의한 사마리아 전도를 상세하게 전하고 있다. 그러므로 이제 남은 것은 복음이 '땅 끝'을 향하여 나아가는 것이다.

실제로 사도행전 11:20에 가면 안디옥에서 복음이 헬라인, 즉 이방인에게도 전하여졌다고 말씀한다. 사마리아까지 도착했던 복음이 드디어 땅 끝을 향하여 달려가기 시작했다는 말이다. 그런데 이 둘 사이, 다시 말해 8장의 빌립에 의한 사마리아 전도와 11장의 안디옥에서의 이방인 전도 사이에 9장과 10장이 들어 있다. 그러므로 이 두 장은 복음이 땅 끝을 향해 전진하기 위한 마지막 준비가 이루어지는 곳이 된다. 여기에서 예수님은 두 가지 준비를 하신다.

먼저, 예수께서 한 일꾼을 준비하시는데 그가 바로 사도 바울이다

(행 9:1-35). 또 하나의 준비는 사도행전 10장에 있다. 그것은 하나님께서 복음이 땅 끝을 향해 나아가는 데 있어서 최대 장애물인 인종적 차별의 벽을 깨뜨리신 것이다. 이 사건은 사도행전에서 매우 중요하게 다루어지고 있다. 먼저 이 사건은 사도행전 전체에서 단일 사건으로는 가장 길게 기록되어 있다. 이것 하나만으로도 누가가 이 사건에 얼마나 큰 비중을 두고 있는지 잘 나타난다. 또한 누가는 이 사건을 10장과 11장에서 연속적으로 기록하고 있으며(행 10장; 11:1-18), 15장에 있는 이 사건에 대한 회상 장면(행 15:7-11, 14)까지 포함하면 무려 세 번이나 반복하고 있다. 따라서 우리는 본문의 사건이 복음이 땅 끝을 향해 전진하는 데 있어서 매우 중요한 의미를 지니고 있다는 것을 짐작할 수 있다. 이제 이 사건을 자세히 살펴보자.

2. 고넬료 사건

가이사랴에 고넬료라 하는 사람이 살고 있었다. 그는 이달리야 부대라 하는 군대(cohort, 약 600명의 군인으로 구성된 부대 단위)의 백부장이었다. 그는 이방인(로마군인)이었음(행 10:28)에도 불구하고 경건하여 온 집안과 더불어 하나님을 경외하며 백성을 많이 구제하고 하나님께 항상 기도하는 사람이었다(행 10:2). 또한 그는 의인이요 유대 온 족속이 칭찬하는 사람이었다(행 10:22, 35). 어느 날 환상 중에 하나님의 사자가 그에게 나타나서 사람들을 욥바에 보내어 거기에 무두장이 시몬의 집에 유숙하고 있는 베드로라 하는 시몬을 청하라고 말씀한다(5). 고넬료는 이 말씀을 따라 집안 하인 둘과 부하 가운데 경건한 사람 하나를 불러 이 일을 다 이야기하고 그들을 욥바로 보낸다(7). 그리고 계속되는 말씀을 통해서 우리는 하나님께서 베드로를 청하라고 하신 이유가 베드로로 하여금 이방인 고넬료와 그의 온 집이 구원 받을 말씀을 전하도록 하기 위함이었다(행 10:22; 11:14)는 사실을 알게 된다.

(1) 베드로를 청함

그런데 이 사건에서 우리는 좀 의아한 일 한 가지를 발견하게 된다. 그것은 하나님은 왜 멀리 떨어져 있는 욥바까지 사람들을 보내어 베드로를 청하여 고넬료 가정에 복음을 전하게 하셨을까 하는 것이다. 가이사랴는 이스라엘의 서쪽 바닷가에 자리하고 있는 항구도시다. 그리고 욥바는 그 해안을 따라 아래로 계속 내려가면 자리하고 있는데, 가이사랴에서 욥바까지는 약 51Km나 되는 상당히 먼 거리이다. 이런 까닭에 고넬료가 보낸 사람들은 "이튿날"이 되어서야 베드로가 있는 욥바에 도착할 수 있었다(9). 그리고 그날 곧장 가이사랴로 출발하지 않고 욥바에서 유숙한 뒤, 그 이튿날 가이사랴로 간 것이다(23, 24). 그래서 30절에 보면 고넬료가 환상을 보고 사람을 베드로에게 보낸 날로부터 무려 '나흘'만에 베드로가 고넬료의 집에 들어 갈 수 있었다. 따라서 앞에서 한 의문은 여기서 더욱 강화된다. 하나님은 왜 이렇게 시간을 들여 사람들이 걸어서 가고 오는 불편함을 감수하면서 멀리 욥바까지 사람을 보내어 베드로를 데리고 오라고 하셨을까? 가이사랴에 복음을 전할 만한 사람이 없어서 그랬을까? 아니다. 그렇지 않다. 고넬료가 있는 가이사랴에는 훌륭한 복음 전도자인 빌립이 살고 있었다. 이 사실을 확인해 보자.

사도행전 6장에 의하면 빌립은 성령과 지혜가 충만했던 예루살렘 교회의 일곱 일꾼 중의 한 사람이었다. 그리고 그는 최초로 사마리아에 복음을 전한 사람이다. 예루살렘에 있는 교회에 큰 핍박이 나서 사도 외에는 다 유대와 사마리아 모든 땅으로 흩어지게 되었을 때, 빌립은 사마리아 성에 내려가 그리스도를 백성에게 전파하였다(행 8:5). 그 결과 그 성에 큰 기쁨이 있었으며(행 8:8) 사마리아 사람들이 믿고 남녀가 다 세례를 받았다(행 8:12). 또한 사도행전 8:26-39에 의하면 빌립은 성령의 인도로 에디오피아 간다게 여왕의 모든 국고를 맡은 내시에게 복음을 전하고 세례를 주었다. 그 후에 빌립은 아소도라는 곳에 나타나 여러 성을 지나다니며 복음을 전했다(행 8:40). 이처럼 빌립은 복음 전하는 일에 탁월하게 쓰임을 받은 사람이었다. 그리고 사도행전 8:40에 보면 마침내 그는 가이사랴에 도착하게 되었다고 분명하게 기록하고 있다. 가이사랴가 어디인가? 바로 고넬료가 살고 있는 곳이다.

물론 전도자 빌립이 계속해서 가이사랴에 살고 있었는지에 대해서는 여전히 의문이 남는다. 그러나 사도행전 21:8에서 이 의문은 깨끗이 해소된다. 바울이 3차 전도여행을 마치고 예루살렘으로 가던 중에 들른 곳이 가이사랴이다. "두로를 떠나 항해를 다 마치고 돌레마이에 이르러 형제들에게 안부를 묻고 그들과 함께 하루를 있다가 이튿날 떠나 가이사랴에 이르러 일곱 집사 중 하나인 전도자 빌립의 집에 들어가서 머무르니라 그에게 딸 넷이 있으니 처녀로 예언하는 자라"(행 21:7-9). 사도행전 21:8-9은 바울이 가이사랴에 도착한 것과, 그가 도착한 가이사랴에 전도자 '빌립의 집'이 있었으며, 빌립이 네 명의 딸과 함께 그 곳에 살고 있었다는 것을 소개하고 있다. 그리고 바울이 전도자 빌립의 집에 들어가서 머물렀다고 말씀하고 있다. 이로 보아 전도자 빌립이 가이사랴에 정착하여 살고 있었음이 분명해 보인다. 이상에서 우리는 두 가지 사실을 확인하게 된다. 하나는 빌립이 탁월한 복음 전도자였다는 것이며 다른 하나는 그 탁월한 복음 전도자 빌립이 고넬료가 있는 가이사랴에 살고 있었다는 사실이다.

그러면 이제 처음의 질문으로 되돌아가 보자. 하나님께서는 이처럼 유능한 복음 전도자 빌립이 고넬료가 있는 가이사랴에 살고 있었음에도 불구하고 왜 굳이 그렇게 멀리 떨어져 있는 욥바까지 사람을 보내서 베드로를 불러 올려 이방인 고넬료 가정에 복음을 전하게 하셨을까?

(2) 베드로를 청한 이유

이방인에 대한 베드로의 편견을 깨뜨리기 위해

그 첫 번째 이유는 하나님께서 베드로의 폐쇄적인 마음, 즉 인종차별의 편견을 깨뜨리심으로써 하나님께서 이방인도 받으신다는 것을 그로 하여금 깨닫도록 하기 위해서였다. 베드로는 하나님의 지시로 고넬료 가정에 가기는 했지만, 그는 여전히 그것 자체가 위법인 줄 알고 있었다. "유대인으로서 이방인과 교제하며 가까이 하는 것이 위법인 줄은 너희도 알거니와 하나님께서 내게 지시하사 아무도 속되다 하거나 깨끗하지 않다 하지 말라 하시기로 부름을 사양하지 아니하고 왔노라"(행 10:28-29a). 그리고 베드로는 고넬료로부터 그를 청하게 된 이유에 대하여 설명을 듣고 난 후에 이렇게 말한다. "내가 참으로 하나님은 사람의 외모를 보지 아니하시고 각 나라 중 하나님을 경외하며 의를 행하는 사람은 다 받으시는 줄 깨달았도다"(34-35). 또한 베드로가 이방인 고넬료와 그와 함께 있는 사람들에게 복음을 전할 때에 성령이 그들에게 내려오셨다. 이에 베드로가 다음과 같이 말한다. "이 사람들이 우리와 같이 성령을 받았으니 누가 능히 물로 세례 베풂을 금하리요"(47). 나아가서 이 일 후에 베드로는 예루살렘 교회에 올라가서 교회 앞에서 이렇게 증거한다. "하나님이 우리가 주 예수 그리스도를 믿을 때에 주신 것과 같은 선물을 그들에게도 주셨으니 내가 누구이기에 하나님을 능히 막겠느냐"(행 11:17). 이방인과 가까이 하는 것조차도 불법으로 생각했던 베드로가 이제는 유대인과 이방인 사이에 '아무런 차이가 없다'고 말하고 있는 것이다. 이 얼마나 놀라운 고백이며 변화인가? 베드로는 이 일련의 사건을 통하여 이방인에 대한 그의 잘못된 인식과 편견과 고정관념이 완전히 깨어졌다.

이방인에 대한 예루살렘 교회의 편견을 깨뜨리기 위해

하나님이 욥바에 있는 베드로를 가이사랴의 고넬료 가정에 불러 올린 두 번째 이유는 베드로의 변화를 통해서 예루살렘에 있는 사도들과 형제들까지도 변화시키기 위해서였다. 예루살렘 교회의 지도자들과 형제들도 변화되기 이전의 베드로와 동일한 편견 속에 갇혀 있었다. 예수님의 관심은 '땅 끝'까지였지만 예루살렘 교회에 있던 사도들과 성도들의 관심은 오로지 이스라엘에 국한되어 있었다(행 1:6-8). 그러나 베드로의 변화로 인해 예루살렘 교회의 지도자들과 형제들에게도 변화가 일어났다. 사도행전 11:1-3에 보면 유대에 있는 사도들과 형제들이 이방인들도 하나님의 말씀을 받았다는 사실을 듣게 된다. 그 후에 베드로가 예루살렘에 올라갔을 때에 '할례자들'이 베드로를 향하여 무할례자의 집에 들어가 함께 먹었다고 비난했다(행 11:2-3). 그런데 이 "할례자들" 속에는 1절에서 말하는 "유대에 있는 사도들과 형제들"도 포함되는 것으로 보는 것이 옳다. 만약에 그들이 하나님께서 이방인들도 받으신다는 사실을 이미 알고 믿고 있었다면, 그들이 이방인들도 하나님의 말씀을 받았다 함을 들었다는 사실을 본문에서 굳이 밝힐 필요가 없다. 특히 "그들이 들었다"(행 11:1)는 말을 문장의 맨 앞에 두어 이 사실을 강조할 필요도 없었을 것이다.

또한 베드로는 이 사건을 그들에게 설명하는 중에 15절에서 "내가 말을 시작할 때에 성령이 그들에게 임하시기를 처음 우리에게 하신 것과 같이 하는지라"고 말한다. 그리고 17절에서도 "그런즉 하나님이 우리가 주 예수 그리스도를 믿을 때에 주신 것과 같은 선물을 그들에게도 주셨으니"라고 말한다. 여기서 베드로는 "우리"를 강조하고 있다. 베드로의 설명을 듣고 있는 할례자들은 사도행전 2장의 오순절 성령강림을 경험한 자들이요 예수 그리스도를 믿는 사람들이다. 따라서 사도들과 형제들도 "할례자들" 중에 포함되어 있는 것이 분명하다.

그러면 지금 무엇이 문제가 되어 베드로가 비난(논쟁)을 받고 있는가? 그것은 그가 "무할례자"의 집에 들어가서 그들과 교제했다는 것이다. 따라서 저자 누가는 예루살렘 교회의 사도들과 형제들을 "할례자들"이라고 말함으로써 그들과 "무할례자들"과 교제한 베드로 사도 사이의 긴장과 대립을 부각시키고자 의도적으로 이 단어를 선택했다고 볼 수도 있다. 그리고 실제로 예루살렘 교회의 사도들과 형제들은 할례자들이기도 하다.

어쨌든 베드로는 그들에게 지금까지 일어났던 모든 일들을 차례로 설명한다(행 11:4). 그러자 그들에게 어떤 결과가 나타났는가? 사도행전 11:18을 보라. "그들이 이 말을 듣고 잠잠하여 하나님께 영광을 돌려 이르되 그러면 하나님께서 이방인에게도 생명 얻는 회개를 주셨도다 하니라." 그러므로 이방인에 대한 베드로의 관점의 변화는 그 한 사람에게서 멈추지 않고 그와 똑같은 편견과 고정관념 속에 사로잡혀 있던 예루살렘 교회의 지도자들과 형제들을 변화시키는 데 사용되었다. 바로 이러한 두 가지 이유 때문에 하나님은 빌립 대신에 베드로를 고넬료 가정에 불러 올리셨던 것이다.

그러므로 우리는 이 사건의 핵심을 고넬료의 회심이 아니라 이방인에 대한 베드로와 예루살렘 교회의 사도들과 형제들의 인식의 변화로 보는 것이 더 옳을 것이다. 이 일 후에 실제로 어떤 변화가 있었는가? 이에 대하여 사도행전 11:19-21은 다음과 같이 말씀한다. "그때에 스데반의 일로 일어난 환난으로 말미암아 흩어진 자들이 베니게와 구브로와 안디옥까지 이르러 유대인에게만 말씀을 전하는데 그 중에 구브로와 구레네 몇 사람이 안디옥에 이르러 헬라인에게도 말하여 주 예수를 전파하니 주의 손이 그들과 함께 하시매 수많은 사람들이 믿고 주께 돌아오더라."

그런데 우리는 여기서 19절의 "그때에"라는 말을 눈여겨보아야 한다. 이 말은 원래 "그러므로"라는 단어이다. 따라서 19절은 그것의 앞뒤의 일들을 단순히 시간의 연속으로 연결하는 것이 아니라 원인과 결과로 연결하고 있다. 이렇게 볼 때, 전체적인 내용의 흐름은 '하나님이 이방인도 받으신다는 사실을 베드로와 예루살렘 교회의 사람들이 깨닫게 되었다는 것이다. 그러므로 복음이 유대인에게만 아니라 헬라인에게도 전파되었고 많은 사람들이 믿고 주께로 돌아오게 되었다'는 뜻이 된다. 땅 끝까지 복음을 전하라는 예수님의 명령이 베드로를 포함한 예루살렘 교회 지도자들의 이방인에 대한 편견 때문에 사마리아를 넘어서지 못하고 묶여 있었는데, 이 사건으로 인해 베드로가 변하고, 예루살렘 교회 지도자들이 변함으로써 드디어 복음이 사마리아를 넘어 땅 끝을 향해 전진하기 시작했다는 것이다.

3. 우리의 문제

그러면 이제 이 교훈을 우리의 문제로, 우리의 현장으로 한 번 가져와 보자. 그러면 우리는 최소한 두 가지 문제와 부딪치게 된다.

(1) 신학적 편견과 선입견

첫째는 우리의 신학적 편견과 선입견의 문제이다. 베드로와 예루살렘 교회의 지도자들의 문제는 이방인에 대한 그들의 편견이었다. 그들에게는 혈통적 유대인에 대한 선민사상이 확고히 자리 잡고 있었다. 그들은 자신들만 하나님의 구원의 대상이라고 믿고 있었다. 이것은 그들의 신학이다. 이 신학에 기초하여 이방인들은 불결하며 구원에서 제외된 자들이며, 그들과 교제하는 것은 위법이라는 그들의 전통과 관습이 그들 안에 자리 잡게 된 것이다. 땅 끝까지 모든 족속에게 복음을 전하라는 사명을 받은 당사자들이 오히려 잘못된 신학과 그것에 근거한 인종적 우월감과 편견에 사로잡혀 복음이 전진하지 못하게 하는 장벽이 되었던 것이다. 그러자 하나님이 고넬료 사건을 통해서 이것을 깨뜨리셨다.

그러면 어떻게 이들 안에 이런 신학과 편견이 생겼을까? 아마도 그것은 유대인인 그들이 어려서부터 배우고 학습한 결과일 것이다. 분명한 것은 신자는 신학적 백지 상태에 있지 않았다는 것이다. 그리고 그 신학은 교회에서든지 책을 통해서든지 아니면 어떤 단체를 통해서든지 배우고 학습하여 만들어진 것이다. 물론 그 신학과 사상이 옳고 바르고 정통일 수 있다. 그러나 그렇지 않을 수도 있다는 것이 문제이다.

(2) 사람에 대한 편견과 선입견

둘째는 사람에 대한 우리의 편견과 잘못된 선입견의 문제이다. 인종에 대한 편견이 베드로와 유대교회의 문제였듯이, 우리에게도 사람에 대한 편견과 선입견이 문제가 된다. 그 대표적인 것이 외모로 사람을 판단하는 것이다. 옷차림과 키의 크고 작음과 얼굴이 예쁜지 그렇지 않은지, 이런 것들로 사람들을 판단하지는 않는가? 또한 첫 인상이나 혈액형, MBTI 같은 것으로 사람들을 판단하지는 않는가? 사람을 네 가지나 열여섯 가지 유형으로 획일화하고 구분 짓는 것은 정말 무지하고 어리석은 일이다. 사람은 백인백색, 만인만색이다. 사람은 한 날 한 시에 한 어머니에게서 난 쌍둥이도 성격과 생각과 심성이 다르다. 그러므로 우리는 사람을 판단하는 일을 멈추어야 한다. 하나님이 우리에게 사람들을 맡기신 것은 그들을 섬기며 진리로 세워가라고 맡기신 것이지 편견과 그릇된 선입견으로 무례하게 판단하라고 맡기신 것이 아니다.

교회에 새 신자가 왔을 때 절대로 물어보면 안 되는 것 세 가지가 있다. 그것이 무엇인지 아는가? 첫째는 고향이고, 둘째는 학력이고, 셋째는 직업이다. 오늘날은 신분제도가 없다고들 말한다. 그러나 학벌과 직장이 신분을 대신하고 있지 않은가? 고향이 어디냐, 어느 학교를 나왔느냐, 어느 회사에 다니느냐를 가지고 그 사람의 됨됨이와 능력과 심지어 신앙까지 판단하는 경향이 있는 것은 아닌가? 우리는 모든 사람을 편견 없이 공정하게 사랑으로 대하려고 노력해야 한다. 사람을 함부로 판단하거나 편견으로 대하지 말라. 사람을 판단하게 되면 주위에 사람들이 모이지를 않는다. 그러면 전도도 되지 않고 교회도 힘을 잃는다. 하나님은 모든 사람이 구원을 받으며 진리를 아는 데에 이르기를 원하신다(딤전 2:4). 그러므로 모든 사람은 우리가 사랑해야 할 대상이지 판단하여 선별할 대상이 아니다.

4. 맺는 말

베드로와 예루살렘 교회의 지도자들에게서 우리는 무엇을 배우는가? 그것은 복음 전도의 사명을 맡은 자들이 오히려 복음 전도에 제일 큰 걸림돌이 될 수도 있다는 사실이다. 그리고 그 주요 원인은 잘못된 신학과, 그것에 근거한 사람에 대한 편견과 우월감이며, 선입관과 차별이다. 우리는 이러한 것들이 복음 증거를 훼방할 수 있다는 사실을 마음에 새겨야 한다. 바른 신학을 배워 신학과 신앙의 맛을 제대로 내고, 사람들을 편견 없이 대하고 사랑하여야 한다. 그리하여 우리를 통해서 복음이 계속 확장되고 주님의 교회가 든든히 서 갈 수 있도록 하여야 한다.

옥터를 흔드시는 하나님

사도행전 16:19-34

19 여종의 주인들은 자기 수익의 소망이 끊어진 것을 보고 바울과 실라를 붙잡아 장터로 관리들에게 끌어갔다가 20 상관들 앞에 데리고 가서 말하되 이 사람들이 유대인인데 우리 성을 심히 요란하게 하여 21 로마 사람인 우리가 받지도 못하고 행하지도 못할 풍속을 전한다 하거늘 22 무리가 일제히 일어나 고발하니 상관들이 옷을 찢어 벗기고 매로 치라 하여 23 많이 친 후에 옥에 가두고 간수에게 명하여 든든히 지키라 하니 24 그가 이러한 명령을 받아 그들을 깊은 옥에 가두고 그 발을 차꼬에 든든히 채웠더니 25 한밤중에 바울과 실라가 기도하고 하나님을 찬송하매 죄수들이 듣더라 26 이에 갑자기 큰 지진이 나서 옥터가 움직이고 문이 곧 다 열리며 모든 사람의 매인 것이 다 벗어진지라 27 간수가 자다가 깨어 옥문들이 열린 것을 보고 죄수들이 도망한 줄 생각하고 칼을 빼어 자결하려 하거늘 28 바울이 크게 소리 질러 이르되 네 몸을 상하지 말라 우리가 다 여기 있노라 하니 29 간수가 등불을 달라고 하며 뛰어 들어가 무서워 떨며 바울과 실라 앞에 엎드리고 30 그들을 데리고 나가 이르되 선생들이여 내가 어떻게 하여야 구원을 받으리이까 하거늘 31 이르되 주 예수를 믿으라 그리하면 너와 네 집이 구원을 받으리라 하고 32 주의 말씀을 그 사람과 그 집에 있는 모든 사람에게 전하더라 33 그 밤 그 시각에 간수가 그들을 데려다가 그 맞은 자리를 씻어주고 자기와 온 가족이 다 세례를 받은 후 34 그들을 데리고 자기 집에 올라가서 음식을 차려 주고 그와 온 집안이 하나님을 믿으므로 크게 기뻐하니라

살다보면 어떤 일은 나의 계획과 전혀 다르게 내가 뜻하지 않은 방향으로, 그것도 매우 긴급하게 진행될 때가 있다. 이럴 때는 매우 당황스럽고 난감하다. 사도 바울도 이와 같은 일을 겪었다. 사도 바울은 실라를 데리고 2차 전도여행을 시작했다. 그의 원래 의도는 1차 전도여행 때 그들이 선교했던 곳을 다시 방문하여 교회들의 사정을 알아보려는 것이었다(행 15:36). 그래서 그들은 수리아와 길리기아를

다녀가며 교회를 굳게 세우고(행 15:41), 더베와 루스드라를 지나(행 16:2) 여러 성으로 다녀가며 교회들을 믿음에 굳건히 세우는 일을 잘 감당했다(행 16:4-5). (행 15:41 // 16:5). 이것은 아시아에서의 바울의 선교가 매우 성공적으로 진행되고 있었다는 것을 잘 보여 준다.

그런데 그 후에 이상하게도 성령이 이렇게 잘 진행되고 있던 아시아에서 말씀전파를 하지 못하게 하셨다(행 16:6). 그러자 그들은 브루기아와 갈라디아 땅으로 다녀가 무시아 앞에 이르러 비두니아로 가고자 애를 썼으나 이번에도 역시 예수님의 영이 허락하지 않으셨다(행 16:7). 그래서 무시아를 지나 드로아로 내려갔는데 밤에 바울에게 환상이 보이는데, 마게도냐 사람 하나가 서서 그에게 "마게도냐로 건너와서 우리를 도우라"고 요청하였다. 이 환상을 본 직후에 그들은 드로아에서 배를 타고 사모드라게로 직행하여 이튿날 네압볼리로 가고 거기서 빌립보에 도착했다. 그곳은 마게도냐 지방의 첫 성이었다(행 16:12). 지금까지의 내용에서 중요한 것은 바울 일행의 전도, 선교 사역이 잘 되고 있었음에도 불구하고, 하나님은 강권적으로 방향을 틀어서 그들을 아시아에서 유럽으로 옮겨 놓으셨다는 것이다. 바울은 나름대로의 계획을 세워놓고 전도의 일을 잘 진행했지만, 예수님의 영이신 성령께서는 그의 계획과 상관없이 그를 다른 곳으로 급히 몰아가셨다. 바울이 어떤 사람인지 우리는 잘 안다. 그는 매우 꼼꼼하고 철저하며 주도면밀한 사람이다. 그는 매우 체계적인 계획을 세우고 전도를 하며 교회들을 돌보고 있었다. 그런데도 성령께서는 그의 계획과는 다르게 인도하셨다. 왜 이렇게 하셨을까? 그 이유가 무엇일까?

1. 여종을 치료함

바울과 실라가 자신들의 계획을 접고 성령의 인도하심을 따라 빌립보에서 복음을 전파하던 중에 예상치 않은 한 가지 사건이 벌어지고 말았다. 그것은 사도 바울이 점치는 귀신들린 여종을 치료함으로써 그녀의 점으로 크게 유익을 얻던 주인들이 바울과 실라를 잡아다가 폭행을 가한 사건이다. 점치는 귀신들린 여종은 여러 날을 바울 일행을 따라다니면서 이 사람들은 지극히 높은 하나님의 종으로 구원의 길을 너희에게 전하는 자라(행 16:17)고 소리를 질렀다. 이로 인해 사도 바울은 심히 괴로워했다(행 16:18). 이 말은 심히 화가 났다는 뜻도 된다. 사도 바울이 심히 화를 낸 이유는 여러 가지로 생각해 볼 수 있다. 결국 사도 바울은 여종에게서 귀신을 쫓아내었다. 하지만 이 일로 인해 그 여종의 주인들의 분노를 사서 폭행을 당하고 투옥되었다. 바울과 실라는 관원들에게 끌려가서 옷을 찢기고 매를 많이 맞은 후에 깊은 옥에 감금되고 발은 차꼬에 든든히 채워졌다(행 16:23-24). 좋은 기회를 맞이하던 복음 전도에 엄청난 먹구름이 다가오는 것처럼 보인다. 성령께서는 바울의 계획을 강제로 틀어서 아시아에서 복음을 전하지 못하게 하시고 강권적으로 유럽으로 건너오게 하셨다. 그렇다면 우리는 당연히 이곳에서의 복음 전파가 막힘이 없이 잘 진행될 것이라 기대한다. 그런데 이런 기대는 완전히 빗나간다. 그는 두들겨 맞고 옥에 갇힌다. 왜 이런 일이 벌어졌을까? 성령께서 혹시 자신이 바울을 이곳으로 인도하신 것을 잊고 계신 것은 아닐까? 아니면 바울이 성령의 인도하심을 잘못 판단한 것일까? 만일 우리가 이런 일을 당했다면 우리는 어떻게 반응할까? 사실 이런 상황에서 하나님을 믿는 사람의 참된 모습이 어떤 것인가 하는 것이 가장 잘 드러난다.

2. 옥에서 기도하고 찬양하다

시간은 어느새 밤중쯤 되었다(25). 그때에 바울과 실라는 기도하면서 하나님을 찬미했다. 그들이 한밤중에 이렇게 한 것은 아마도 그들이 그때가 되어서야 비로소 정신이 들었다는 의미일 것이다. 바울과 실라는 심하게 폭행을 당했기 때문이다. "많이 친 후에"(23). 그래서 어떤 사람은 이것이 사도 바울이 세 번 태장으로 맞은 것(고후 11:25) 중의 첫 번째 것이라고 생각한다(참조. John Stott, 『땅끝까지 이르러』, IVP). 그들은 정신이 들자 그 고통 중에도 기도하면서 하나님을 찬미했다. 그들에게는 정신이 든 시간이 곧 하나님께 대한 신앙을 표현하는 시간이었다. 그들은 고난 중에서 기도하며 하나님을 찬미하였다.

기도는 하나님에 대한 절대적 의지의 표시이다. 바울과 실라는 고난 중에도 하나님께 온 마음을 두었다. 그들은 하나님을 바라보았고 하나님께 절대적으로 소속되어 있었다. 그러므로 바울과 실라는 하나님과의 관계에서만 이해될 수 있는 사람들이다. 그들은 현실을 초월하는 절대자를 알고 있었으며, 눈에 보이는 상황을 뛰어 넘는 영적 세계를 알고 있었다. 매를 맞고 채찍에 맞아 온 몸이 찢어져 피가 나고 팔 다리가 성한 곳 하나 없는 고통 중에도 그들은 기도하면서 하나님을 찬양하고 있었다. 이것은 매우 놀라운 일이다. 그들의 입에서는 신음 소리가 아니라 노래가 흘러 나왔다. 그들은 사람들을 저주하는 대신에 하나님을 찬미했다. 이 기도와 찬미를 함께 있던 죄수들이 들었다(행 16:25). 이것은 바울과 실라의 행동이 죄수들에게 특이한 현상이었다는 것을 의미한다. "저들은 매를 맞고도 노래하는 사람들이니 도무지 이해할 수 없는 사람들이다. 저들은 낯선 사람들이며 질적으로 다른 사람들이다." 이것이 바울과 실라가 보여준 고난 앞에서의 진정한 그리스도인의 모습이다.

일이 계획대로 잘 이루어질 때에는 누구든지 노래할 수 있다. 옥문이 열리고 석방될 때는 누구라도 찬송할 수 있다. 그러나 진정한 그리스도인은 감옥 안에서도 노래하는 사람들이다. 성도는 하나님과의 관계 속에서만 이해될 수 있는 사람이다. 다시 말해 성도는 하나님을 빼면 도무지 이해되지 않는 사람이다. 그래서 성도는 하나님을 모르는 세상 사람들은 도무지 알 수 없고 이해할 수 없는 특별한 비밀을 가진 사람이다. 성도는 극한의 고통과 악한 상황 속에서도 살아 계신 하나님을 신뢰함으로 찬송하고 기도할 수 있는 사람이다. 성도는 눈에 보이는 현실만 아니라 눈에는 보이지 않으나 엄연히 존재하는 또 하나의 현실인 하나님의 역사를 신앙의 눈으로 통찰하는 사람이다. 그래서 성도는 세상 사람들에게 낯선 사람이며 그들이 도무지 이해할 수 없는 삶의 영역을 가진 별난 사람들이다.

3. 옥터가 움직이다

이렇게 바울과 실라가 기도하며 하나님을 찬미할 때 갑자기 큰 지진이 일어나서 옥터가 움직이고(shake) 옥문이 즉시 다 열리고 모든 죄수들의 차꼬가 모두 벗어졌다(행 16:26). 빌립보 감옥의 간수(看守)는 이 지진으로 말미암아 옥문이 열린 것을 보고 죄수들이 도망한 줄로 생각하여 칼을 빼어 자결하려고 하였다(행 16:27). 자신이 이 모든 일에 대한 책임을 져야 했기 때문일 것이다(참고. 행 12:19). 여기에는 두 가지 대조가 강조되고 있다.

첫째는 인간의 악함과 하나님 선하신 역사 사이의 대조이다. 사람들이 바울과 실라를 어떻게 대했는지 주의해서 볼 필요가 있다. 상관들이 바울과 실라의 옷을 찢어 벗기고 매로 치라 하여 '많이' 친 후에 옥에 가두었다. 그리고 간수에게 명하여 든든히 지키라고 했다(행 16:23). 이 명령을 받은 간수는 그들을 '깊은' 옥에 가두고, 그 발을 차꼬에 '든든히' 채웠다(행 16:24). 많이 때렸고, 든든히 지켰으며, 깊은 옥에 가두고, 든든히 차꼬를 채웠다. 이것은 저들이 인간이 할 수 있는 최악의 방책을 시행했다는 것을 잘 보여준다. 그러나 복음을 방해하려는 인간의 최악은 하나님에 의해 '곧' 무너지고 만다. 우리는 26절의 특별한 표현에 주목해야 한다. 갑자기 '큰' 지진이 나서 옥터가 흔들리고 옥문이 '곧' '다' 열리며 '모든' 사람의 매인 것이 '다' 벗어졌다. 옥터가 흔들리고, 옥문이 열리고, 매인 것이 벗어졌다는 표현은 모두 수동형으로 되어 있다. 이것은 하나님이 이 모든 것을 행하셨다는 것을 의미한다. 인간이 아무리 깊은 옥에 가두어도 하나님은 큰 지진으로 풀어 놓으신다. 인간이 아무리 든든히 지켜도 하나님이 행동하시면 '즉시' 모든 문이 열린다. 인간의 든든함은 하나님 앞에서 아무 것도 아니다. 인간이 아무리 든든히 차꼬를 채워도 하나님이 역사하시면 매인 모든 것이 다 벗어질 수밖에 없다. 인간의 최상급은 하나님 앞에서 아무 것도 아니다. 인간의 모든 힘과 지혜를 동원한 최악의 시도는 하나님의 선하신 역사를 절대로 이길 수 없다.

둘째는 신자와 불신자의 대조이다. 이 사건에서 드러난 하나님을 믿는 사람과 하나님을 믿지 않는 사람의 차이는 너무나도 분명하다. 바울과 실라는 극도의 고난 중에도 하나님께 기도하고 하나님을 찬송했다. 그러나 간수(看守)는 위기 앞에서 자살을 시도한다. 하나님의 사람들은 심한 고난 중에도 하나님께 기도하며 찬송하지만, 세상의 사람들은 불행이 닥치면 자신의 목숨을 끊으려 한다. 그리스도인은 위기와 난관이 닥쳐도 언제나 소망 가운데서 산다. 그러나 불신자들은 절망의 사람들이다. 세상 사람들은 인기 때문에 목숨을 끊고 돈과 성적 때문에 자살을 한다. 그것이 얼마나 고통스러우면 그리했겠는가? 하지만 하나님을 믿는 성도는 그 고통 중에도 하나님의 은혜의 역사를 믿고 기대하는 사람들이다. 그렇기 때문에 기도하고 찬송하는 것이다. 우리에게도 극심한 고통이 닥치고 참기 힘든 불행이 일어날 수 있다. 그러나 우리는 그때가 바로 기도해야 하는 때이며, 하나님께 찬송해야 하는 때인 줄 알아야 한다. 왜냐하면 하나님이 우리의 고통 중에 함께 계시고 우리의 아픔을 함께 견뎌내시며 우리의 길을 열어 가시기 때문이다.

4. 누구에게 초점이 맞추어져 있는가?

이쯤해서 우리는 이 사건의 초점에 대해 살펴 볼 필요가 있다. 다시 말해서 이렇게 이중의 강한 대조를 통하여 하나님이 말씀하시려는 것이 무엇인가 하는 것이다. 또한 하나님이 바울을 강권적으로 이곳에 오게 하시고서는 옥에 들어가게 하신 까닭이 무엇인가 하는 것이다. 하나님께서는 옥터를 흔드시고 옥문을 열어젖히시고 죄수들의 발의 차꼬를 다 풀어놓는 정말 놀라운 이적을 행하셨다. 그런데 만일 우리가 이 엄청난 이적을 단순히 하나님이 바울과 실라를 탈출시키기 위해 행하신 것으로 생각하면 그것은 큰 오해이다.

그 이유는 먼저 바울과 실라는 옥터가 흔들리고 옥문이 다 열리고 모든 것이 다 풀어진 다음에도 감옥에서 달아나지 않았기 때문이다. 감옥에 갇힌 사도들을 주의 사자가 밤에 옥문을 열고 끌어 낸 사건이나(행 5:18-19), 사도행전 12장에서 천사가 감옥에서 베드로를 인도해 낸 것처럼 하나님은 그들을 감옥에서 인도해 내시지 않았다. 그들은 이 후에 간수의 집에 가서 식사를 한 다음에도 달아나지 않고 다시 감옥으로 돌아왔다(행 16:34-35). 그들은 이 이적으로 감옥을 탈출한 것이 아니다.

또한 바울과 실라가 감옥에 투옥된 이후에 일어난 사건인 사도행전 16:25-34을 괄호로 묶은 둔 채, 24절에서 35절을 연결해서 읽으면 내용이 자연스럽게 이어진다. 상관들이 바울과 실라를 때리고 옥에 가두라고 명령했고(행 16:22), 그래서 많은 매를 맞은 후에 옥에 감금되었다(행 16:24). 그리고 날이 새매 상관들이 그들을 석방하라고 명령했다(행 16:35). 이 때 상관들은 바울과 실라를 그냥 석방시키려고 했다. 그러나 바울이 "로마사람인 우리를 죄도 정하지 아니하고 공중 앞에서 때리고 옥에 가두었다가 이제는 가만히 내보내고자 하느냐 아니라 그들이 친히 와서 우리를 데리고 나가야 하리라"(행 16:37)고 말했다. 이 말을 전해들은 상관들은 비로소 바울이 로마 시민권자인 줄 알고 두려워하여 직접 감옥까지 와서 그들을 모시고 나갔다(escorted, 행 16:39). 그때에서야 비로소 그들은 감옥에서 나갔다(40). 그러므로 감옥에서 일어난 이 이적은 바울과 실라의 석방과는 직접적인 관련이 없다. 이 사건은 바울과 실라에게 초점을 맞추고 있지 않다. 오히려 주목을 받고 있는 사람은 따로 있다. 그가 누구인가? 그는 바로 감옥의 간수이다.

그러면 그는 어떤 사람인가? 그는 무정한 사람이다. 그는 긍휼이 없는 사람이다. 그는 바울과 실라가 매를 맞아 온 몸이 터져 정신을 잃었는데도 깊은 옥에 집어넣고 차꼬까지 든든히 채웠다. 그는 바울과 실라의 아픔이나 형편에 아무런 연민도 가지지 않았다. 그는 매에 맞아 만신창이가 된 바울과 실라의 상처를 씻기지도 않았고 그들의 허기를 채워주지도 않았다. 이는 사도행전 16:33, 34에 잘 나타나 있다. 그는 이 사건이 있은 후에야 바울과 실라를 데려다가 그 맞은 자리를 씻어주고, 자기와 그 온 가족이 다 세례를 받은 후에 그들을 데리고 자기 집에 올라가서 음식을 차려 주었다. 그러므로 그는 이 사건이 있기 전까지는 바울과 실라의 고통에 대해서는 무관심했고 무정했다. 그는 다른 사람을 불쌍히 여길 줄 모르는 자였다. 그는 바울과 실라의 고통에는 아랑곳하지 않고 오히려 편안하게 잠을 잤다. 바울과 실라가 기도하며 찬송하는 소리를 다른 죄수들은 다 들었으나 그는 그것도 모를 정도로 깊이 잠들었다. 그는 지진이 일어난 후에야 겨우 일어날 정도였다. 이랬던 그가 지진이 나서 옥문이 열린 것을 보고 죄수들이 다 도망한 줄 생각하고 칼로 자결을 하려고 했다. 그때 바울이 큰 소리로 "네 몸을 상하지 말라 우리가 다 여기 있노라"(행 16:28)고 말했다. 이 소리를 들은 간수는 등불을 들고 감옥 안으로 뛰어 들어가 무서워 떨며 바울과 실라 앞에 엎드렸다(행 16:29). 그리고는 "선생들이여 내가 어떻게 하여야 구원을 받으리이까?"(행 16:30)라고 물었다. 이 때 사도 바울이 참으로 유명한 말을 한다. "주 예수를 믿으라 그리하면 너와 네 집이 구원을 받으리라"(31). 결국 간수는 이 말씀을 따라 그와 그의 온 집이 하나님을 믿게 되었고(34) 구원을 받았다.

5. 옥터를 흔드시는 하나님

그러므로 하나님께서 큰 지진을 일으켜서 바울과 바나바가 갇혀 있는 깊은 감옥의 옥터를 흔들고 든든히 지키는 옥문을 곧 다 열어젖히고 든든히 채운 차꼬를 다 풀어놓는 이 이적을 행하신 것은 흔히 알고 있는 것처럼 바울과 바나바를 그곳에서 구출하시기 위한 것이 아니었다. 놀랍게도 이 이적은 바울과 실라를 감금한 감옥의 간수를 위한 것이었다. 결과적으로는 바울과 실라가 이 감옥에 투옥된 것이 한 명의 간수와 그의 온 가족을 구원하기 위한 것이었다고도 볼 수 있다. 그래서 이 사건은 시종 한 간수의 변화에 주의를 기울이고 있다. 그는 무정한 자요 절망 앞에서는 자결이라는 극단적인 방식을 택하는 불신자였다. 그런 그가 이 사건으로 인해 복음을 듣게 되었고 하나님을 믿고 세례를 받고 구원을 얻게 되었다.

여기서 성경이 말씀하는 것이 무엇인가? 본문이 강조하는 것이 무엇인가? 하나님이 바울을 강권적으로 이곳에 오게 하셨으나 결국 감옥에 감금되도록 한 것에는 하나님의 어떤 의도가 있었을까? 또한 인간의 죄악과 하나님의 선하신 역사 사이의 강한 대조와, 신자와 비신자 사이를 대조의 통하여 하나님이 말씀하시려는 것이 무엇이었을까? 그것은 우리 하나님은 한 영혼을 구원하시기 위해 옥터를 흔드시는 분이라는 사실이다. 하나님은 한 사람을 구원하기 위해 옥터를 흔드시며 한 가족을 구원하시기 위해 큰 지진을 일으키시는 분이다. 그만큼 하나님은 한 영혼을 소중히 여기신다. 본문의 사건이 말하는 핵심 내용이 바로 이것이다.

6. 맺는말

우리 하나님에게는 소원이 한 가지 있다. 그것은 무정함과 절망 가운데 있던 한 영혼이 예수 그리스도의 복음을 듣고 하나님을 믿어 구원받고 긍휼과 기쁨의 사람으로 변화되는 것이다. 무정한 사람이었던 간수는 복음으로 인해 사도들의 상처를 씻기고 돌보며 굶주림을 채워주는 긍휼의 사람이 되었다. 위기 앞에서 자결을 하려 했던 절망의 사람이 복음을 듣고 하나님을 믿어 크게 기뻐하는 사람이 되었다 (행 16:34). 복음으로 인해 무정한 자가 긍휼의 사람이 되며 절망의 사람이 큰 기쁨의 사람이 된다. 하나님은 이것을 보기를 원하신다. 이것이 한 영혼에 대한 하나님의 갈망과 사랑과 애타하심이며, 하나님의 마음이요 간절한 소원이다. 이 소원 때문에 하나님은 바울을 급히 빌립보로 이끌어 가셨고, 옥터를 흔드신 것이다.

우리는 하나님의 이 마음을 헤아리고 공감할 수 있어야 한다. 우리는 하나님의 이 심장을 가져야 한다. 그리하여 우리로 인해 하나님의 마음이 사람들에게 표현되고 증거 되어 무정하고 무자비한 절망의 사람이 구원받는 역사가 있어야 한다. 우리는 한 영혼에 대한 주님의 안타까움이 우리 안에 있어서 나로 인해 절망 가운데 있던 사람이 기쁨의 사람이 되며, 무정하고 무자비한 사람이 긍휼과 눈물의 사람이 되는 하나님의 원대한 꿈을 꾸어야 한다. 그래서 하나님의 소원이 우리를 통하여 이루어지며 우리 모두가 하나님의 기쁨이 되어야 한다.

하나님 나라 백성의 정체와 삶

01장

하나님의 성품에 참여하는 자
베드로전서 1:14-19

---

14 너희가 순종하는 자식처럼 전에 알지 못할 때에 따르던 너희 사욕을 본받지 말고 15 오직 너희를 부르신 거룩한 이처럼 너희도 모든 행실에 거룩한 자가 되라 16 기록되었으되 내가 거룩하니 너희도 거룩할지어다 하셨느니라 17 외모로 보시지 않고 각 사람의 행위대로 판단하시는 이를 너희가 아버지라 부른즉 너희가 나그네로 있을 때를 두려움으로 지내라 18 너희가 알거니와 너희 조상이 물려준 헛된 행실에서 대속함을 받은 것은 은이나 금 같이 없어질 것으로 된 것이 아니요 19 오직 흠 없고 점 없는 어린 양 같은 그리스도의 보배로운 피로 된 것이니라

신자는 자신의 신분에 대한 분명한 의식을 가지고 있어야 한다. 이것은 대단히 중요하다. 신자의 구원은 거듭나는 것으로 끝나는 것이 아니라 거듭난 삶으로 연결되어야 하는데, 이것은 무엇보다 자신이 어떠한 자가 되었는지를 바로 깨닫는 것에 기초한다. 즉 신자의 바른 삶은 자신의 정체성에 대한 바른 인식을 근거로 한다.

1. 신자의 정체

본문은 신자가 어떤 자인지를 잘 알려준다. "내가 거룩하니 너희도 거룩하라"(벧전 1:16). 이것은 레위기 11:44를 인용한 말씀이다. 구약

성경은 하나님과 이스라엘 백성의 관계를 설명할 때 늘 "하나님이 이러하니 너희도 이러하라"는 방식을 사용한다. 그리고 이런 방식은 신약성경에서도 계속해서 반복된다. 예를 들면 "하늘에 계신 너희 아버지께서 온전하신 것처럼 너희도 온전하라"(마 5:48)든가, "내가 너희를 사랑한 것처럼 너희도 서로 사랑하라"(요 13:34)는 말씀들이다.

여기서 우리는 하나님에 대하여 사용한 동사의 형태와 신자들에 대해 사용한 동사의 형태가 다르다는 것을 알 수 있다. 하나님께는 "하나님은 온전하시다"와 같은 직설법(서술문)을 사용하지만, 신자들에게는 "너희는 온전하라"와 같은 명령법을 사용하고 있다. 이것은 하나님의 성품은 불변적인 것을 의미하며, 신자들의 성품은 계속 실현되어야 하는 것임을 의미한다. 즉 신자들은 하나님의 성품을 표준으로 삼아 계속 성숙하고 하나님의 수준까지 성장할 것이 요구되고 있는 것이다. 이 때문에 신자들은 모든 시간과 모든 공간에서 하나님의 성품을 이루어 가야 한다.

(1) 신자의 신분 상승

그러면 "너희를 부르신 거룩한 이처럼 너희도 모든 행실에 거룩한 자가 되라"(15)와 "내가 거룩하니 너희도 거룩할지어다"(16)는 말씀들은 우리에게 어떤 교훈을 주는가? 무엇보다 중요한 것은 본문이 하나님과 신자들을 나란히 놓고 있다는 점이다. 15절에서는 '너희를 부르신 이'와 '너희'가 병행을 이룬다. 이어서 16절에서는 "내가 거룩하니 너희도 거룩하라"고 말씀하심으로써 하나님 '아버지'와 '너희'인

신자들 사이의 병행이 반복된다. 감히 하나님과 비교될 수 없는 인간들이 하나님과 동등하게 말해지고 있는 것이다. 이것은 신자들을 하나님과 같은 위치로 끌어 올리는 것이다. 하나님이 신자의 신분을 하나님의 자리까지 상승시키신 것이다.

(2) 신자의 성품

또한 이 말씀이 주는 중요한 교훈은 하나님의 성품과 신자들의 성품을 동일하게 설명하고 있다는 점이다. "너희를 부르신 거룩한 이처럼 너희도 모든 행실에 거룩한 자가 되라"(15). "내가 거룩하니 너희도 거룩할지어다"(16). 여기서 우리는 하나님의 성품인 거룩하심과 신자들의 성품을 동질의 것으로 언급하고 있다는 사실을 발견한다. 하나님이 우리에게 기대하는 성품은 세상의 위대한 인물들이 이루었던 성품 정도가 아니다. 신자들에게 기대하는 성품은 바로 하나님의 성품과 동일한 것이다. 하나님은 신자들에게 가장 높은 기대치를 설정하고 있는 것이다. 하나님의 성품과 신자들의 성품은 나란히 간다. 신자들의 성품과 하나님의 성품은 연결되어 있다.

(3) 신자의 존귀함

이것은 신자들이 하나님처럼 존귀하다는 것을 잘 보여 주는 것이다. 신자들은 하나님의 성품을 지닐 만큼 존귀한 자들이다. 사도 베드로는 이러한 존귀한 신자를 가리켜 "신의 성품에 참여하는 자"라고 부른다(벧후 1:4). 이 말을 한 단어씩 뜯어서 살펴보면 "신의"라는 말은

'하나님께 속한'을 의미하고, "성품"은 '본질'을 뜻하며, "참여하는 자"는 '교제하는 자' 또는 '함께 가진 자', '공유하는 자'라는 뜻이다. 이 말들을 다 연결하면 "하나님께서 소유하시는 본질을 공유한 자"라는 뜻이다. 누가 그렇다는 말인가? 바로 예수님을 믿는 신자인 우리가 그렇다는 말이다. 이 얼마나 엄청난 말씀인가?

만약에 모든 사람이 인정하는 탁월한 인격을 가진 어떤 사람이 우리에게 "당신은 나하고 성품이 똑같다."라고 말한다면 우리는 얼마나 감격하겠는가? 물론 인사치레로 그럴 수 있다. 그러나 하나님이 말씀하시는 것은 진리이다. 사실이다. 그래서 이 말씀 앞에 우리는 그저 황송할 뿐이다. 신자는 여러 가지 호칭으로 불릴 수 있다. 그리스도에게 속한 자이기에 그리스도인, 하나님께서 세상으로부터 구별하셨기에 성도, 믿음을 가지고 있기에 신자라고 불린다. 그러나 사도 베드로는 신자를 "신의 성품에 참여하는 자"라고 부른다. 신자는 하나님이 소유하시는 본질을 공유하는 자이다.

그러면 사도 베드로가 신자를 이렇게 부르는 이유는 무엇인가? 그것은 신자가 존귀한 자라는 것을 드러내기 위해서이다. 신자는 하나님과 같은 높은 신분에 참여한 사람들이다. 물론 이 말은 우리가 천지를 창조하신 하나님과 똑같은 자들이 된다는 뜻은 결코 아니다. 오해가 없기를 바란다. 하나님은 창조주요, 우리는 그분에 의해 지음을 받은 피조물이다. 이 간격은 절대로 넘을 수 없다. 그러나 죽을 인생이 하나님만이 소유하시는 그 본질을 공유하게 되었으니 이 얼마나 놀랍고 영광스러운 일인가? 그런고로 신자는 존귀한 자일 수밖에 없다.

신자는 하나님과 같은 높은 신분에 참여하는 사람들이다. 그래서 신자는 대단한 사람들이다.

시편 16:3은 다음과 같이 말씀한다. "땅에 있는 성도들은 존귀한 자들이니 나의 모든 즐거움이 그들에게 있도다." 하나님께서는 땅에 있는 신자를 존귀하게 여기시며 존귀하게 다루신다. 땅에 있는 신자들은 존귀한 자들이다. 이것은 신자인 우리에게도 동일하게 적용되는 말씀이다. 하나님께서는 신자를 얻기 위하여 하늘나라보다도 귀하신 아들 예수 그리스도를 값으로 내어 주셨다. 이에 대하여 사도 바울은 "너희는 너희의 것이 아니라 값으로 산 것이 되었다."(고전 6:19-20)고 말씀한다.

2. 예수 그리스도의 보배로운 피

하나님은 우리가 아직 연약할 때에, 우리가 아직 경건하지 않을 때에(롬 5:6), 우리가 아직 죄인일 때에(롬 5:8), 우리가 하나님과 원수로 있을 때에(롬 5:10), 이와 같은 때에 우리를 위하여 자신의 아들 예수 그리스도를 보내어 십자가에서 죽게 하심으로써 우리에 대한 '자기의' 사랑을 확증하셨다(롬 5:6-10). 신자는 하나님께서 예수님의 피를 주고 산 존귀한 자들이다. 베드로전서 1:18-19은 다음과 같이 말씀한다. "너희가 알거니와 너희 조상이 물려 준 헛된 행실에서 대속함을 받은 것은 은이나 금 같이 없어질 것으로 된 것이 아니요 오직 흠 없고 점 없는 어린 양 같은 그리스도의 보배로운 피로 된 것이니라." 여기에는 놀라운 대조가 있다. 구원받은 우리가 이 세상을 사는 동안은 나그네로 산다. 그래서 17절은 "너희가 나그네로 있을 때를 두려움으로 지내라"고 말씀하며, 베드로전서 1:1은 "예수 그리스도의 사도 베드로는 본도, 갈라디아, 갑바도기아, 아시아와 비두니아에 흩어진 나그네"에게 편지한다고 말씀하며, 베드로전서 2:11에서는 "사랑하는 자들아 거류민과 나그네 같은 너희를 권하노니 영혼을 거슬러 싸우는 육체의 정욕을 제어하라"고 명령한다. 그런데 사도 베드로는 우리가 나그네로서 두려움으로 지내야 하는 중요한 이유는 우리가 어떤 사실을 알기 때문이라고 말씀한다(18). 그것은 우리가 무엇으로 구원을 받았느냐를 안다는 것이다.

　우리는 무엇으로 구원을 받았는가? 우리는 '보배로운' 어떤 것에 의해 구원을 받았다. 세상 사람들이 가장 보배롭게 여기는 것이 무엇인가? 그것은 은이나 금이다. 그래서 그것을 보화라고 부른다. 왜 금을 보화로 여기며 비싸게 여기는가? 그것이 불변하는 물질이기 때문이요 희귀한 물질이기 때문이다. 그래서 금은 불변과 영원을 상징한다. 결혼할 때 신랑과 신부가 금으로 된 반지를 선물로 주고받는 것은 그들의 사랑이 영원토록 변하지 않을 것을 상징적으로 보여 주는 것이며, 상대방을 참으로 존귀한 자로 여긴다는 의미를 담고 있다. 하지만 성경은 분명히 말한다. 은과 금은 없어진다(18). 여기서 '없어지다'는 말은 베드로전서 1:23에서 '썩어지다'는 말로도 번역되었다. 그리고 금에 대하여 베드로전서 1:7에서는 "불로 연단하여도 없어질 금"

이라고 표현하고 있다. 여기서 없어진다는 말은 파괴된다, 멸망한다는 뜻이다. 사람들의 생각과 달리 금은 썩어지고 없어지고 파괴되고 멸망하는 물질이다. 금은 결단코 영원히 존재하는 물질이 아니다. 혹시 이 땅에서 금이 영원히 있다고 할지라도 주님이 다시 오시는 그 날에는 하늘이 큰 소리로 떠나가고 물질이 뜨거운 불에 풀어질 것이다. 모든 것이 풀어지고 하늘이 불에 타서 풀어지고 물질이 뜨거운 불에 녹아질 것이다(벧후 3:10-12). 이런 의미에서 베드로전후서에서 금을 언급하는 것은 종말론적인 안목에서 세상을 바라보는 것이다. 그래서 성도를 나그네라고 부르는 것이다. 어쨌든 썩어지고 부패하고 없어지고 멸망당할 것은 보배가 아니다. 그래서 성경은 은이나 금을 보배라고 부르지 않는다(18).

그런데 놀랍게도 성경은 우리가 구원을 받은 것은 그리스도의 '보배로운' 피에 의한 것이라고 선언한다. 그러면 왜 그리스도의 피가 보배일까? 그 중요한 이유는 그리스도의 피에는 흠도 없고 점도 없기 때문이다. 아무리 순금이라고 해도 99.99%의 순수함만 있을 뿐이다. 반대로 0.01%의 불순물이 들어가 있다면 그것 때문에 부패하고 썩어 없어지게 된다. 그래서 금과 은은 보배가 아니요 썩어지고 부패할 수밖에 없는 것이다. 하지만 우리를 위해 흘리신 그리스도의 피는 점도 없고 흠도 없는 100% 무결점의 순결한 피이다. 그분에게는 죄가 전혀 없기 때문이다. 그래서 그분의 피는 보배로운 피, 즉 보혈이다. 그렇기 때문에 죄와 허물로 죽을 수밖에 없는 우리를 능히 구원하실 수 있는 피이다.

3. 구원의 불변성과 영원성

바로 여기에 우리의 구원의 위대함이 있다. 만일 우리 자신에게 구원의 근거가 있다면 그것은 절대로 영원할 수 없다. 우리는 허물이 많고 흠과 점이 많은 자들이어서 썩어지고 부패하고 멸망할 자들이기 때문이다. 그러나 우리의 구원이 흠도 없고 점도 없어서 결코 썩지 않을 그리스도의 피로 이루어진 구원이라면, 우리의 구원은 결코 부패하거나 썩지 않을 것이다. 따라서 우리의 구원은 파기되거나 무효가 될 수 없는 영원한 구원이요 불변의 구원인 것이 확실하다. 이것이 우리가 받은 구원의 절대성이요 그 어떤 존재도 깨뜨릴 수 없는 영원성이다. 하나님께서 이처럼 존귀하고 보배로운 예수님의 피로 우리를 사셨다(벧전 1:19). 가장 큰 값을 치루고 사신 것이다. 그러므로 신자인 우리는 영원한 자들이요 존귀한 자들이다. 신자들은 하나님의 사랑과 존귀를 받은 자들이다. 그리고 이와 같은 하나님의 은혜를 인식하는 신자는 이렇게 말할 수밖에 없다. "사람이 무엇이기에 주께서 그를 생각하시며, 인자가 무엇이기에 주께서 그를 돌보시나이까. 그를 하나님보다 조금 못하게 하시고 영화와 존귀로 관을 씌우셨나이다"(시 8:4-5). 하나님은 신자인 우리에게 영광과 존귀라는 왕관을 씌우셨다.

4. 행실의 구원

땅에 살고 있는 신자들은 존귀한 자들이다. 하나님께서 땅에 있는 신자들을 존귀한 자들이라고 부르시기 때문이다. 그런데 이렇게 하나님과 같은 높은 신분에 참여하며 하나님과 같은 성품을 가진 존귀한 자인 신자에게 요구되는 것이 있다. 그것은 자기의 정체에 대한 의식, 곧 신분에 대한 의식을 철저히 가지고 그 정체와 신분에 어울리는 삶을 살라는 것이다. "내가 거룩하니 너희도 거룩할지어다."(벧전 1:16)는 말씀이 바로 이 뜻이다. 성도들은 성도라는 자신의 정체성을 귀중하게 생각해야 한다. 그리고 성도라는 이름에 합당한 행동을 해야 한다. 그렇지 않으면 그리스도의 영광을 가리게 되고 그리스도께 욕이 돌아가고 만다. 땅에 있는 신자는 존귀한 신분을 가지고 있기 때문에 존귀하게 살아야 한다.

신자는 삶을 더러운 데 맡기지 않아야 한다. 생각으로도, 말로도, 행위로도 더러운 것에 참여하지 않아야 한다. 그래서 베드로는 "모든 행실에 거룩한 자가 되라"(벧전 1:15b)고 말씀한 것이다. 신자의 거룩함은 "모든 행실에" 실현되어야 한다. 거룩함을 실현하지 않아도 될 영역은 없다. 하나님은 우리를 그리스도의 피로 구원하셔서 존귀한 신자로 만드셨다. 특히 하나님이 우리를 구원하시되, 우리의 영혼과 육체와 우주만물을 구원하실 뿐만 아니라 우리의 행실을 구원하셨다. 그래서 사도 베드로는 "너희가 알거니와 너희 조상이 물려준 헛된 행실에서 대속함을"(벧전 1:18) 받았다고 말씀한다. 우리는 영혼만 구원받은 것이 아니라 '행실'에서도 구원을 받았다. 그러므로 우리의 모든 행실에서 하나님의 성품에 걸맞는 거룩함이 나타나야 한다. 모든 행실에서 성도의 존귀함이 드러나야 한다.

이런 까닭에 사도 베드로는 이후에 나그네인 신자의 삶을 진술하면서 국가에서(벧전 2:13-17), 직장에서(벧전 2:18-25), 가정에서(벧전 3:1-7), 일상 삶에서(벧전 3:8-4:19), 교회에서(벧전 5:1-7) 지켜야 할 생활 지침을 주었던 것이다. 신자의 거룩함은 모든 영역에 스며들어야 한다. 모든 일상의 삶에서 신자의 거룩함이 드러나야 한다. 신자는 이전에 예수 그리스도를 알지 못할 때에 따르던 사욕을 본받지 말아야 한다(벧전 1:14). 사욕, 즉 탐심은 우상 숭배라고 말씀하셨다(골 3:5). 신자는 현대적인 우상인 탐심과 투기와 쾌락과 음란에 자신을 드리지 않는다. 또한 손발로 행하는 행위만이 아니라 입술로 표현하는 언어로도 현대적인 우상을 섬기지 않는다. 오히려 신자는 자신의 인생을 하나님의 영광을 위하여 드린다. 신자는 어떻게 해야 하나님의 영광을 드러낼 수 있는지를 계획하고 상의하며, 하나님의 영광을 나타내기 위하여 모든 일을 실행하며 추진한다. "사랑하는 자들아 거류민과 나그네 같은 너희를 권하노니 영혼을 거슬러 싸우는 육체의 정욕을 제어하라. 너희가 이방인 중에서 행실을 선하게 가져 너희를 악행한다고 비방하는 자들로 하여금 너희 선한 일을 보고 오시는 날에 하나님께 영광을 돌리게 하려 함이라"(벧전 2:11-12).

5. 맺는 말

하나님을 믿는 하나님의 성도는 하나님과 같이 존귀한 자들이다. 그래서 성도는 존귀하게 산다. 성도는 오직 하나님을 주님으로 섬기며, 인격과 삶의 모든 영역에서 하나님의 거룩하심만큼 거룩하여지기를 힘쓴다. 어디를 가든지 이 존귀함을 가지고 가라. 누구를 만나든지 이 존귀함을 가지고 만나라. 무슨 일을 하든지 이 존귀함을 가지고 하라. 하나님의 본질을 공유한 자라는 이 신분의식을 잊지 말라.

땅에 있는 신자는 하나님의 성품에 참여한 존귀한 자들이다. 그러므로 신자는 이러한 신분의식을 분명히 깨달아 알고 이 신분에 걸맞은 삶을 산다. 하나님처럼 생각하고 하나님처럼 행동한다. 물론 지금 턱도 없는 소리를 하고 있다는 것을 나도 잘 안다. 그럼에도 불구하고 우리는 하나님이 우리를 어떤 자로 만드셨고 얼마나 존귀한 자로 인정해 주시는지를 기억하고 의식하면서 그 신분에 합당한 삶을 살려는 피 흘리는 노력을 해야만 한다. 우리는 평생 동안, 우리의 호흡이 다하는 그 날까지 이 싸움을 할 것이고 또 싸워야만 한다. 그런 자만이 그토록 형편없는 우리를 "네가 내 눈에 보배롭고 존귀하며 내가 너를 사랑하였다."(사 43:4)고 말씀하시는 하나님의 은혜를 참으로 아는 신자이다.

예수의 사람

에베소서 2:10

우리는 그가 만드신 바라 그리스도 예수 안에서 선한 일을 위하여 지으심을 받은 자니 이 일은 하나님이 전에 예비하사 우리로 그 가운데서 행하게 하려 하심이니라

사람은 의식하든 하지 못하든 간에 "나는 누구인가?"라는 질문을 계속하면서 살아간다. 이 질문은 곧 자기 존재에 대한 질문이며 자기 정체성에 관한 질문이다. 존재와 정체성에 대한 이 질문은 남녀노소를 막론하고 사람이라면 누구나 하게 될 것이다. 그런데도 많은 사람들이 이 질문에 대한 정확한 답을 얻지 못한 채 방황하는 안타까운 현실을 본다. 그래서 우리는 하나님의 말씀인 성경을 통하여 이 질문에 대한 정확한 답을 얻고자 한다.

에베소서 2:10은 "우리는 그가 만드신 바라"고 말씀한다. 이것을 좀 더 분명하게 직역하면 "우리는 그의 작품입니다"라는 말이다. 여기서 "우리는 ~이다"라는 말은 우리의 존재에 대한 정의이며 설명이다. 그런데 10절에서 가장 강조되고 있는 것은 "우리는 ~이다"가 아니고

"그가(원문은 '그의'로 되어 있음)"라는 단어이다. 원문은 이 단어를 문장 맨 앞에 둠으로써 이 사실을 분명히 하고 있다. 이것은 우리의 존재는 '그'와의 관계 속에서만 바로 이해된다는 것을 강조하는 것이다. 우리의 신분과 존재는 오직 하나님과의 관계 속에서만 올바로 알게 된다. 인간은 하나님 앞에 있을 때에만 참 인간이고, 하나님 앞에 있을 때 자신이 어떤 존재인지를 정확하게 알 수 있기 때문이다. 우리는 하나님과의 관계 속에서만 우리의 진정한 모습을 발견할 수 있다. 그러므로 우리가 우리의 존재와 정체에 대한 분명한 이해와 답을 얻기 위해서는 하나님에 대한 이해가 우선되어야만 한다. 그러면 하나님은 어떤 분이신가?

1. 만드시는 하나님

첫째, 하나님은 만드시는 하나님이시다. 에베소서 3:9은 "만물을 창조하신 하나님"이라고 말씀한다. 하나님은 창조의 하나님이시다. 이 사실은 성경이 "태초에 하나님이 계셨다"가 아니라 "태초에 하나님이 만드셨다"(창 1:1)는 말로 시작한다는 사실에서 아주 분명하게 확인된다. 하나님은 만드시는 분이시다. 하나님은 창조주로서 온 천하 만물과 인간을 만드신 분이다. 본문도 "우리는 그가 만드신 바라"고 말씀함으로써 우리가 하나님에 의해 만들어졌다는 사실을 재차 확인하고 있다. 그런데 우리가 하나님에 의해 만들어졌다는 말은 우리가 하나님의 솜씨요 작품이라는 뜻이다. 이 사실은 "나는 누구인가?"라는 질문에 대하여 몇 가지 매우 중요한 답을 알려 준다.

먼저, 우리가 하나님에 의해 만들어졌다는 사실은 우리의 기원(유래)을 밝히는 것이다. 하나님이 우리를 만드셨다. 따라서 하나님은 우리의 아버지가 되시고 우리는 그분의 자녀가 된다. 이런 까닭에 야고보서 1:18에서는 "그가 그의 조물 중에 우리를 첫 열매가 되게 하시려고 진리의 말씀으로 우리를 낳으셨다"고 말씀하신다. 하나님께서 우리를 "낳으셨다." 그래서 하나님은 우리의 아버지이시다(약 3:9). 하나님은 만민에게 생명과 호흡과 만물을 친히 주시는 분이시며(행 17:25), 우리는 그분의 소생이다(행 17:28). 이렇게 아버지가 되시는 하나님은 자녀인 우리에게 한없는 관심을 가지고 계신다. 하나님께서는 한 날씩 창조를 끝내실 때마다 "하나님이 보시기에 좋았더라"(창 1:4, 10, 12, 18, 21, 25)고 말씀하셨다. 이 말은 하나님께서는 창조하실 때마다 매번 자신이 만드신 것들을 눈여겨보셨다는 것을 의미한다. 하나님은 무엇인가를 만드신 후에는 나는 모르겠다는 식으로 더 이상 관계하지 않는 분이 아니다. 우리의 아버지이신 하나님은 우리를 만드셨을 뿐만 아니라 깊은 관심과 사랑으로 자녀인 우리의 모든 사정을 헤아리신다. 하나님은 우리의 앞길에 대한 구체적인 계획을 가지고 계시며 우리에게 필요한 것이 무엇인지 가장 잘 아신다. 우리는 이처럼 사려 깊고 자상하신 하나님을 아버지로 둔 매우 특별한 사람들이다.

또한 우리가 하나님에 의해 만들어졌다는 사실은 우리는 스스로 존재할 수 없다는 것을 의미한다. 다시 말해, 우리는 하나님 의존적인 존재이다. 우리는 하나님을 떠나서는 살 수 없으며, 아무런 의미나 가치도 없다. 이런 까닭에 사도 바울은 "우리가 그를 힘입어 살며 기동하며 있느니라"(행 17:28)고 말했다. 하나님은 인간을 위한 생활과 활동과 존재의 근거가 되신다는 말이다. 우리는 철저히 하나님 의존적이다. 따라서 우리는 언제나 하나님을 의지하는 믿음을 가져야 한다. 하나님 이외의 것은 다 거미줄 같은 것들이어서 의지할 것이 못된다(욥 8:14). 하나님을 의지하는 자가 복이 있다(시 2:12; 84:12). 하나님은 자신을 찾는 자들을 버리지 않으시며(시 9:10) 우리의 진정한 도움이시며 방패이시기 때문이다(시 115:11). 그러므로 우리는 자신의 힘이나 명철이나 도울 힘이 없는 인생을 의지하지 말고 오직 하나님만 의지함으로써 세상을 이기는 하나님의 백성들이 되어야 한다.

더 나아가서 우리가 하나님에 의해 만들어졌다는 사실은 우리의 진정한 가치를 확인시켜 준다. 우리의 존재 가치는 우리 자신에 의해서 결정되는 것이 아니다. 우리의 가치는 하나님께서 우리를 직접 만드셨으며, 특히 "하나님의 형상을 따라" 만드셨다는 데 있다(창 1:26; 약 3:9). 그래서 우리의 가치는 우리가 가진 조건과 상관없이 하나님에 의해서 주어지는 것이다. 우리는 하나님에게 너무나도 존귀한 자들이다(출 24:11; 삼하 7:9; 욥 40:10; 시 8:4-5; 21:5; 49:20; 사 43:4; 49:5). 그런데도 만일 가진 것이 없다고, 신체적인 약점이 있다고, 공부를 못한다고, 가정적인 어려움이 있다고, 또 그 외의 어떤 부족한 것이 있다고 해서 스스로를 낮게 평가하거나 쓸모없는 자라고 생각한다면, 그것은 우리를 만드시고 존귀하게 여기시는 하나님을 무시하고 그분의 마음을 아프게 하는 것이다.

아주 강력한 접착력을 가진 강력 본드와 붙었다 떨어졌다 하는 포스트잇이 있다. 이 둘 중에 어느 것이 더 귀할까? 강력 접착제일까, 아니면 포스트잇일까? 어느 것이 더 귀하다고 말할 수 없다. 둘 다 귀하기 때문이다. 강력 접착제는 그것대로 필요하고 포스트잇 또한 그것대로 필요하고 소중하다. 하나님은 잘생긴 사람이나 못생긴 사람이나, 잘난 사람이나 못난 사람이나 모두 다 존귀하게 여기신다. 왜냐하면 하나님이 그들을 만드셨기 때문이다. 그러므로 우리는 자신의 실력이나 외모나 가정 형편이나 그 어떤 이유에서라도 자신을 폄하하거나 열등하게 여기면 안 된다. 그것은 불신앙이다. 키가 작아도, 집이 부자가 아니어도 괜찮다. 하나님이 내 모습 이대로 지으셨고, 하나님도 그런 나를 하나님을 위해 꼭 필요한 곳에 사용하실 것이다. 하나님은 다 필요해서 만드셨기 때문이다. 가장 중요한 것은 내가 가진 어떤 조건이 아니라 내가 얼마나 하나님을 믿고 의지하며 자신을 하나님께 드리느냐, 헌신하느냐 하는 것이다. 성경에서 하나님이 귀하게 쓰신 인물들 중에 "전교 1등 하였더라"는 기록은 어디에도 없다. 아브라함, 모세, 여호수아, 다윗, 베드로, 요한, 바울 등과 같은 위대한 믿음의 사람들 중에 그들이 가진 외적인 조건 때문에 하나님이 택하시고 쓰신 사람이 있는가? 없다. 그들이 다른 사람들과 구별되는 것은 오직 한 가지뿐이었다. 다름 아닌 그들이 하나님과 마음이 합하였고, 하나님을 향한 강렬한 열정과 자기 헌신과 신실함이 있었기 때문이다. 그런 그들을 하나님이 쓰셨다.

　세상의 기준과 이 시대의 정신을 따라 자신을 평가하려고 하니 자꾸 비교되고 열등감에 빠지고 의기소침하고 우울증에 시달리는 것이다. 하나님은 내 옆에 있는 형제, 자매들, 동료들을 비교의 대상으로 삼으라고 주신 것이 아니다. 우리는 누구와 비교해서 자신의 존재를 느끼고 정체성을 확인하는 것이 아니다. 내가 누구인가에 대하여 제일 정확하고 분명하게 확인할 수 있는 것은 내가 하나님 앞에 단독자로 있을 때이다. 그런고로 자신을 그 누구와도 비교하지 말라. 하나님과 사람들 앞에서 겸손하되, 하나님으로부터 부여받은 그 존귀한 가치에 대한 자부심은 잃지 않아야 한다. 우리는 자신이 가진 어떤 조건과 상관없이 모두 하나님께 존귀한 사람들이요 소중한 사람들이다. 그러므로 우리는 하나님이 나를 존귀하게 만드셨으며, 꼭 쓸데가 있어서 지으셨다는 사실을 마음에 새기고 그 누구와도 비교하지 말고 하나님 앞에서 단독자로 자신의 가치를 인정하는 바르고 당당한 하나님의 자녀들이 되어야 한다.

2. 다시 만드시는 하나님

　둘째, 하나님은 만드시는 하나님이실 뿐만 아니라 다시 만드시는 재창조의 하나님이시다. 본문은 우리가 "그리스도 예수 안에서 지으심을 받은 자"라고 말씀한다. 하나님은 자기의 형상을 따라 사람을 지으셨다. 그러나 그들이 범죄하여 타락했다. 그 결과 모든 자들이 허물과 죄로 죽은 자들이 되고 말았다(엡 2:1). 그러자 하나님은 우리를 구원하시기 위해 예수 그리스도를 이 땅에 보내셨고, 인류의 죄를 다 예수께 담당시키셔서 십자가에 못 박아 죽이셨다. 그리고 이 예수님을 믿는 모든 자에게 영원한 생명을 주셨다. 이렇게 십자가에 죽으시고 부활하신 예수님을 믿어 새 생명을 얻은 자가 바로 "그리스도 예수 안에서 지으심을 받은 자"이다. 그러므로 이 지으심은 하나님의 재창조를 의미한다.

하나님의 재창조는 주 예수 그리스도 안에서(엡 2:6, 7), 주 예수 그리스도로 말미암아(엡 1:5, 7; 2:18) 이루어졌다. 다시 말해 우리는 "우리를 위하여 자신을 버리시고 향기로운 제물과 희생제물로 하나님께 드린"(엡 5:2) 예수 그리스도의 피(엡 1:7; 2:13)로 다시 만들어진 하나님의 작품이다. 하나님은 처음 창조 시에 우리를 흙으로 만드시고 자기의 형상을 따라 만드심으로 보시기에 심히 좋은 작품이 되게 하셨다. 그러나 재창조 시에는 예수님의 몸과 피라는 재료를 사용하셔서 우리를 빚으셨다. 그러므로 우리가 예수님을 자신의 구주로 믿는다면, 즉 십자가에서 나의 죄를 위하여 죽으시고 장사되었다가 오히려 죽음을 죽이고 사흘 만에 부활하신 예수님을 믿는다면, 우리는 하나님이 그리스도 예수 안에서 다시 만드신 하나님의 작품인 것이다. 여기서 우리는 다시 우리의 가치를 발견하게 된다. 예수님을 믿는 사람은 하나님이 자기 아들 그리스도를 죽여서 다시 만든 하나님의 작품이다. 하나님은 우리를 다시 만들기 위해 하나밖에 없는 사랑하는 아들을 내어놓았다. 이 말은 하나님의 작품인 우리는 최소한 예수님과 바꿀 만큼의 가치를 가지고 있다는 뜻이다. 그러므로 우리는 최소한 예수님만큼의 가치 있는 자들이 되었다. 이것이 바로 예수님을 믿는 우리 각 사람의 진정한 가치이며, 이것이야 말로 "내가 누구인가?"에 대한 진정한 답이다.

이처럼 우리 하나님은 만드신 하나님이시며 다시 만드시는 하나님이시다. 이 사실은 하나님은 정적이지 않고 동적인 분이시라는 것을 우리에게 알려 준다. 만드시는 하나님은 살아 계신 하나님이시요 행동하시는 하나님이시며 일하시는 하나님이시다. 이런 까닭에 예수께서는 "내 아버지께서 이제까지 일하시니 나도 일한다."(요 5:17)고 말씀하신 것이다. 이러한 하나님으로 인해 우리에게는 소망이 있다. 왜냐하면 우리를 만드신 하나님께서는 우리의 생명뿐만 아니라 우리의 삶과 인격도 계속해서 새롭게 만들어 가실 것이기 때문이다. 하나님이 진행형이시기 때문에 우리도 진행형이다. 현재의 우리의 모습은 더 이상 변화될 수 없는 완성작이 아니다. 우리는 주님 나라에 들어가는 그 날까지 계속해서 새롭게 지어져갈 것이다(엡 2:22). 따라서 현재의 자신의 모습에 만족하지도 말고 실망하지도 말라. 우리는 그리스도 안에서 주님이 목적하신 자리까지 끊임없이 성장하고 자라갈 것이다. "우리가 다 … 그리스도의 장성한 분량이 충만한 데까지 이르리라"(엡 4:13). 때로 우리는 실패도 한다. 그러나 인간의 실패가 곧 하나님의 실패는 아니다. 하나님은 인간의 실패에 의해 제한을 받으시는 분도 아니다. 만드시는 하나님은 인간의 실패를 넘어서 더욱 새롭게 만들어 가시는 하나님이시다. 하나님은 우리가 실패한 그 자리에서 새로운 시작을 하시는 분이다. 그러므로 실패를 두려워 말고 나를 새롭게 만드실 주님에 대한 기대를 가지라. 주님을 믿고 의지함으로써 그리스도 안에서 성장과 변화의 아름다운 꿈을 꾸라. 그리할 때, 만드실 뿐만 아니라 만들어 가시는 하나님으로 인해 행복해 하는 예수님의 사람들이 될 것이다.

3. 목적을 가지고 만드시는 하나님

셋째, 하나님은 목적을 가지고 만드시는 분이시다. 본문은 우리가 "선한 일을 위하여" 지으심을 받았다고 증거 한다. 우리 하나님은 아무런 생각이나 목적 없이 행동하시는 분이 아니다. 하나님은 지혜와 지식의 하나님이시기 때문이다. 따라서 그분의 모든 행하심에는 다 목적과 뜻이 있다. 그러면 하나님은 무엇을 목적으로 우리를 다시 만드셨을까? 다시 말해 하나님이 우리를 통해서 이루실 선한 일이란 어떤 것일까? 여기서 말씀하는 "선한 일"은 흔히 말하는 도덕적인 행위를 의미하는 것이 아니라 성도가 마땅히 살아가야 하는 삶 전체로서, 하나님처럼 선하며 거룩하며 의롭게 되고 그렇게 사는 것을 가리킨다. 에베소서 4:22-24은 다음과 같이 말씀한다. "너희는 유혹의 욕심을 따라 썩어져 가는 구습을 따르는 옛 사람을 벗어 버리고 오직 너희의 심령이 새롭게 되어 하나님을 따라 의와 진리의 거룩함으로 지으심을 받은 새 사람을 입으라." 우리는 새 사람으로 지으심을 받되, "하나님을 따라" 새롭게 지으심을 받았다. 하나님은 재창조된 모든 그리스도인의 인격과 성품과 삶의 표준이시며 모범이시며 규범이시다. 그러므로 하나님이 우리를 재창조 하시면서 목적하신 선한 일이란 "하나님을 따라", 즉 하나님을 표준으로 하여 하나님처럼 의롭고 거룩하게 되어 하나님처럼 사는 것이다. 그래서 에베소서 5:1은 "하나님을 본받는 자가 되라"고 말씀하고 있다.

이 말씀을 좀 더 쉽게 풀이하면 우리는 하나님의 작품이되, 하나님을 나타내는 작품이어야 한다는 말이다. 모든 작품은 그것을 만든 제작자의 능력과 성품과 인격을 드러내게 되어 있다. 그래서 토기에게서 토기장이의 성품과 인격을 볼 수 있다. 우리는 자녀가 부모를 빼어 닮은 것을 보고 흔히 '붕어빵'이라고 말한다. 자식은 부모를 닮게 되어 있다. 우주만물이 하나님에 의해 만들어졌다. 그렇기 때문에 그 모든 것에는 하나님의 능력과 신성이 나타나 보여진다. "창세로부터 그의 보이지 아니하는 것들 곧 그의 영원하신 능력과 신성이 그가 만드신 만물에 분명히 보여 알려졌나니"(롬 1:20a). 자연도 이럴진대 하물며 하나님의 창조의 압권이자 예수 그리스도의 피 값으로 만들어진 우리에게서 하나님의 어떠하심이 보이지 않는다면 말이 되겠는가? 우리는 하나님에 의해 만들어진 하나님의 작품이다. 우리는 "하나님을 따라" 지음 받은 하나님의 '붕어빵'이다. 그런 까닭에 사람들이 우리를 볼 때 우리에게서 하나님이 어떤 분이신지를 느낄 수 있어야 하며 우리에게서 하나님의 영광을 볼 수 있어야 한다. 우리에게서 하나님이 보이고 하나님의 성품과 인격이 표현되어야 한다. 우리를 통해 믿지 않는 사람들이 하나님의 향기를 맡을 수 있어야 하고 그분의 사랑을 느낄 수 있어야 한다. 우리는 영광스러운 신분을 가지고 영광스러운 하나님을 상대하며 사는 사람들이다. 그러므로 우리는 우리의 삶과 인격을 통해서 하나님의 존귀와 영광을 나타내어야 한다.

하나님이 우리를 만드신 목적은 우리가 어떤 대학을 가며 어떤 직업을 가지며 어떤 일을 '하느냐' 보다는 우리가 어떤 사람이 '되느냐'에 초점이 맞추어져 있다. 좋은 사람이 되면 좋은 일을 하게 되어 있다. 좋은 나무가 좋은 열매를 맺는 것이다. 하나님은 우리가 이 땅에서 어떤 일을 하든지 하나님의 온전하신 성품을 표현하고 드러내는 자들이 되도록 하기 위해 우리를 재창조하셨다. "하늘에 계신 너희 아버지의 온전하심과 같이 너희도 온전하라"(마 5:48)는 말씀처럼 하나님께서는 이 땅에서 우리가 무엇을 하든지 하나님의 거룩하심을 따라 세상을 거룩하게 만들고, 죽음이 있는 곳에 생명을 일으키는 자들이 되도록 하기 위해 우리를 다시 만드셨다. 그리고 이를 통해서 하나님은 영광을 받으시길 원하신다.

4. 맺는 말

모든 사람에게 있어서, "나는 누구인가?"하는 자신의 정체성과 존재에 대한 질문은 너무나 중요하다. 그리고 이 질문에 대한 정확한 답은 하나님이 어떤 분인가에 대한 분명한 이해가 있을 때 주어진다. 하나님은 만드시는 하나님이시다. 하나님이 우리를 만드셨다. 하나님은 우리의 아버지이시요 우리는 하나님 의존적인 자들이며, 우리의 진정한 가치는 하나님으로부터 온다. 또한 하나님은 만드셨을 뿐만 아니라 다시 만드시는 분이다. 예수님을 죽이셔서 우리의 생명을 재창조하셨다. 우리는 이토록 비싸고 고귀한 가치를 지닌 하나님의 사람들이다. 또한 우리는 지금도 일하시는 진행형의 하나님으로 인해 무한한 가능성과 변화의 꿈을 꾸는 복된 사람들이며, 현재의 상황을 넘어서 끊임없이 도전하고 성장해 가는 사람들이다. 더 나아가서 하나님은 목적을 가지고 만드시는 분이시다. 그 목적은 우리의 인격과 성품과 삶이 하나님의 온전하심을 닮는 것이다.

싸구려는 오래될수록 가치가 떨어지지만 명품은 시간이 갈수록 진가를 더한다. 우리는 하나님의 작품이다. 따라서 그 무엇과도 비교할 수 없는 절대가치를 가진 최고 명품이다. 그러므로 세월이 갈수록 더욱 빛을 발해야 한다. 날마다 거룩함을 향한 변화와 성숙이 있어야 한다는 말이다. 어제나 오늘이나 만날 그 타령이면 그것은 명품의 모습이 아니다. 또한 제 아무리 명품이라도 흠집이 생기거나 깨어지면 그 가치를 잃어버린다. 음행과 탐심과 부도덕과 음란과 방탕에 자신을 내어놓지 말라. 유혹의 욕심을 따라 썩어져 가는 옛 습관을 벗어버리고 마음을 새롭게 하여 의와 진리와 거룩함을 추구하라. 세상의 악하고 더럽고 유혹하고 넘어지게 하는 모든 것으로부터 자신을 지켜 흠이 없게 하라. 모든 악독과 노함과 분냄과 비방하는 것과 도적질과 더러운 말과 악한 생각들을 내어 버리라. 그리하여 거룩한 작품으로서의 품위와 명성을 지켜나가라. 무엇을 하든지 하나님의 거룩하심과 온전하심을 선포하고 나타내라.

하나님의 백성인가 바로의 종인가?

출애굽기 5:1-9

1 그 후에 모세와 아론이 바로에게 가서 이르되 이스라엘의 하나님 여호와께서 이렇게 말씀하시기를 내 백성을 보내라 그러면 그들이 광야에서 내 앞에 절기를 지킬 것이니라 하셨나이다 2 바로가 이르되 여호와가 누구이기에 내가 그의 목소리를 듣고 이스라엘을 보내겠느냐 나는 여호와를 알지 못하니 이스라엘을 보내지 아니하리라 3 그들이 이르되 히브리인의 하나님이 우리에게 나타나셨은즉 우리가 광야로 사흘길쯤 가서 우리 하나님 여호와께 제사를 드리려 하오니 가도록 허락하소서 여호와께서 전염병이나 칼로 우리를 치실까 두려워하나이다 4 애굽 왕이 그들에게 이르되 모세와 아론아 너희가 어찌하여 백성의 노역을 쉬게 하려느냐 가서 너희의 노역이나 하라 5 바로가 또 이르되 이제 이 땅의 백성이 많아졌거늘 너희가 그들로 노역을 쉬게 하는도다 하고 6 바로가 그 날에 백성의 감독들과 기록원들에게 명령하여 이르되 7 너희는 백성에게 다시는 벽돌에 쓸 짚을 전과 같이 주지 말고 그들이 가서 스스로 짚을 줍게 하라 8 또 그들이 전에 만든 벽돌 수효대로 그들에게 만들게 하고 감하지 말라 그들이 게으르므로 소리 질러 이르기를 우리가 가서 우리 하나님께 제사를 드리자 하나니 9 그 사람들의 노동을 무겁게 함으로 수고롭게 하여 그들로 거짓말을 듣지 않게 하라

출애굽기 5장은 모세와 아론이 바로에게 하나님의 명령을 전하는 것(1)으로 시작한다. 이어서 하나님의 명령에 대한 바로의 반응(2-5)과 조치(6-14)가 설명되고, 나아가서 이스라엘 자손의 기록원들이 바로에게 호소(15-19)한 일과 모세와 아론을 원망(20-21)한 일, 그리고 마지막으로 하나님께 대한 모세의 탄원(22-23)을 기록하고 있다. 여기서 우리는 몇 가지 중요한 교훈을 받게 된다.

1. 내 백성

첫째는 하나님께서 이스라엘을 "내 백성"이라고 부르셨다는 것이다. 하나님은 모세와 아론을 통해 바로에게 "내 백성을 보내라"(1)고 명하심으로써 이스라엘 사람들을 "내 백성"이라고 칭하셨다. 그런데 이것은 하나님의 자존심이 굉장히 상하시는 일이다. 왜냐하면 지금 이스라엘 백성은 모두 바로의 '노예'로 살고 있기 때문이다. 그러므로 하나님께서 바로에게 이스라엘 백성을 가리켜 "내 백성"이라고 부르신 것은 "나는 네가 맘대로 부리고 있는 이 노예들의 왕이다."라고 말씀하시는 것이다. 당시에 노예는 한낱 짐짝 같고 짐승과 같은 존재로 취급되었다. 그런데 하나님이 그처럼 천하고 비길 데 없고 무력하기 짝이 없는 노예들의 왕이라 하니 바로가 하나님을 얼마나 우습고 하찮은 존재로 생각했겠는가? 한낱 피조물에 불과한 바로 앞에서 우주 만물을 만드시고 다스리시는 창조주 하나님이 말로 다 할 수 없는 멸시를 당하신 것이다. 그럼에도 불구하고 하나님은 기꺼이 '이 노예들이 내 백성이며, 나는 이 노예들의 왕'이라고 선언하셨다.

하나님께서 이스라엘을 "내 백성"이라고 일컬으신 것은 하나님이 이스라엘과 맺으신 언약의 핵심 내용이다(참고. 창 17:7; 출 6:10; 렘 26:12; 히 8:10 등). 여기서 우리는 상황을 초월하여 언약을 지키시는 하나님의 신실하심이 이스라엘로 하여금 하나님의 백성으로 존속하게 하며, 또한 하나님께서 이스라엘을 애굽에서 인도하여 내신 근본 동인이라는 사실을 확인하게 된다(출 2:23-25). 하나님은 이스라엘을 "버러지 같은 너 야곱아"(사 41:14)라고 부르셨지만 동시에 자신을 그 버러지 같은 "야곱의 왕"(사 41:21)이라고 말씀하셨다. 히브리서 11:16에서는 "하나님이 그들의 하나님이라 일컬음 받으심을 부끄러워하지 아니하셨다."고 말씀한다. 하나님은 자기 백성들이 어떠한 형편에 있든지 간에 단 한 번도 그들을 부끄러워하거나 모른다고 말씀하신 적이 없다. 하나님은 자기 백성을 영원토록 사랑하신다.

우리가 구원을 받아 하나님의 백성이 된 것도 이와 동일한 은혜에 근거하고 있다. 하나님은 죄의 종노릇하던 버러지 같은 우리에게 언약에 근거한 구원을 베푸시고 "내 백성"이라, "내가 택한 자라"(사 43:20)고 말씀하시기를 부끄러워하지 않으신다. 아니 하나님은 오히려 우리를 존귀한 자로 여기신다. 세상에 이보다 더 큰 은혜가 어디 있겠는가. 신자가 하나님께 감사해야 하는 궁극적인 이유가 바로 여기에 있다.

2. 바로의 반응

둘째는 하나님의 말씀에 대한 바로의 반응이다. 바로는 "내 백성을 보내서 그들이 광야에서 내 앞에 절기를 지키게 하라"(출 5:1)는 하나님의 명령을 듣자, "여호와가 누구이기에 내가 그의 목소리를 듣고 이스라엘을 보내겠느냐 나는 여호와를 알지 못하니 나는 이스라엘을 보내지 아니하리라"(출 5:2)고 말한다. 여기에서 바로는 하나님에 대한 그의 무지를 보여준다. 그는 "여호와가 누구냐?"라고 묻고 이어서 "나는 여호와를 알지 못한다."고 말한다. 바로는 여호와 하나님을 알지 못하는 자였다.

그런데 하나님에 대한 이러한 '무지'는 그것으로 끝나지 않고 하나님의 말씀을 '무시'하는 것으로 나아간다. 그는 "여호와가 누구이기에 그의 목소리를 듣고 이스라엘을 보내겠느냐 나는 여호와를 알지 못하니 이스라엘을 보내지 아니하리라"고 말한다. 막강한 권세와 힘을 가지고 살아 있는 신으로 추앙받던 바로는 여호와 하나님을 아주 하찮은 존재로 여겼다. 바로는 여호와 하나님을 알지 못했고 하나님을 무시했다. 무지가 무시로 이어진 것이다. 누구든지 하나님을 모르면 하나님을 무시하게 된다. 세상이 하나님을 두려워하지 않는 근본 원인도 하나님을 모르는 데 있다. 신자들도 하나님에 대한 지식이 없으면 방자하게 행하게 된다(참고. 잠 29:18).

이어서 바로는 하나님을 무시하는 반면에 자신을 매우 과시했다. 2절에서 그는 "내가 그의 목소리를 듣고 이스라엘을 보내겠느냐 나는 여호와를 알지 못하니 나는(개역개정역에는 빠져 있다) 이스라엘을 보내지 아니하리라"고 말했다. 그는 무려 세 번이나 "나는"을 말함으로써 자신을 매우 높이고 있다. 하나님에 대하여 무지한 바로는 하나님을 무시하고 멸시한 것과는 대조적으로 자신을 매우 과시하고 높였다. 이런 점에서 바로는 세상을 대표하는 자가 된다.

하지만 하나님의 말씀에 대한 바로의 부정적인 반응은 여기서 멈추지 않고 하나님의 백성들을 더욱 괴롭히는 것으로 확장된다. 바로는 이스라엘 백성들이 하나님을 섬기기 위해 광야로 나가겠다고 하는 것은 쉬고 싶어서(출 5:4, 5) 하는 술수이며, 게을러서(출 5:8, 17bis.) 하는 소리요, 거짓말을 하는 것(출 5:9)이라고 생각했다. 그러면서 그는 이스라엘 백성들이 벽돌을 만드는 데 필요한 재료인 짚을 주지 말되, 벽돌을 만들어 내는 양은 이전과 동일하게 하라고 감독들에게 명령한다. 이리하여 바로는 하나님을 무시하고 멸시할 뿐만 아니라 하나님의 백성들을 더욱 무시하고 멸시하며 핍박했다. 이것이 악한 세상의 특징이다. 세상은 하나님을 모르고 하나님을 무시하고 멸시할 뿐만 아니라 하나님의 백성이 하나님을 섬기지 못하도록 괴롭히고 핍박한다.

3. 이스라엘 백성의 반응

셋째는 바로의 처분에 대한 이스라엘 백성의 반응이다. 상황이 더욱 악해지자 이스라엘 자손의 기록원들은 바로를 찾아가서 호소한다(15). 이 때에 그들은 자신들을 '하나님의 백성'이라고 말하기는커녕 "당신의 종", 즉 바로의 종이라고 말한다. 그것도 무려 세 번이나(출 5:15, 16bis.) 연속적으로 반복함으로써 매우 강조하고 있다. 이것은 이스라엘 백성이 얼마 전에 하나님께 머리 숙여 경배한 모습(출 4:13)과는 극단적인 대조를 이룬다. 하나님께서는 노예로 살면서 인간 취급을 받지 못하는 이스라엘을 변함없이 "내 백성"이라고 인정하시나,

정작 이스라엘 백성은 자신들이 '바로의 종'이라고 강변한다. 이스라엘 백성은 고난이 가중되자 하나님의 백성이라는 그 존귀한 신분을 내팽겨치고 바로의 종으로 살기를 서슴지 않았다.

4. 맺는말

그런데 이상하게도 이스라엘의 이러한 모습은 우리에게 그리 낯설지 않다. 그 모습이 손해를 보고 불이익을 당할 것 같으면 세상에 굽실거리며 마치 세상의 노예인 것처럼 살아가는 현대의 그리스도인들과 많이 닮았기 때문이다. 하나님께서 어떤 망설임도 없이 우리를 내 백성, 내 자녀라고 말씀하시는 것처럼, 우리도 주저함 없이 하나님만이 나의 왕이시며, 나는 오직 하나님만을 섬긴다고 말하고 자랑할 수 있어야 한다. 하나님께서는 상황을 뛰어 넘어 우리를 당신의 백성으로 인정하신다. 우리 역시 어떠한 상황에서도 하나님의 백성이어야 하며, 하나님께만 소속되고 매인 자임을 고백해야 한다.

순종에 따르는 고난
출애굽기 17:1-7

1 이스라엘 자손의 온 회중이 여호와의 명령대로 신 광야에서 떠나 그 노정대로 행하여 르비딤에 장막을 쳤으나 백성이 마실 물이 없는지라 2 백성이 모세와 다투어 이르되 우리에게 물을 주어 마시게 하라 모세가 그들에게 이르되 너희가 어찌하여 나와 다투느냐 너희가 어찌하여 여호와를 시험하느냐 3 거기서 백성이 목이 말라 물을 찾으매 그들이 모세에게 대하여 원망하여 이르되 당신이 어찌하여 우리를 애굽에서 인도해 내어서 우리와 우리 자녀와 우리 가축이 목말라 죽게 하느냐 4 모세가 여호와께 부르짖어 이르되 내가 이 백성에게 어떻게 하리이까 그들이 조금 있으면 내게 돌을 던지겠나이다 5 여호와께서 모세에게 이르시되 백성 앞을 지나서 이스라엘 장로들을 데리고 나일 강을 치던 네 지팡이를 손에 잡고 가라 6 내가 호렙 산에 있는 그 반석 위 거기서 네 앞에 서리니 너는 그 반석을 치라 그것에서 물이 나오리니 백성이 마시리라 모세가 이스라엘 장로들의 목전에서 그대로 행하니라 7 그가 그 곳 이름을 맛사 또는 므리바라 불렀으니 이는 이스라엘 자손이 다투었음이요 또는 그들이 여호와를 시험하여 이르기를 여호와께서 우리 중에 계신가 안 계신가 하였음이더라

출애굽기 17장은 크게 두 가지 내용으로 되어 있다. 1-7절은 르비딤에서 물이 없어서 이스라엘 백성이 모세와 다툰 사건이고, 8-16절은 아말렉이 이스라엘을 쳐들어 와서 싸운 사건이다. 전자는 이스라엘 내부에서 일어난 다툼인 반면에 후자는 이스라엘 외부에서 온 적과의 싸움이다. 모세는 안팎으로 어려운 상황을 맞이하고 있다. 이러한 상황은 "밖으로는 다툼이요 안으로는 두려움이었노라"(고후 7:5b)는 바울의 말을 생각나게 한다. 그런데 모세는 서로 다른 이 두 가지 어려움

을 극복하기 위해 동일하게 하나님의 지팡이를 사용했다(5, 9). 본서에서는 1-7절을 중심으로 몇 가지 교훈을 생각해 보고자 한다.

1. 순종에 따르는 고난

첫째는 순종에 따르는 고난이다. 이스라엘 백성은 분명 하나님의 명령을 따라 애굽에서 나왔다. 그런데 나와 봤더니 평탄한 길이 아니라 사람이 도저히 건널 수 없는 홍해 바다가 가로막고 있다. 절망이다. 또한 모세가 홍해에서 이스라엘을 인도하여 수르 광야로 들어갔지만 물을 얻지 못했다(출 15:22). 게다가 이스라엘이 신 광야에 도착했는데 이번에는 양식이 없다(출 16:1-3). 그래서 백성들은 "이 광야로 우리를 인도해 내어 이 온 회중이 주려 죽게 하는도다."(출 16:3)라며 원망했다. 더 나아가서 이스라엘 자손이 "여호와의 명령대로" 신 광야에서 떠났고, "그 노정대로" 행하여 르비딤에 장막을 쳤으나 그곳에 마실 물이 없었다(출 17:1). 설상가상으로 이번에는 아말렉이 이스라엘을 공격해 왔다(출 17:8이하, 신 25:17 참조).

이스라엘 백성은 그들의 마음대로, 임의로 이동한 것이 분명 아니다. 그들은 오직 여호와의 명령을 따라 움직였다. 그래서 민수기 33:2에서는 "모세가 여호와의 명령대로 그 노정을 따라 그들이 진행한 것을 기록했다."고 말씀한다. 하지만 이렇게 순종한 그들에게 돌아온 것은 엄청난 고난이었다. 이스라엘 백성은 하나님의 말씀을 따르다가 죽음과 같은 고난을 당한 것이다. 말씀에 순종했더니 견디기 어려운 고난이 닥친 것이다.

그러면 이스라엘 백성이 순종함에도 불구하고 이처럼 고난을 당하는 근본적인 이유는 무엇인가? 그것은 그들이 애굽에서 나왔다는 데 있다. 만일 그들이 애굽에서 나오지 않았다면, 다시 말해 그들이 여전히 '애굽의 종'이라는 신분으로 살고 있었다면 광야에서 양식과 물이 없어 고생하는 이 어려움을 당하지 않았을 것이다. 이 사실은 그들이 고난을 당할 때마다 습관처럼 반복하는 "어찌하여 우리를 애굽에서 인도해 내었느냐"(출 14:11-12; 16:2-3; 17:3)는 원망에서 잘 드러난다. 이스라엘 백성이 고난을 당하는 이유는 애굽의 종이었던 그들이 하나님의 경이로운 부르심을 받고 애굽에서 건짐을 받아 하나님의 놀라운 영광에 참여하는 거룩한 백성이 되었기 때문이다. 그러므로 이 고난은 그들이 하나님의 백성임을 확증하는 표지였다.

2. 고난에 대한 이스라엘 백성의 반응

둘째는 이와 같은 고난에 대한 이스라엘 백성의 반응이다. 그것은 한 마디로 '원망'이다. 그들은 하나님의 인도하심이 자신들의 기대와 어긋났을 때 계속해서 원망했다(출 15:24; 16:2, 7bis., 8bis., 9, 12; 17:3). 게다가 이들의 원망은 그 대상과 정도에서 부정적인 변화가 있었다. 마라에서 물이 없었을 때에 이스라엘 백성은 모세를 원망했지만

(출 15:24) 신 광야에서 양식이 없을 때에는 모세와 아론을 원망했다 (출 16:2). 또한 이들은 모세와 다투고(출 17:2, 7), 모세를 원망하고(출 17:3), 결국에는 모세를 돌로 칠 지경에 이르렀다(출 17:4). 그들은 폭도로 변하기 일보직전까지 이르렀다. 이처럼 이스라엘 백성의 원망의 대상은 확대되고 그 정도는 점점 더 강해졌으며 그 방법도 과격해졌다.

그런데 모세를 향한 이스라엘 자손의 원망은 곧 하나님에 대한 원망이었다. 출애굽기 16:2에서 이스라엘 자손이 모세와 아론을 원망했다. 이것을 출애굽기 16:7, 8은 "여호와께서 너희가 '자기를' 향하여 원망함을 들으셨음이라"고 말씀한다. 나아가서 출애굽기 17:2, 7에서는 이 원망이 곧 여호와를 시험하는 것이라고 말씀한다(신 6:16 참조). 우리는 이와 같은 말씀을 다른 곳에서도 확인할 수 있다. 민수기 21:5에서 이스라엘 백성들은 하나님과 모세를 향하여 "어찌하여 우리를 애굽에서 인도해 내어 이 광야에서 죽게 하는가 이곳에는 먹을 것도 없고 물도 없도다."라며 원망했다. 그러자 하나님께서 불뱀들을 보내 백성을 물게 하셨고 죽은 자가 많았다. 이 사건을 두고 사도 바울은 고린도전서 10:9에서 "그들 가운데 어떤 사람들이 '주를 시험하다가' 뱀에게 멸망하였나니 우리는 그들과 같이 시험하지 말자"라고 말씀한다. 이처럼 모세를 원망한 것은 하나님을 원망한 것이고, 그것은 곧 하나님을 시험한 것이었다(시 78:18, 41, 56; 시 95:9; 시 106:14 참조). 그러므로 신자는 신자이기 때문에 당하는 고난을 구원받은 하나님의 백성 된 표지로 알아 원망하지 말고 도리어 감사하며 믿음으로 인내해야 한다.

3. 이스라엘 백성의 원망의 근원

셋째는 이스라엘 백성의 원망의 근원이다. 출애굽기 15:24은 "백성이 모세에게 원망하여 이르되 우리가 무엇을 마실까 하매"라고 기록하고 있고, 출애굽기 16:2, 3에서는 이스라엘 자손 온 회중이 "우리가 애굽 땅에서 고기 가마 곁에 있던 때와 떡을 배불리 먹던 때에 여호와의 손에 죽었더라면 좋았을 것을 너희가 이 광야로 우리를 인도해 내어 이 온 회중이 주려 죽게 하는도다."라며 모세와 아론을 원망했다. 그리고 출애굽기 7:3은 "백성이 목이 말라 물을 찾으매 그들이 모세에게 대하여 원망하여 이르되 당신이 어찌하여 우리를 애굽에서 인도해 내어서 우리와 우리 자녀와 우리 가축이 목말라 죽게 하느냐"고 말씀하고 있다.

우리는 이 말씀들에서 이스라엘 백성이 그들의 원망의 원인을 무엇에서 찾고 있는지를 확인하게 된다. 그들은 그들의 원망이 그들이 당한 고난 때문이라고 말하고 있다. 그들은 그들에게 먹고 마실 것이 없기 때문에 원망이 일어나는 것이라고 우겨대고 있다. 이것은 그들의 원망의 근원이 그들 속에 있는 것이 아니라 그들 밖에 있다는 강력한 항변이다. 하지만 이것은 단지 그들의 착각일 뿐이다. 이스라엘 백성은 그들의 필요가 다 채워졌을 때에도 원망을 끝내지 않았기 때문이다. 신명기 8:4에서 모세는 이스라엘을 향해 "이 40년 동안에 네 의복이 해어지지 아니하였고 네 발이 부르트지 아니하였느니라"고 말씀한다. 느헤미야 9:21에서도 "40년 동안 들에서 기르시되 부족함이 없게 하시므로 그 옷이 해어지지 아니하였고 발이 부르트지 아니하였사오며"라고 말씀한다. 이스라엘 백성들은 하나님을 대적하여 "하나님이 광야에서 식탁을 베푸실 수 있으랴"(시 78:19)고 말했지만, 하나님은 광야에서도 그들의 모든 필요를 다 채워주셨다. 그런데도 그들은 계속해서 범죄했고 원망을 멈추지 않았다. 그들은 계속해서 하나님께 범죄하여 메마른 땅에서 지존자를 배반하였다(시 78:17). 이에 대하여 시편 78:22은 "이는 하나님을 믿지 아니하고 그의 구원을 의지하지 아니한 때문이로다."라고 말씀한다. 따라서 이스라엘 백성의 원망의 근원은 그들의 환경이나 그들 외부에 있는 것이 아니라 그들 속에 있다. 그들은 끊임없이 죄를 뿜어내는 부패한 본성을 가진 멈추지 않는 악의 공장이었다.

4. 맺는 말

하나님이 출애굽 한 이스라엘 백성들로 하여금 고난을 당하게 하신 또 다른 이유가 바로 여기에 있다. 하나님은 고난을 통해 그들 속에 깊이 자리하고 있는 그들의 죄성을 들춰내기를 원하셨던 것이다. 하나님은 그들이 고난을 통하여 그들의 죄악 된 본성을 직시하고 그들이 얼마나 부패하고 완악하며 하나님의 거룩하심에서 얼마나 멀리 떨어져 있는지를 똑똑히 보기를 원하셨다. 하나님은 그들이 하나님의 은혜를 얼마나 쉽게 잊어버리며 얼마나 불순종하며 얼마나 빨리 하나님의 법에서 떠나며 죄악이 그들 속에 얼마나 깊이 자리하고 있는지를 고난을 통해 바로 깨닫기를 원하셨던 것이다. 따라서 신자는 원망이 일어날 때 자신의 죄인 됨을 깨닫고 두려움으로 돌아보고 회개의 기회로 삼아야 한다. 그리하여 하나님의 부르심과 거룩한 신분과 기업의 영광을 망각하는 일이 없도록 해야 할 것이다.

매인자의 평강

빌립보서 4:6-7

6 아무 것도 염려하지 말고 오직 모든 일에 기도와 간구로, 너희 구할 것을 감사함으로 하나님께 아뢰라 7 그리하면 모든 지각에 뛰어난 하나님의 평강이 그리스도 예수 안에서 너희 마음과 생각을 지키시리라

1. 성도의 현실

사람이 한평생을 사는 동안 넘어야 할 산은 참으로 많다. 기쁘고 좋은 날도 있지만 고통과 염려로 가득 찬 날들도 함께 있다. 물론 그리스도인이라고 해서 예외는 아니다. 빌립보서 4:6에서 바울 사도는 "염려하지 말라"고 말씀한다. 이 말씀은 성도에게도 염려하는 것이 있다는 것을 전제로 한 것이다. 염려하는 것은 하나님의 돌보심에 대한 신뢰의 결핍을 드러내는 것이기에 성도에게 옳은 일이 아니다. 그럼에도 불구하고 현실적으로 염려하는 것이 있을 수밖에 없다는 것을 보여준다. 그렇지만 바울 사도는 "너희는 염려하지 말라"고 명령한다. 게다가

"아무 것도" 염려하지 말라고 말씀한다. 조금도, 어떤 것도, 단 하나도, 전혀 염려하지 말라는 것이다. 이것은 걱정하는 것을 일절 중단하라는 명령이다. 사람이 어떻게 그럴 수 있는가? 우리는 살면서 돈 걱정, 자식 걱정, 부모 걱정, 사업과 건강과 진로와 취업과 미래에 대한 걱정 등으로 인해 자주 염려한다. 그런데도 사도 바울은 그 어떠한 처지나 형편에 있더라도 아무 것도 염려하지 말라고 명령하고 있다.

2. 바울의 모범

실제로 바울 사도 자신이 그렇게 했다. 빌립보서를 쓰고 있는 지금 그는 자유로운 몸이 아니다. 그는 감옥에 투옥되어 갇혀 있는 상태이다. 그래서 그는 빌립보서 1:7, 13, 14, 17에서 네 번 "나의 매임"을 말씀한다. 사도 바울이 이처럼 네 차례나 연거푸 자신의 매임을 언급하는 것은 그의 상황이 마치 동서남북 사방이 꽉 막혀 있는 것과 같다는 것을 의미한다. 그가 갇혀 있는 로마의 지하 감옥은 빛 한 줄기 들어오지 않는 매우 캄캄하고 축축한 곳이다. 그래서 온갖 벌레가 덤벼들며, 무엇보다도 폐병에 걸리기 쉬운 곳이다. 뿐만 아니라 시위대가 24시간 그를 감시하고 있다(빌 1:13). 탈출의 희망이 전혀 보이지 않는다. 더구나 언제 끌려 나가 사형을 당할지 모른다. 그는 지금 삶과 죽음 사이에 놓여 있다. 그래서 그는 빌립보서 1:20에서 "살든지 죽든지"라는 말을 서슴지 않고 했던 것이다(참조. 조병수, 『신약성경총론』,

325-326).

이처럼 바울은 지금 최악의 상황에 놓여 있다. 그런데도 그는 "너희는 기뻐하라"(빌 2:18; 3:1; 4:4)고 말씀하며, "너희는 염려하지 말라"고 명령한다. 이것은 바울 사도 자신이 그와 같은 절망적인 상황에서도 염려하지 않고 기뻐하고 있다는 것을 잘 보여준다. 왜냐하면 자신은 염려하고 걱정하면서 성도들에게 염려하지 말라고 말할 수는 없기 때문이다. 그래서 그는 매인 중에도 "내가 기뻐하고 또한 기뻐하리라"(빌 1:18), "나는 기뻐하고 너희 무리와 함께 기뻐하니"(빌 2:17), "이와 같이 너희도 기뻐하고 나와 함께 기뻐하라"(빌 2:18), "내가 주 안에서 크게 기뻐함은"(빌 4:10)이라고 말씀한다. 사도 바울이 이렇게 자신의 기쁨에 대하여 네 번 언급한 것은 그가 자신의 매임을 네 번 말함으로써 그의 감금이 완전한 감금임을 나타낸 것처럼 그의 기쁨도 온전하고 완전한 기쁨임을 보여주려는 것이다. 사도 바울은 완전한 감금상태에 있으나 완전한 기쁨으로 충만하다. 이것은 참으로 신비이다. 사람이 어떻게 이럴 수가 있을까? 사람이 염려하지 않겠다고 결단한다고 해서 자동으로 그렇게 되는 것이 아니다. 이제 또 다시 걱정하면 인간이 아니라고 결심한다 해서 마음에 기쁨이 샘솟아 나는 것도 아니다. 그러면 어떻게 해야 하는가? 어떻게 하면 바울 사도처럼 그러한 최악의 환경과 처지 속에서도 염려하지 않고 기뻐할 수 있을까? 우리는 본문에서 이와 관련하여 몇 가지 가르침을 받을 수 있다.

3. 염려하지 않는 비결: 하나님께 아뢰라

첫째는 염려하지 않는 비결이다. 6절을 보면 사도 바울은 "염려하지 말라"는 명령에 이어 또 하나의 명령을 한다. 그것은 "아뢰라"는 것이다. 6절은 "염려하지 말라 그러나 아뢰라"로 되어 있다. 이것은 염려와 대조되는 것이 '아뢰는 것'이라는 사실을 잘 보여 준다. 염려를 극복하기 위해서는 아뢰어야 한다. 기도와 간구로 알리는 것이 바로 성도의 '염려'에 대한 사도 바울의 대안이요 염려를 이기는 비결이다. 염려하지 않는 것은 가만히 있어서 되는 것이 아니고, 우리의 구할 것을, 필요를 알릴 때 비로소 가능하다.

(1) 기도의 대상

그런데 이 때 무엇보다도 중요한 것은 누구에게 알리느냐 하는 것이다. 염려가 생길 때 누구에게 알려야 할까? 바울은 "하나님께" 알리라고 말씀한다. 그는 6, 7절에 반복하여 '하나님'을 말함으로써 이 사실을 강조하고 있다. 염려가 생길 때 여기저기 돌아다니며 사람에게 알리지 말고 하나님께 알리라는 것이다. 나의 염려가 하나님의 염려가 되게 하라는 것이다. 하나님을 향하여 정면으로 바라보라는 것이다. 또한 이 말은 염려를 가지고 하나님과 함께 있으라는 뜻이기도 하다. 하나님은 우리가 사람을 의지하지 말아야 할 것과 그 이유에 대하여 다음과 같이 말씀하셨다. "방백들을 의지하지 말며 도울 힘이 없는 인생도 의지하지 말지니 그 호흡이 끊어지면 흙으로 돌아가서 당일에 그 도모가 소멸하리로다"(시 146:3-4). 또한 "너희는 인생을 의지하지 말라 그의 호흡이 코에 있나니 수에 칠 가치가 어디 있느뇨"(사 2:22). 인생의 호흡은 코에 있고, 그 호흡이 끊어지면 곧장 흙덩이가 되고 마는 무력한 존재이기 때문에 수에 칠 가치도 없으며, 의지할 대상도 되지 못한다. 그래서 시편 기자는 인생을 의지하는 대신에 "야곱의 하나님으로 자기 도움을 삼으며 여호와 자기 하나님에게 그 소망을 두는 자는 복이 있도다."(시 146:5)라고 이어서 고백하는 것이다.

우리는 하나님께서 사람을 통하여 일하시는 분인 줄 믿는다. 그럼에도 불구하고 우리의 형편을 가장 먼저 알려야 할 대상은 사람이 아니라 오직 하나님이다. 하나님을 뒤로 한 채 사람을 찾아 다녀 보라. 다니면 다닐수록 실망할 때가 많다. 참으로 우리의 처지와 염려를 아뢰고 호소해야 할 분은 하나님 한 분 뿐이다. 그러면 우리 하나님은 어떤 분이신가? 우리 하나님은 모든 지각에 뛰어나신(참조. 2:3; 3:8; 빌 4:7) 분이시며 모든 생각과 지혜와 사상과 계획을 초월하시는 분이시다. 그래서 고린도전서 1:25에서는 "하나님의 미련한 것이 사람보다 지혜 있고 하나님의 약한 것이 사람보다 강하니라"고 하신 것이다. 그러므로 우리는 하나님께 우리의 염려거리를 알려야 한다. 이 알리는 방법이 바로 기도요 간구이다. 기도와 간구는 성도가 자신의 염려와 걱정과 고통을 주께 알리는 방편이요 수단이다.

(2) 기도의 내용

그런데 사도 바울은 기도와 간구에 한 가지 수식어를 붙인다. 그것은 "모든 일"이다. 6절은 다시 "아무 것도"와 "모든 일"을 대조시키고 있다. 아무 것도 염려하지 말라는 말은 그저 넋 놓고 멍하니 있으라는 뜻이 아니고 우리의 삶의 '모든' 것을 하나님께 아뢰고 하나님을 믿고 의지하며 살라는 것이다. 그러므로 "이것은 내가 염려해야 할 일이고 저것은 기도할 일이다."라고 생각하면 잘못이다. "아니, 이런 사소한 것까지도 기도해야 하는가"라고 하는 것은 겸손인 것 같지만 사실은 아니다. 왜냐하면 성경은 "아무 것도" 단 하나도 염려하지 말라고 말씀하며, 대신 "모든 일"에 기도와 간구로 하나님께 아뢰라고 말씀하기 때문이다.

그러므로 우리가 염려해야 할 것은 없으며, 모두 기도해야 할 것들이다. 예외는 없다. 만일 어떤 필요와 위협을 느낄 때 그것을 해결하는 방법을 세상에서 찾는다면 그것은 염려로 나타난다. 그러나 하나님으로부터 찾을 때 그것은 기도와 간구로 나타날 것이다. 이렇게 모든 일에 기도하는 것은 삶 전체를 하나님께 의탁하고 의지하는 신앙의 고백이요, 하나님의 주권과 위대하심을 인정하는 것이며, 하나님께 모든 문제의 해결책이 있으며, 하나님께서 자기 백성을 친히 돌보신다는 믿음의 표현이다.

(3) 기도의 태도

그러면 우리는 이렇게 기도할 때 어떤 마음의 태도를 지녀야 할까? 그것은 감사이다. 사도 바울은 "감사함으로" 아뢰라고 말씀한다. 그런데, 과연 염려 중에 감사할 수 있을까? 할 수 있으니까 감사하라고 말쓸한 것 아니겠는가? 그러면 어떻게 해야 염려 중에도 감사함으로 기도할 수 있을까? 그것은 하나님이 어떤 분인지를 아는 것이다. 하나님은 어떤 분인가? 하나님은 "모든 지각에 뛰어난"(7) 분이다. 여기에 사용된 "뛰어나다"는 말은 그리스도 예수님을 아는 지식이 "가장 고상하다"(빌 3:8)고 할 때 사용된 바로 그 단어이다. 예수 그리스도를 아는 지식은 세상의 어떤 지식과 비교하여 상대적으로 우월함을 의미하는 것이 아니다. 이 지식은 세상의 모든 지식을 뛰어 넘는 초월적인 지식이요 그 무엇과도 견줄 수 없는 절대적인 지식이다. 이와 마찬가지로 우리 하나님은 모든 지각에 뛰어나신(참조. 2:3; 3:8; 빌 4:7) 분이시다. 그 어떤 지식보다도 그리스도 예수님을 아는 지식이 가장 고상하여 세상의 그 어떤 지식도 그리스도에 관한 지식에 감히 견줄 수 없는 것처럼, 하나님은 그 누구의 생각이나 마음이나 이해도 감히 견주거나 넘어설 수 없는 분이며, 존재하는 모든 것 위에 "뛰어난" 분이시다.

이런 분이시기에 하나님은 우리가 염려하는 모든 문제와 필요를 알고 계시고 이해하고 계신다. 하나님은 우리의 모든 생각보다 뛰어나신 분이요 모든 마음을 알고 계시는 분이다. 그러므로 하나님은 우리의 염려를 맡기기에 가장 완전하고 합당한 적임자이며, 우리는 그 분께 감사함으로 기도할 수 있다. "현재의 이 상황 속에서도 하나님은 능력이 크신 분이라는 사실로 인해 하나님께 감사하면서 기도하는 것은 염려의 종식을 의미하는 것이다. 염려하는 것은 우리 자신이 괴로워하고, 탄식하며, 우리의 앞을 살피려고 하는 것이다. 그러나 감사하는 것은 하나님이 모든 지각에 뛰어나심을 믿고 모든 일에 하나님이 활동하시도록 자리를 내어 드리고, 우리의 근심을 하나님의 보살핌에 맡기는 것이다. 그리할 때 우리의 염려는 숨겨지거나 억제되지 않고 하나님께 열려지고 그 앞에 펼쳐지게 될 것이다(Barth)."

(4) 아룀의 결과: 하나님의 평강

이와 같이 우리가 염려하지 않을 수 있는 비결은 우리의 염려거리를 하나님께 알리는 것이다. 이어서 본문은 두 번째 교훈을 우리에게 주시는데, 그것은 염려를 하나님께 아뢸 때 주어지는 결과가 무엇이냐 하는 것이다. 그것은 바로 "하나님의 평강"(7)이다. 사도 바울은 감사함으로 하나님께 아뢰면 그 응답으로 하나님의 평강이 임한다고 말씀한다. 어떻게 보면 이것은 전혀 엉뚱한 기도응답처럼 보인다. 사도는 우리가 기도하면 우리가 구한 그대로 모든 것이 응답될 것이라고 말씀하지 않는다. 이 사실은 매우 중요하다.

기도는 하나님을 흔들어서 그 의지를 바꾸어 내가 원하는 바를 얻는 것이 아니라 하나님의 의지 앞에 나의 의지를 바꾸는 것이다. 기도는 하나님을 흔드는 것이 아니라 나를 흔드는 것이다. 염려로 가득했던 나를 기쁨과 평강으로 바꾸는 것, 이것이 바로 기도이다. 하나님에 의하여 내가 변화되는 것이 기도의 응답이다. 성경은 염려하지 말고 하나님께 아뢰면 문제가 해결된다고 말씀하지 않는다. 하나님께 구하면 구한 그대로 모든 것을 주신다고 말씀하지도 않는다. 대신 하나님의 평강을 약속하셨다. 하나님의 처방은 언제나 고급하고 고차원적이요 우리의 상상을 뛰어 넘는다. 대부분의 사람들은 구하는 것을 얻으면 평강이 오고 그렇지 않으면 염려하게 된다고 생각한다. 만일 그렇다면 우리는 평생 하나님의 평강을 맛보지 못할 수도 있다. 우리에게는 언제나 부족함이 있기 때문이다. 그러나 기도하는 자에게는 '염려거리'가 사라지지 않고 여전히 남아 있다 하더라도 모든 '염려'는 사라지고 말로 다 할 수 없는 하나님의 평강이 넘치게 된다. 이것이 바로 세상 사람이 절대로 알 수 없는 기도하는 성도의 신비요, 성도의 기도의 비밀이다.

사도 바울이 그러했다. 그는 여전히 감옥 속에 있다. 살 소망이 보이지 않는다. 그의 환경과 처지는 조금도 달라지지 않았고 문제는 그대로 남아 있다. 겉으로 보기에는 여전히 염려할 수밖에 없는 최악의 상황이다. 그러나 놀랍게도 그는 평강과 기쁨으로 충만하다(빌 1:4; 2:17; 4:10). 이러한 평강은 우리 안에서 나올 수도 없고 우리가 만들어 낼 수도 없다. 그것은 오직 하늘로부터 부어지는 "하나님의" 평강이다. 이것은 모든 지각에 뛰어난 하나님이 소유하시는 평강이요, 하늘의 하나님이 베푸시는 평강이다. 그래서 빌립보서 4:9은 하나님을 "평강의 하나님"이라고 부른다. 이 평강은 세상이 줄 수 없는 것이요 물질이 제공할 수 없는, 오직 하나님만이 주시는 '하나님의' 평강이다. 그러므로 기도는 그 무엇과도 바꿀 수 없는 성도의 특권이요 자랑이요 기쁨이다.

(5) 하나님의 평강의 기능: 마음과 생각을 지킴

이처럼 우리가 염려하지 않고 오직 하나님께 아뢰면 하나님은 우리에게 하나님의 평강을 주신다. 그러면 이러한 하나님의 평강이 주어지면 우리에게 어떤 유익이 있을까? 이것이 본문의 세 번째 교훈이다. 그것은 하나님의 평강이 우리의 마음과 우리의 생각을 지킨다는 것이다. 여기서 '지킨다'는 말은 군사용어이다. 이것은 마치 로마 군인들이 성읍을 물샐틈없이 지키고 있는 모습을 연상케 한다. 하나님의 평강은 우리의 마음과 우리의 생각에 염려와 근심과 불안과 걱정이 침입하지 못하도록 물샐틈없이 단단히 지킨다. 하나님의 평강이 우리의 지식, 기쁨, 사랑, 고통, 욕구, 사고, 이해와 의지를 지킨다. 그리고 우리의 모든 '생각'을 지킨다.

여기서 우리는 중요한 사실 한 가지를 깨닫게 된다. 그것은 우리의 염려의 원인이 우리 외부에 있지 않고 우리 안에 있다는 것이다. 왜냐하면 성경은 우리가 염려하지 않도록 하기 위해 하나님이 우리의 외적인 환경을 지키신다고 말씀하지 않고 우리의 "마음과 생각을 지키신다."고 말씀하기 때문이다. 아무 것도 염려하지 않는 대신에 감사함으로 하나님께 구하면 하나님이 응답하신다. 그 응답은 우리가 원하는 모든 것을 그대로 주시는 것이 아니라, 모든 지각에 뛰어난 하나님의 평강이 우리의 마음과 생각을 지키시는 것이다. 하나님의 기도응답의 핵심은 우리의 마음과 생각에 있다. 왜냐하면 그곳에서부터 염려와 걱정이 나오기 때문이다. 염려의 진원지는 환경이나 여건이 아니라 우리의 마음과 생각이다. 염려는 환경에서부터 시작되어 우리 안으로 들어오는 것이 아니라, 우리의 마음에서부터 시작하여 우리의 생각을 통해 자라난다. 그렇기 때문에 하나님의 평강은 우리의 환경이나 여건을 지키시지 않고 우리의 마음과 생각을 지키시는 것이다. 또한 하나님의 평강은 우리의 마음과 생각을 지키되 "그리스도 예수 안"에서 지키신다. 하나님의 평강은 오직 그리스도 예수님의 품안에서 쉼을 발견한 영혼에게만 주어지는 평강이기 때문이다. 그 평강은 우리를 둘러싸고 있는 빽빽한 염려의 구름과 근심의 폭풍우가 빼앗아 갈 수 없는 평강이요, 모든 환경을 초월하는 평강이다. 그러기에 하나님의 평강은 모든 지각을 능가하는 뛰어난 평강이다.

염려는 우리 안에서부터 나오고 평강은 우리 밖으로부터 주어진다. 염려는 땅에 속한 것이요 하나님의 평강은 하늘에 속한 것이다. 따라서 성도는 환경을 보고 원망하거나 염려해서는 안 된다. 우리가 염려하고 원망하는 것은 우리의 마음과 생각을 지키지 못했기 때문이지 단순히 환경 때문만은 아니다. 따라서 이제 우리는 상황을 보고 염려의 한숨을 쉴 것이 아니라 기도와 간구로 우리의 염려거리를 하나님께 아룀으로써 하나님의 평강을 누려야 한다. 문제가 해결되고 상황이 좋아지면 염려하지 않고 기뻐할 수 있을까? 아마 그럴 수도 있을 것이다. 그러나 그것은 예수님 밖에 있는 불신자도 할 수 있는 것이며, 무엇보다 그것은 진정한 기쁨도 아니고 참된 평강도 아니다. 그러므로 성도인 우리는 환경이 좋아지면 염려가 사라질 것이라는 환상에서 깨어나, 로마의 감옥 속에서 "살든지 죽든지"해야 하는 생사의 갈림길에서도 염려하지 않고 기뻐할 수 있었던 바울의 기도의 비밀과 능력을 배워야 한다. 우리는 '매였으나 평강을 누리는' 사도의 신앙의 비결을 배워야 한다.

4. 맺는 말

성도는 이 땅에 있지만 하늘에 속한 사람이요 세상에 살지만 하나님 나라의 시민이다(빌 3:20). 그러면 하늘 백성이 가지고 있는 세상 사람들과의 다른 모습은 무엇인가? 그 중의 하나는 모든 일에 아무 것도 염려하지 않고 기도함으로써 하나님의 평강을 누리는 것이다. 우리에게도 세상 사람들과 동일한 어려움이 있고 염려거리가 쌓여 있다. 하지만 저들처럼 염려하지 않고 하나님의 평강을 누릴 수 있는 것은 모든 지각에 뛰어난 하나님께 감사함으로 기도하기 때문이다. 우리에게는 어떤 상황, 어떤 일에 대하여도 염려하거나 걱정할 권한이 없다. 우리에게는 오직 '기도하라'는 명령만이 있을 뿐이다. 어떤 사람이 걱정하는가? 바보스럽고 못난 사람이 아니라 스스로 똑똑하고 지각이 있다고 생각하는 사람이 걱정한다. 스스로 겸비하여 능력도, 지각도, 힘도 없다고 생각하는 사람은 하나님께 엎드린다. 하나님의 지각이 최고의 것인 줄 믿는 사람이 걱정하지 않고 모든 것을 하나님께 맡기고 기도한다. 그러나 뭔가 자신이 할 수 있다고 생각하는 사람은 하나님께 맡기지 못하고 걱정한다. 이것은 불신앙이다. 따라서 계산이 밝은 것이 때로는 신앙과 하나님의 일에 장애가 된다. 하나님의 은혜와 모든 지각에 뛰어난 하나님의 전능하심을 믿고 의지하기보다 자신의 지각만 의지하여 산술적 계산을 앞세우게 되면 도리어 걱정과 근심이 생기고 그로 인해 하나님의 평강을 잃게 되며 하나님의 일을 제대로 이루지 못하게 된다. 주님의 일을 할 때도 걱정으로

할 것이 아니라, 기도함으로써 모든 생각을 초월하시는 그분의 전능하심을 믿고 의지하여 평강을 누리는 가운데 행하여야 한다.

우리는 다음의 세 단어를 기억해야 한다. "염려하지 말라", "아뢰라", "지키실 것이다." 성도는 아무 것도 염려하지 말고 오직 하나님께 기도해야 한다. 그리할 때 하나님의 평강이 주어질 것이며, 그 평강이 우리의 마음과 생각을 지켜 주실 것이다. 염려하는 것은 우리의 소관이 아니다. 우리는 단지 하나님께 기도하고 간구하면 된다. 그리하면 하나님이 그리스도 안에서 우리의 마음과 생각을 지키실 것이기 때문이다. 바울 사도가 빌립보 성도들에게 염려를 중단하라고 말한 것은 그들이 당하고 있는 고난과 괴로움을 가볍게 여겼기 때문이 결코 아니다. 오히려 그 짐이 사람이 감당하기에 무거운 줄 알기 때문에 염려하지 말고 전능하신 하나님께 기도하라고 하는 것이다. 기도는 염려에서 벗어나 하늘 평강을 누리는 하나님의 은혜의 방편임을 기억하자. 우리는 기도와 간구로 모든 염려거리를 하나님께 아룀으로써 하나님의 평강으로 충만하게 되어야 한다. 이것은 예수님 밖에 있는 사람이 절대로 알 수 없는 성도만의 신비요 비밀이요 능력이다. 우리는 매였으나 평강으로 넘치고, 묶였으나 기쁨으로 충만한 기도의 비밀을 알아 '매인 자의 평강'과 '묶인 자의 기쁨'을 누리고 있음을 다른 사람들에게 말할 수 있어야 할 것이다.

06장

주인의 신뢰

마태복음 25:14-30

14 또 어떤 사람이 타국에 갈 때 그 종들을 불러 자기 소유를 맡김과 같으니 15 각각 그 재능대로 한 사람에게는 금 다섯 달란트를, 한 사람에게는 두 달란트를, 한 사람에게는 한 달란트를 주고 떠났더니 16 다섯 달란트 받은 자는 바로 가서 그것으로 장사하여 또 다섯 달란트를 남기고 17 두 달란트를 받은 자도 그같이 하여 또 두 달란트를 남겼으되 18 한 달란트 받은 자는 가서 땅을 파고 그 주인의 돈을 감추어 두었더니 19 오랜 후에 그 종들의 주인이 돌아와 그들과 결산할새 20 다섯 달란트 받았던 자는 다섯 달란트를 더 가지고 와서 이르되 주인이여 내게 다섯 달란트를 주셨는데 보소서 내가 또 다섯 달란트를 남겼나이다 21 그 주인이 이르되 잘 하였도다 착하고 충성된 종아 네가 적은 일에 충성하였으매 내가 많은 것을 네게 맡기리니 네 주인의 즐거움에 참여할지어다 하고 22 두 달란트 받았던 자도 와서 이르되 주인이여 내게 두 달란트를 주셨는데 보소서 내가 또 두 달란트를 남겼나이다 23 그 주인이 이르되 잘 하였도다 착하고 충성된 종아 네가 적은 일에 충성하였으매 내가 많은 것을 네게 맡기리니 네 주인의 즐거움에 참여할지어다 하고 24 한 달란트 받았던 자는 와서 이르되 주여 당신은 굳은 사람이라 심지 않은 데서 거두고 헤치지 않은 데서 모으는 줄을 내가 알았으므로 25 두려워하여 나가서 당신의 달란트를 땅에 감추어 두었었나이다 보소서 당신의 것을 가지셨나이다 26 그 주인이 대답하여 이르되 악하고 게으른 종아 나는 심지 않은 데서 거두고 헤치지 않은 데서 모으는 줄로 네가 알았느냐 27 그러면 네가 마땅히 내 돈을 취리하는 자들에게나 맡겼다가 내가 돌아와서 내 원금과 이자를 받게 하였을 것이니라 28 그에게서 그 한 달란트를 빼앗아 열 달란트 가진 자에게 주라 29 무릇 있는 자는 받아 풍족하게 되고 없는 자는 그 있는 것까지 빼앗기리라 30 이 무익한 종을 바깥 어두운 데로 내쫓으라 거기서 슬피 울며 이를 갈리라 하니라

하나님께서 우리에게 베풀어주신 은혜를 이야기할 때 빼놓으면 안 되는 것은 하나님이 우리를 구원하셨을 뿐만 아니라 우리를 교회를 위한 일꾼으로 삼으셨다는 것이다. 그래서 우리는 매일같이 하나님

이 기뻐하시는 순종과 헌신과 충성의 삶을 살겠노라고 다짐하고 기도한다. 이러한 계획과 결심은 참으로 귀하고 소중하다. 그러나 우리의 결심과 결단은 대체로 오래가지 못하며, 처음 열심을 끝까지 지속하기가 쉽지 않은 것이 현실이다. 그러면 어떻게 해야 우리는 어떤 상황에서도 한결같이 주님이 맡겨주신 사명을 충성되게 감당할 수 있을까? 이를 알기 위해서는 무엇보다도 먼저 주를 향한 우리의 열심과 헌신이 무엇에서 시작되어야 하는지를 점검해야 한다. 예수께서는 오늘 본문인 '달란트 비유'를 통해서 이에 대하여 분명하게 가르쳐 주신다.

1. 달란트 비유

어떤 사람이 타국에 갈 때 그의 종들을 불렀다. 그리고 세 명의 종에게 각각 그 능력에 따라 다섯 달란트, 두 달란트, 한 달란트를 주고 떠났다. 달란트는 돈의 단위(원래는 무게의 단위)이다. 그러면 주인이 종들에게 준 이 돈은 얼마나 되는 금액일까? 한 달란트는 6000데나리온이다. 그리고 한 데나리온은 당시의 노동자의 하루 품삯이었다(참고. 마 20:2). 따라서 일 년 365일 중 300일을 일한다고 생각하면 한 달란트는 무려 20년 동안을 일해서 한 푼도 안 쓰고 모아야만 겨우 만질 수 있는 엄청나게 많은 돈이다. 그러므로 두 달란트는 40년을 수고해야 얻을 수 있는 금액이요, 다섯 달란트는 자그마치 100년

일해야 모을 수 있는 금액이다. 이것은 실로 어마어마한 양의 돈이요 재산이다.

　이렇게 말하니 느낌이 잘 오지 않는다. 그래서 오늘날 우리의 상황과 맞추어 보는 것이 본문을 이해하는 데 도움이 될 것이다. 어떤 사람의 월급이 250만 원 정도 된다고 하자. 그러면 그의 일 년치 연봉은 3천만 원이 된다. 이럴 경우에 한 달란트는 6억 원이고, 두 달란트는 12억 원이며, 다섯 달란트는 30억 원이 된다. 그리고 주인이 종들에게 준 달란트를 모두 합치면 여덟 달란트인데 이것은 무려 48억 원이나 되는 어마어마한 돈이다. 그런데 주인은 이 엄청난 돈을 누구에게 맡겼는가? 그는 이자를 주는 은행에 맡긴 것도 아니며, 투자 전문가인 펀드 매니저에게 맡긴 것도 아니다. 그는 이 엄청난 돈을 그의 종들에게 주었다. 이와 관련하여 만일 우리가 예수 당시에 종이 어떤 존재였는지를 알게 되면 이것은 정말 대단히 놀라운 일이라는 것을 깨닫게 된다.

　고대에는 세 종류의 재산이 있었다. 첫째는 이동할 수 있는 재산인 동산이며, 둘째는 이동할 수 없는 재산인 부동산이다. 그리고 셋째는 살아 있는 재산이다. 살아 있는 재산은 다시 두 가지로 나누어지는데 하나는 살아 있으나 말을 하지 못하는 재산인 가축이요 다른 하나는 살아 있으면서 말을 하는 재산인 노예, 즉 종이다. 그러므로 당시에 종은 밭뙈기나 짐짝이나 가축과 같은 재산에 지나지 않았다. 종은 참으로 비참한 존재였다. 종은 인격이 아니었으며, 어떤 권리나 자유도 없는 단지 재산에 불과했다. 그런데 주인은 가축과 같아 단지 재산에 지나지 않는 종들에게 한 달란트, 두 달란트, 다섯 달란트라는 그 어마어마한 양의 돈을 맡겼던 것이다. 주인은 짐짝과 같이 비참한 종들에게 평생을 써도 다 쓸 수 없는 엄청난 양의 돈을 맡겼다. 그런데도 주인은 이러한 상당한 금액을 "적은 일"(21, 23)이라고 부른다. 이것은 매우 놀라운 일이다. 바로 여기에 주인의 은혜가 있다.

2. 주인의 신뢰

그렇다면 주인은 도대체 무엇을 근거로 짐승과 같은 종들에게 이 엄청난 돈을 주었을까? 그 이유는 오직 하나밖에 없을 것이다. 그것은 바로 종들에 대한 '주인의 신뢰'이다. 주인은 자기 종들이 자신의 의중대로 잘해 줄 것이라고 믿고 신뢰했기 때문에 그렇게 할 수 있었을 것이다. 왜냐하면 여덟 달란트라는 돈은 가끔 재미 삼아 투자했다가, 또는 종들의 충성을 테스트하는 실험용으로 사용했다가 다 날려 버려도 그만인 그런 사소한 액수가 아니기 때문이다. 그것은 믿지 못하면 절대로 맡길 수 없는 큰돈이었다.

그러므로 예수께서 하신 이 비유의 핵심은 종들의 충성과 불충에 있는 것이 아니라 짐짝과 같은 그 비천한 종들에 대한 '주인의 신뢰'에 있다. 이 사실이 강조되어야 한다. 이것을 놓치면 이 비유는 한낱 도덕적 교훈에 지나지 않는다. 종들에 대한 주인의 신뢰가 있었기에 주인에 대한 종들의 충성도 있었다. 하늘같이 높으신 주인이 나같이 비천한 자를 믿고 그 엄청난 것을 맡기셨다는 사실을 종들이 깨달을 때 그들은 충성할 수 있었다.

3. 참된 충성의 출처

우리의 주인인 하나님께서도 짐짝 같고 짐승 같은 우리에게 하나님의 피로 사신 교회(행 20:28)를 섬기는 영광스러운 직분을 맡기셨으며 사명과 은사를 주셨다. 이것은 우리가 잘 나서가 아니라 하나님이 우리를 믿고 신뢰하시기 때문이다. 그러나 하나님이 나를 신뢰하신다는 말은 참으로 감당하기 황송하다. 과연 나는 하나님이 믿으실 만한 자인가? 우리의 속을 들여다보면 절대로 그렇지 못하다. 신실한 구석이라고는 찾아보기 힘든 것이 인생이기 때문이다. 그럼에도 불구하고 하나님은 그러한 우리를 믿고 신뢰하신다. 짐승 같은 자들에 대한 하나님의 인정과 믿음은 한결 같고 변함이 없다.

우리는 이러한 예를 성경에서 얼마든지 찾아 볼 수 있다. 바울은 "나를 능하게 하신 그리스도 예수 우리 주께 내가 감사함은 나를 충성되이 여겨 내게 직분을 맡기심이니"(딤전 1:12-14)라고 말씀하였다. 이것은 하나님께서 죄인의 두목인 바울을 신뢰하여 그에게 직분을 맡기셨다는 것이다. 예수께서는 자기를 배반하고 부인한 제자들에게 땅 끝까지 복음을 전하라는 엄청난 일을 위탁하셨다. 어찌 보면 성공할 확률이 거의 없는 무모한 모험을 하신 것 같다. 그러나 주님은 그들을 믿고 맡겼다. 하나님은 자신의 말씀을 거부하고 달아난 선지자 요나를 돌이키셨다. 그리고 그에게 또 한 번의 기회를 주셨다. 하나님은 그를 믿고 하나님의 일을 맡기신 것이다. 하나님은 순전하고 정직하여 하나님을 경외하며 악에서 떠난 신실한 종 욥을 신뢰하셨다. 그래서 하나님은 욥을 시험하겠다는 사탄에게 "어디 한 번 해 볼 테면 해 보라"고 자신 있게 말씀하셨던 것이다. 욥은 그 신뢰를 깨뜨리지 않았다. 그리하여 욥은 하나님을 대적하는 자에게 하나님의 자랑거리와 하나님의 자부심이 되었던 것이다.

우리는 죄인 중의 괴수(딤전 1:15) 정도가 아니라 괴수 중의 괴수이다. 그런데도 하나님은 우리에게 엄청난 것들을 맡기신다. 하나님은 그런 우리에게 무엇을 맡기셨는가? 달란트와는 비교조차 할 수 없는 절대적 가치를 가진 교회와 영혼들을 맡기셨다. 이 절대적 가치 때문에 사도 바울은 "내가 너희 영혼을 위하여 크게 기뻐함으로 재물을 사용하고 또 내 자신까지 내어 주리니"(고후 12:15)라고 말씀한 것이다. 그런데 하나님은 이렇게 귀하고 소중한 교회를, 사람을, 영혼을 미련하고 게으르고 이기적이고 자기중심적이며 짐승과 같은 우리에게도 맡기셨다. 어떻게 그럴 수 있었을까? 그 이유는 오직 하나, 하나님이 우리를 믿으시기 때문이다. 하나님은 나를 믿어주시며 나에게 기대를 가지고 계신다. 우리는 우리에 대한 하나님의 이 신뢰와 믿음을 바로 알 때, 비로소 충성된 종으로 살기를 소원하며 교회를 위한 최선의 수고를 아끼지 않게 된다. 하나님께 대한 우리의 참된 충성의 출처는 쉽게 식고 마는 우리 자신의 열심이나 한 때의 충동이 아니라 우리에 대한 하나님의 무한한 신뢰이다.

4. 종들에 대한 주인의 평가 기준

이와 관련하여 생각해 보아야 할 것은 우리가 우리에 대한 하나님의 믿음을 알고 그 믿음에 대한 신실한 응답으로 충성을 다하는 데에는 우리가 가진 것의 많고 적음이나 학식의 많고 적음과 같은 것이 문제가 되지 않는다는 것이다. 이것은 주인이 종들에게 달란트를 맡기는 과정과 그 이후에 있은 결과에 대한 주인의 평가에서 분명하게 드러난다.

주인은 여덟 달란트나 되는 엄청난 재산을 각각 다르게 세 명의 종에게 맡겼다. 이렇게 다르게 맡긴 기준은 그들의 '재능'에 따른 것이었다. "각각 그 재능에 따라"(마 25:15). 이 재능은 '능력'이라는 말이다. 주인은 종들의 능력에 따라 각각 나누어 맡겼다. 사람들은 주인의 이러한 처사에 불만을 가질 수도 있을 것이다. "누구는 다섯 달란트 주고 누구는 두 달란트 주고 또 누구는 한 달란트 주냐? 이것은 너무나 불공평하다"라고 말이다. 그러나 주인의 평가를 보면 이런 불만은 있을 수 없다. 왜냐하면 다섯 달란트 받아 다섯 달란트를 남긴 종과 두 달란트를 받아 두 달란트를 남긴 종에게 주어진 주인의 평가와 칭찬은 글자하나 다르지 않고 똑같기 때문이다(21, 23). 그것은 둘 다 "잘 하였도다 착하고 충성된 종아 네가 적은 일에 충성하였으매 내가 많은 것을 네게 맡기리니 네 주인의 즐거움에 참여할지어다."라고 되어 있다. 이 사실은 주인의 평가가 종들이 장사하여 남긴 돈의 양이 아니라 그들이 자신들에 대한 주인의 믿음을 알고, 그것에 합당하게 반응했느냐에 의해 결정된다는 것을 보여 준다.

하나님은 개인의 능력의 차이를 인정하신다. 그러나 그 능력으로 사람을 차별하지는 않으신다. 차이와 차별은 다른 것이다. 하나님에게는 일등만 인정받는 이 세상의 가치체계와 시대정신이 비집고 들어갈 틈이 없다. 하나님이 우리 각인에게 맡기신 것의 분량과 종류는 분명히 다르다. 하나님은 개인의 능력의 차이를 인정하고 그것에 맞게 일을 맡기신다. 그러나 차등은 두지 않는다. 그러므로 우리에 대한 하나님의 평가는 일등이냐 이등이냐는 식의 숫자 놀음, 순서 매기기가 아니다. 하나님이 그의 종들을 평가하는 기준은 오직 한 가지뿐이다. 그것은 종들이 그들에 대한 하나님의 신뢰를 알고 그것에 합당하게 반응하는 것이다. 이것은 한 달란트 받은 사람의 문제가 무엇이었는지를 살펴보면 더욱 분명해 진다.

두 달란트 받은 종과 다섯 달란트 받은 종은 주인이 떠나자마자 지체하지 않고 '바로'(16) 갔다. 충성된 종은 세월을 아끼는 사람이요 시간을 잘 활용하는 자임을 알 수 있다. 그들은 그렇게 가서 장사하여 각각 배의 이익을 남겨 주인의 신뢰에 합당한 충성을 다하였다(21, 23). 그러나 한 달란트 받은 종은 주인으로부터 악하고 게으른 종이라는 혹평을 받았다(26). 그 이유는 무엇일까? 그는 24-25절에서 "주인이여 당신은 굳은 사람이라 심지 않은 데서 거두고 헤치지 않은 데서 모으는 줄을 내가 알았으므로 두려워하여 나가서 당신의 달란트를 땅에 감추어 두었었나이다."라고 말하였다. 한 마디로 그는 주인을 불로소득을 구하는 악한 사람으로 생각한 것이다. 이처럼 그는 자신에 대한 주인의 신뢰와 믿음과 기대를 깨닫지 못했고, 오히려 주인을 스스로 일하지 않으면서 이익을 얻으려는 못된 성품의 사람으로 규정하여 그를 두려워했다. 이렇게 볼 때 이 종이 책망을 들은 근본적인 이유는 가축과 같은 자신을 믿어 준 주인의 믿음과 그를 신뢰하는 주인의 성품을 이해하지 못했기 때문이다(26b-27). 주인은 종을 믿고 신뢰했으나 종은 주인을 믿고 신뢰하지 않았던 것이다.

우리는 교회에서 여러 가지 직분을 받아 교회를 섬기고 있다. 우리 모두는 이 직분을 맡을 때 정말 잘 감당하여 하나님께 기쁨이 되겠노라 다짐했을 것이다. 그리고 우리의 이 결심이 열매를 맺기 위해서는 우리에게 주어진 직분이 우리 자신의 열심에서가 아니라 우리에 대한 주님의 믿음과 신뢰에서 시작된 것임을 잊지 않아야 한다. 주님은 우리를 믿으시고 충성되게 여기셔서 교회의 직분을 맡기셨고 교회를 섬기게 하셨다. 주님은 우리가 이 모든 일에 충성할 줄로 믿고 그렇게 하신 것이다. 우리 모두는 우리에게 대한 주님의 이러한 신뢰와 믿음을 알고 기억함으로써 우리에게 주어진 직분을 끝까지 잘 감당하여 주님으로부터 칭찬받는 종들이 되어야 한다.

5. 맺는 말

본문의 달란트 비유는 마태복음 25장에 나오는 세 가지 종말에 관한 비유 중의 하나이다. 주인은 떠난 지 '오랜 후에'(19) 돌아와서 그의 종들과 결산을 했다. 예수께서 떠나신지 오랜 시간이 지났다. 우리는 주님이 다시 오실 날이 언제인지는 알 수 없다. 그러나 주님이 오실 때 주님과 결산해야 할 우리는 한 날 한 날을 우리에 대한 주님의 믿음에 신실하게 반응함으로써 더욱 충성되게 살아야 할 것이다. 주님은 오늘도 우리를 믿으시고, 오늘도 우리가 잘해 줄 거라는 기대를 가지고 계신다. 주님에게는 우리에 대한 믿음과 기대가 있다. 우리가 주께 충성하며 교회를 열심히 섬기는 근본 동기는, 그 뿌리는, 그 근원은 우리 안에 있는 것이 아니라 하나님이 우리를 믿고 우리를 신뢰하시며 우리에게 기대를 가지고 계신다는 사실에 있다. 우리는 이것을 정확하게 알아야 교만해지지 않는다. 모든 신자는 자신을 향한 하나님의 이와 같은 믿음과 기대를 알고 기억할 때 충성스러운 삶을 살 수 있다.

07장

이것이 의로우니라

에베소서 6:1-4

2 네 아버지와 어머니를 공경하라 이것은 약속이 있는 첫 계명이니 3 이로써 네가 잘되고 땅에서 장수하리라 4 또 아비들아 너희 자녀를 노엽게 하지 말고 오직 주의 교훈과 훈계로 양육하라

1. 자녀들아(1a)

(1) 세상의 모든 자녀

사도 바울은 본문을 "자녀들아"라는 말로 시작한다. 여기서 자녀라 함은 일차적으로는 이 세상에 있는 모든 자녀들을 의미한다. 부모를 공경하는 것은 어떤 특별한 사람들에게만 해당되는 것이 아니라 인류의 보편적인 윤리이기 때문이다. 부모공경은 인간이라면 누구나 예외 없이 마땅히 해야 할 본분이며, 심지어는 짐승 중에서도 있는 일이다. 부모공경은 하나님께서 인간의 마음에 새기신 자연법에 속하는 것이며, 기독교 윤리에만 한정되는 것이 아니라 어느 시대 어느 사회에서나 동일하게 강조되고 있다. 헬라나 로마 같은 이교도의 도

덕 선생들도 이것을 가르쳤다. 유교에서도 특히 효를 강조한다. 그러므로 부모공경은 동서고금을 막론하고 언제 어디서나 부모의 권세를 필수적인 것으로 인정한다. 부모공경은 세상의 모든 자녀들이 행하여야 할 보편적인 인간윤리이다.

(2) 빛의 자녀

그런데 본문에서 말씀하는 '자녀'는 이와 같은 세상의 모든 자녀들뿐만 아니라 어떤 특별한 자녀들에 대하여 말씀하고 있다. 그것은 "빛의 자녀"들이다. 에베소서에 의하면 두 종류의 자녀가 있다. 하나는 '진노의 자녀'이다. 이들은 육체의 욕심을 따라 지내며 육체와 마음이 원하는 것을 행하는 자들이다(엡 2:3). 이는 불신자들을 의미한다. 다른 하나는 '빛의 자녀'이다. 이들도 전에는 어두움에 있었다. 하지만 이제는 하나님의 사랑을 입고(엡 5:1), 주 안에서 빛이 되었으며(엡 5:8), 하나님을 본받는 자들이 되었다(엡 5:1). 그러므로 이들은 이제 빛의 자녀로 행하여야 한다(엡 5:8). 일반 자녀들도 부모를 공경한다면 하물며 주 안에 있는 빛의 자녀들이 부모에게 순종하고 부모를 공경해야 하는 것은 너무나도 당연한 일이다. 이렇게 볼 때, 성도에게 있어서 효도는 단순히 인본적인 윤리 도덕이나 인간 덕목의 문제가 아니라 주 안에서의 문제요, 빛의 문제요, 구원의 문제이며, 신앙의 고백인 것이다.

2. 순종하라(1b)

이어서 바울 사도는 이와 같은 빛의 자녀들에게 주 안에서 자신의 부모에게 순종하라고 명령한다(1b). 이것은 명령이기에 반드시 지켜야만 하는 것이다. 여기에서 우리는 "순종"이라는 단어를 사용한 것에 특별한 주의를 기울여야 한다. 이것은 부모가 자녀에 대하여 권위를 가진다는 것을 의미한다. 자녀는 부모의 권위를 인정해야 한다. 반항이나 고집으로 부모의 권위를 무시하는 자들은 사람이 아니라 짐승이다(참조. Calvin, 「기독교강요」 2, 8, 36).

오늘날 사회 전반에서 스승과 제자, 어른과 아이 등등의 관계에서 권위가 사라지고 있는 것은 가정에서 자녀들이 부모에게 순종하지 않기 때문이다. 부모가 권위를 상실함으로써 사회 전반에 권위가 상실되고 있다. 부모에 대한 순종이 깨어짐으로써 사회에서는 어떤 권위도 인정되지 않는다. 순종에 대한 사도 바울의 요구 앞에서 모든 그리스도인은 부모님께 순종할 것을 새롭게 다짐해야 한다. 그리고 부모에게 순종하지 않는 이는 자기 자녀로부터도 순종을 기대하지 말아야 할 것이다.

(1) 주 안에서(1b)

그런데 바울 사도는 부모님께 순종하되, "주 안에서" 순종하라고 명령한다. 이 말에는 세 가지 정도의 의미가 있다.

① 순종이 그리스도와 관련됨

첫째로, 이것은 성도의 순종이 그리스도와 관계되어 있다는 뜻이다. 성도가 부모를 공경해야 하는 이유는 단순히 인간적으로 부모와 자녀의 관계이기 때문만이 아니다. 이미 앞에서 말한 바와 같이, 자녀가 부모에게 순종해야 하는 근본적인 이유는 주님과의 관계 때문이다. 이것이 중요하다. 자녀의 부모에 대한 순종에는 그리스도께서 개입해 계신다. 자녀들의 순종은 모든 민족들에게 주어진 자연법칙일 뿐만 아니라, 하나님께서 권위로 세우신 섭리이기 때문이다(Calvin). 이것이 "주 안에서"라는 말의 일차적인 의미이다. 그러므로 우리가 부모에게 순종하기 위하여 먼저 확인해야 할 것은 우리 자신과 그리스도와의 관계이다. 자녀의 부모공경은 그리스도와의 관계에 근거하고 있다. 그리스도를 진정으로 경외하는 자가 비로소 부모에게 진정으로 순종한다. 효도하는 자녀가 되기 위해서는 하나님을 참으로 경외하는 성도가 되어야 한다. 그리고 자녀로부터 효도 받기 원하는 부모는 먼저 자녀에게 하나님 경외하는 법을 가르쳐야 한다. 그렇지 않으면 효도를 기대하기 어렵다.

② 순종의 제한과 범위

둘째로, "주 안에서"라는 말은 부모에 대한 순종의 제한과 범위를 알려 주는 것이다. 부모에 대한 순종은 무제한적인 것이 아니며, 선을 넘어서는 것도 아니다. "안에서"라는 말은 제한과 범위를 의미하는 것이기 때문이다. 그러면 부모에게 순종하지 않아도 되는 경우는 어떤 것일까? 이에 대하여는 크게 두 가지를 생각할 수 있다. 하나는 부모가 예수님을 믿지 못하게 하는 것이고 다른 하나는 부모가 범죄를 강요하는 것이다. 이 때에는 오히려 순종하지 않아야 한다. 주님과의 바른 관계가 인간과의 바른 관계보다 우선하기 때문이다. 자녀는 이것 외에는 어떤 경우에도 부모에게 순종해야 한다(참조. 박형용, 『에베소서 주해』, 1998, 244-245).

③ 구속적 의미

셋째로, "주 안에서"라는 말은 부모에 대한 순종이 하나님의 구속과 관련되어 있다는 것을 의미한다. 에베소서에는 "안에"라는 말이 매우 많이 나오는데, 예수님과 관련하여 무려 약 33회나 사용되었다. 구체적인 내용을 보면 "그리스도 안에"(엡 1:3, 4, 7, 9, 10, 12, 20; 4:32), "그의 사랑하시는 자 안에"(엡 1:6), "그리스도 예수 안에"(엡 1:1; 2:6, 7, 10, 13; 3:6, 11, 21), "그 안에"(엡 1:11, 13; 3:12; 4:21, 30), "주 예수 안에"(엡 1:15), "자기의 안에"(엡 2:15), "주 안에"(엡 2:21; 4:1, 17; 5:8; 6:1, 10, 21), "예수 안에"(엡 2:22; 4:21) 등이다. 이들 모두는 "주 안에"라는 말로 정리될 수 있으며, 삼위일체 하나님의 선택, 구속, 예정, 통일, 영원한 기업, 재창조, 교회, 후사, 지체들을 설명하는 데 사용되었다. 그렇기 때문에 "주 안에서"라는 말은 삼위일체 하나님이 행하신 구원을 설명하는 전문용어이다. 따라서 하나님의 자녀들이 "주 안에서" 부모님께 순종하는 것은 단순히 자연적이고 인륜적인 도덕행위 정도가 아니다. 그것은 하나님이 창세 전에 계획하시고(엡 1:4) 예수 그리스도를 통하여 이루신 구원에 직접적으로 관련된 매우 중요한 가치와 의미를 가진 행위이다. 성도의 효도는 하나님이 이루신 구원을 표현하고, 자신이 구원받은 백성임을 증거 하는 대단히 중요한 구속사적 의미를 가지고 있다.

우리는 이 사실을 구약성경에서도 확인할 수 있다. 부모를 공경하라는 명령은 십계명에 포함되어 있다. 그런데 하나님은 십계명을 주시기에 앞서 "나는 너를 애굽 땅, 종 되었던 집에서 인도하여 낸 너의 하나님 여호와로라"는 말씀을 먼저 주셨다(출 20:2; 신 5:6). 이것은 하나님이 십계명을 주시기에 앞서 이스라엘의 구원을 확인하는 것이다. 여기에는 최소한 두 가지 의미가 있다. 먼저, 십계명은 구원하신 자의 권위로 명하여지는 것이라는 뜻이다. 따라서 모든 성도는 구원받은 자로서 십계명을 지킴으로 자신을 구원하신 하나님의 권위에 순복함을 나타내야 한다. 또한 십계명은 애굽 땅에서 종으로 살다가 이제는 자유를 얻은 자들에게 주어진 명령이다. 십계명을 받은 이스라엘은 지금까지는 애굽에서 종으로 살았으나 앞으로는 가나안에서 자유롭게 살게 될 것이다.

그렇다고 해서 그들이 제 맘대로 본성을 따라 살아도 된다는 것은 아니다. 오히려 그들은 그들의 구원자가 주신 십계명을 지킴으로써 자신들이 애굽 사람들과 다르며 가나안 사람들과도 구별되는 하나님의 거룩한 백성이라는 것을 보여 주어야 한다. 이것이 참된 자유인의 모습이다. 그런데 이러한 십계명 안에 부모공경이 들어 있다. 그러므로 모든 성도는 자신의 부모를 공경함으로써 자신을 구원하신 하나님께 대한 순종을 나타내야 하고, 또한 부모공경을 통하여 거룩한 백성으로서의 구별된 표지를 확인하고 증거 해야 한다. 이것 역시 부모공경이 구속사적 의미를 갖는 것을 보여 준다. 따라서 에베소서의 말씀과 정확하게 일치한다.

(2) 성령 충만의 결과

그런데 사도 바울은 이와 같이 빛의 자녀들이 주 안에서 행하는 부모공경은 특별한 것이 아니라 지극히 정상적이고 일상적이며 마땅한 것이라고 말씀한다. 왜냐하면 성도의 부모공경은 바로 성도들의 일상의 삶인 성령 충만의 모습이기 때문이다. 부모를 순종하라는 말씀은 성령 충만의 모습이 무엇인지를 설명하는 내용 중에 들어 있다. 에베소서 5:18은 "성령의 충만을 받으라"고 말씀한다. 그리고 에베소서 5:19-6:9은 성령 충만의 모습이 무엇인지에 대한 자세한 설명이다. 성령 충만이란 어떤 신비로운 경험이 아니라 지극히 일상적이고 정상적인 관계의 삶을 의미한다. 이 관계는 위로는 하나님과의 관계이며 옆으로는 사람들과의 관계이다. 하나님께 대한 바른 관계는 마음으로 주께 노래하며 찬송하는 것이며(엡 5:19b), 예수님의 이름으로 주께 감사하는 것이다(엡 5:20). 그리고 사람들에 대한 바른 관계는 서로 시와 찬미와 신령한 노래로 말하는 것과(엡 5:19a), 그리스도를 경외함으로 피차 복종하는 것이다(엡 5:21).

그런데 사도 바울은 이 피차 복종하는 것이 무엇인지에 대하여 다시 세 가지로 나누어 설명한다. 여기에는 부부간의 피차복종(엡 5:22-

33)과 자녀와 부모간의 피차복종(엡 6:1-4), 그리고 종과 상전간의 피차복종(엡 6:5-9)이 있다. 따라서 자녀가 부모에 순종하는 것은 성령 충만의 결과 중 하나인 피차 복종 가운데 두 번째 항목에 해당된다. 여기서 우리는 다시 한 번 성도가 부모에게 순종하는 것은 단순히 인간의 본성에 따른 것이 아니라 그리스도께서 행하신 구원과 관련되며, 구원받은 자의 성령 충만한 삶의 자연스런 모습이라는 것을 알게 된다. 결국 성령 충만한 사람이 부모를 공경한다. 부모공경은 성령 충만한지 아닌지를 판단하는 중요한 척도가 된다.

3. 하나님의 의의 표출

이어서 사도 바울은 이 모든 것을 통합하여 다음과 같이 한 마디로 정리한다. "이것이 옳으니라"(1b). 그런데 이 말은 부모를 순종해야 하는 최종적인 이유이기도 하다. 앞에서 말한 것처럼 부모를 순종해야 하는데, 왜냐하면 그렇게 하는 것이 옳기 때문이라는 것이다. 여기서 '옳다'라는 말은 일차적으로 그렇게 하는 것이 지극히 타당하다, 합당하다, 마땅하다는 의미로 볼 수도 있다. 하지만 여기에는 그 이상의 중요한 의미가 있다. "옳으니라"는 단어는 원래 '의롭다'라는 뜻이다. 그런데 에베소서 4:22-24은 "너희는 유혹의 욕심을 따라 썩어져 가는 구습을 좇는 옛 사람을 벗어 버리고 오직 심령으로 새롭게 되어 하나님을 따라 의와 진리의 거룩함으로 지으심을 받은 새 사람을 입으라."

고 말씀한다(참고. 엡 5:9; 6:14). 여기에 사용된 '의'라는 말이 바로 "옳으니라"와 같은 어원을 가지고 있다. 구원받은 성도는 하나님의 의를 소유한 새 사람이다. 그리고 마땅히 그는 하나님으로부터 받은 의를 표현해야 하는데, 부모공경이 바로 그러한 모습이라는 말이다. 빛의 자녀인 우리는 주 안에서 우리의 부모에게 순종해야 한다. 왜냐하면 그것이 우리가 하나님으로부터 받은 의의 한 특징이기 때문이다.

사도 바울은 이 사실을 로마서에서도 동일하게 말씀한다. 그는 로마서 1:18-3:20에서 모든 인간의 죄악을 고발하는 중에 다음과 같은 말씀을 한다. "비방하는 자요 하나님께서 미워하시는 자요 능욕하는 자요 교만한 자요 자랑하는 자요 악을 도모하는 자요 부모를 거역하는 자요"(롬 1:30). 하나님의 진노의 심판을 받아 마땅한 온 인류의 죄악을 밝히는 죄목 중에 부모를 거역하는 죄가 포함되어 있다. 그러나 이렇게 부모를 거역하던 죄인도 그리스도를 믿으면 하나님의 의를 전가 받아 의로운 자가 된다. 그러므로 예수님을 믿는 사람은, 그래서 의롭게 된 사람은 이제 부모를 거역하던 이전의 죄를 버리고 부모를 공경해야 한다. 이것이 의인된 사람의 의로운 삶이며, 본문이 말하는 "옳으니라", 즉 "의로우니라"는 말에 합당한 삶이다. 이처럼 하나님으로부터 의로움을 받은 성도는 부모에게 순종함으로써 하나님의 의를 뿜어내고 표출하는 생활을 해야 한다. 하나님의 의는 단순히 개념이나 사상이나 공허한 이론이 아니라 인격이요 성품이며 삶이요 실제이기 때문이다.

4. 현실 적용

그러면 어떻게 순종하는 것이 하나님이 원하시는 부모순종이며 하나님의 의를 실천하는 것일까? 본문은 이에 대한 구체적인 지혜를 두 가지 정도 알려준다.

(1) 조건 없는 공경(2a)

첫째는 부모의 상황이나 상태나 행위와 관계없이 순종하고 공경해야 한다. 본문에서 사도 바울은 "너희 부모"를 순종하고(1b), "네 아버지와 어머니"를 공경하라(2a)고 말씀한다. 우리는 부모라는 말 앞에 '너희'라는 말 말고는 다른 어떤 단서도 붙어있지 않았다는 것에 유의해야 한다. 다시 말해 너희 '좋은' 부모나, '건강한' 부모나, '행실이 바른' 부모만 공경하라고 말씀하지 않는다는 것이다. 자녀들은 부모가 가지고 있는 다른 어떤 조건과 상관없이 단지 부모라는 사실 하나만으로 순종하고 존경해야 한다는 말씀이다. 자녀는 부모에게 있을 수도 있는 가난이나 무지나 병약함이나 난처한 행위와 상관없이 부모에게 순종하고 공경해야 한다. 성도는 부모가 어떤 직업을 가지고 있든지, 어떤 형편에 있든지 상관없이 효도해야 한다.

(2) 각인에게 맞도록

둘째는 부모님 각자에게 맞도록 공경해야 한다. 사도는 1절에서 "너희 '부모'를 순종하라"고 말씀한다. 아버지와 어머니를 부모라는 말로 총칭한 것은 부모 가운데 그 누구도 소홀히 여겨져서는 안 된다는 것을 보여 준다. 부모님은 똑같이 공경을 받아야 한다. 때로는 아버지가 어머니에 비해 자녀들에게 덜 친근하고 정이 덜 할 수 있다. 그래서 자녀들은 아버지를 피하고 어머니에게만 잘 할 수도 있다. 하지만 그렇게 하면 안 되고 똑같이 순종하라는 것이다. 이에 반해 2절에서는 '부모'라는 말 대신에 "너의 아버지, 그리고 어머니"를 공경하라고 말씀한다. 이것은 부모를 똑같이 순종하되, 그 방법이나 내용에 있어서는 아버지와 어머니 각인에게 어울리는 공경이 있어야 함을 말하는 것이다. 아버지는 아버지로서의 인격과 형편이 있고, 어머니는 어머니로서의 인격과 형편이 있다. 그러므로 자녀는 부모를 공경할 때 아버지와 어머니의 인격과 형편을 잘 살펴야 한다. 아버지에게 드려야 할 공경을 어머니에게 드린다든가, 어머니에게 드려야 할 공경을 아버지에게 드리는 것은 부모의 인격과 형편을 조금도 생각하지 않은 채 자기 중심으로 공경하는 것에 지나지 않는다. 부모를 공경하되, 세심한 배려와 관심이 필요하다는 말씀이다.

6. 맺는 말

부모에게 순종하고 공경하는 것은 하나님의 명령이자 예수께서 친히 본을 보여 주신 것이다. 예수께서는 그 십자가 고통 속에서도 마지막까지 육신의 어머니를 염려하셨다. "예수께서 자기의 어머니와 사랑하시는 제자가 곁에 서 있는 것을 보시고 자기 어머니께 말씀하시되 여자여 보소서 아들이니이다 하시고 또 그 제자에게 이르시되 보라 네 어머니라 하신대 그때부터 그 제자가 자기 집에 모시니라"(요 19:26-27). 하나님의 자녀는 부모에게 순종하라는 하나님의 명령과 부모를 공경하신 예수님의 본을 따라야 한다. 왜냐하면 이것이 하나님의 의로움이기 때문이다. 우리는 빛의 자녀이며, 삼위일체 하나님의 예정과 선택과 구원을 받은 자이며, 또한 성령으로 충만하여야 하는 자이다. 특히 우리는 하나님의 의로우심을 값없이 받아 하나님의 의를 소유한 자이다. 그러므로 우리가 부모님께 순종하는 것은 우리가 빛의 자녀이며, 하나님의 구원을 받은 자요, 성령 충만한 자이며, 하나님으로부터 의롭다함을 받은 자라는 사실을 나타내는 증거요 증명이며 신앙의 고백이다.

신자의 부모순종과 공경은 인본적인 윤리, 도덕, 인류의 덕목 차원을 넘어서 구속사적 전망을 갖는 놀랍고도 위대한 일이다. 이 때문에 부모공경은 근본적으로 사람과의 일이 아니라 하나님과의 일이다. 신자에게 있어서 효도는 윤리 도덕이 아니라 기독교 신학이며 신앙이다. 신자는 부모공경을 실천함으로써 하나님이 의로우시다는 것을 나타낼 뿐만 아니라 그를 믿는 자신도 의롭다는 것을 증거 하며 살아야 한다(롬 3:26).

하늘나라 시민의 생활

빌립보서 1:27-2:8

27 오직 너희는 그리스도의 복음에 합당하게 생활하라 이는 내가 너희에게 가 보나 떠나 있으나 너희가 한마음으로 서서 한 뜻으로 복음의 신앙을 위하여 협력하는 것과 28 무슨 일에든지 대적하는 자들 때문에 두려워하지 아니하는 이 일을 듣고자 함이라 이것이 그들에게는 멸망의 증거요 너희에게는 구원의 증거니 이는 하나님께로부터 난 것이라 29 그리스도를 위하여 너희에게 은혜를 주신 것은 다만 그를 믿을 뿐 아니라 또한 그를 위하여 고난도 받게 하려 하심이라 30 너희에게도 그와 같은 싸움이 있으니 너희가 내 안에서 본 바요 이제도 내 안에서 듣는 바니라 2:1 그러므로 그리스도 안에 무슨 권면이나 사랑의 무슨 위로나 성령의 무슨 교제나 긍휼이나 자비가 있거든 2 마음을 같이하여 같은 사랑을 가지고 뜻을 합하며 한마음을 품어 3 아무 일에든지 다툼이나 허영으로 하지 말고 오직 겸손한 마음으로 각각 자기보다 남을 낫게 여기고 4 각각 자기 일을 돌볼뿐더러 또한 각각 다른 사람들의 일을 돌보아 나의 기쁨을 충만하게 하라 5 너희 안에 이 마음을 품으라 곧 그리스도 예수의 마음이니 6 그는 근본 하나님의 본체시나 하나님과 동등됨을 취할 것으로 여기지 아니하시고 7 오히려 자기를 비워 종의 형체를 가지사 사람들과 같이 되셨고 8 사람의 모양으로 나타나사 자기를 낮추시고 죽기까지 복종하셨으니 곧 십자가에 죽으심이라

사도 바울은 신약 성경 27권 중에서 로마서부터 빌레몬서까지 모두 13권의 성경을 썼다. 우리는 이것을 바울서신이라고 부른다. 그런데 바울 서신들 중 여러 편지가 크게 교리와 윤리로 구성되어 있다. 그 대표적인 예로 로마서를 들 수 있다. 로마서 1-11장은 죄인이 믿음으로 의인이 되는 칭의의 교리에 대한 말씀이며, 나머지 12-16장은 믿음으로 의롭게 된 사람의 의로운 삶에 대한 권면이다. 따라서 교리에 해당되는 앞부분은 전체의 약 70%를, 그리고 권면에 해당되는

뒷부분은 전체의 30%정도를 차지한다. 에베소서도 1-3장이 구원에 대한 말씀이고 4-6장은 구원받은 자의 삶에 대한 권면이다. 따라서 에베소서는 절반 정도 지난 다음에야 권면의 내용이 시작된다. 이처럼 바울 서신은 대체로 앞부분은 신앙의 도리, 구원의 방도, 교리, 신조에 대한 말씀이며, 뒷부분은 그 구원에 근거하여 신자의 의무, 구원받은 자의 생활, 의인의 행위와 윤리 등에 대한 권고로 되어 있다. 그래서 전반부는 주로 교리를 설명하는 서술문으로 되어 있으며 전체 분량의 반 이상을 차지한다. 반면에 후반부는 권면을 위한 명령문으로 되어 있으며 분량은 전반부에 비해 상대적으로 적다.

그런데 빌립보서는 이와 비슷하면서도 많이 다르다. 빌립보서가 전반과 후반으로 나누어진다는 점에서는 다른 바울서신들과 같다. 그러나 빌립보서의 전반부는 1:1-26로서 매우 짧다. 또한 그 내용도 구원에 관한 것이 아니라 바울의 기도(1-11)와 그의 상황에 대한 설명(12-26)이다. 이에 반해 후반부는 1:27-4:9까지로서 다른 바울 서신들에 비해 교회에 대한 권면을 매우 빨리 시작하며, 그 분량도 많아서 전체의 약 3/4이나 된다. 여기서 특히 우리가 주의해서 볼 것은 이처럼 빨리 시작하고 많은 양을 차지하는 권면들 중에서도 가장 먼저 나오는 권면이 무엇이냐 하는 것이다. 사도 바울은 1:27에서 빌립보 교인들에게 다음과 같이 권면을 시작한다. "오직 너희는 그리스도의 복음에 합당하게 생활하라." 이것은 사도의 명령이므로 절대적인 권위를 갖는다. 그러면 사도 바울은 급히, 그리고 많은 권면을 하는 중에서도 왜 가장 먼저 "복음에 합당하게 생활하라"고 명령했을까? 그리고 그 의미는 무엇일까?

1. 빌립보 교회의 설립과정(행 16장)

빌립보 교회의 설립과정은 사도행전 16장에 잘 설명되어 있다. 사도 바울은 실라와 함께 2차 전도여행을 떠났다(행 15:40). 그의 원래 의도는 1차 전도여행 때 그들이 선교했던 곳을 다시 방문하여 교회들의 사정을 알아보는 것이었다(행 15:36). 그래서 그들은 수리아와 길리기아를 다녀가며 교회를 굳게 세우고(행 15:41), 더베와 루스드라를 지나(행 16:2) 여러 성으로 다녀가며 교회들을 믿음에 굳건히 세우는 일을 잘 감당했다(행 16:4-5). 이것은 아시아에서의 바울의 선교가 매우 성공적으로 진행되고 있었다는 것을 잘 보여 준다. 그런데 이상하게도 예수의 영이신 성령께서 잘 진행되고 있던 아시아에서의 말씀전파를 막으셨다(행 16:6, 7). 결국 바울은 밤에 마게도냐 사람이 "마게도냐로 건너와서 우리를 도우라"는 환상을 보고 드로아에서 배를 타고 사모드라게로 직행하여 이튿날 네압볼리로 가고 거기서 빌립보에 도착했다.

빌립보에 도착한 바울은 자색 옷감 장사 루디아에게 복음을 전하고 그의 집이 다 세례를 받는 복음 전도의 성과를 올린다. 이렇게 해서 빌립보 교회가 설립이 되었다. 그런데 바울은 빌립보에서 복음을 전파하던 중에 예상치 않은 한 가지 어려운 일을 당한다. 바울은 기도하는 곳으로 가다가 점치는 귀신 들린 여종 하나를 만났다. 그 여종은 점을 잘 쳐서 그의 주인들에게 큰 이익을 주었다. 그런데 그 여종이 바울과 실라를 따라와 "이 사람들은 지극히 높은 하나님의 종으로서 구원의 길을 너희에게 전하는 자라"(행 16:17)고 소리를 질렀다. 이같이 여러 날을 계속하자 바울이 심히 괴로워하여 그 여종에게서 귀신을 쫓아냈다. 그러자 어떤 일이 일어났는가?

그 여종의 주인들은 자기들의 돈벌이의 희망이 끊어진 것을 보고 바울과 실라를 붙잡아 광장으로 관원들에게로 끌고 갔다. 그리고 그들을 상관들 앞에 세워 놓고 "이 사람들은 유대 사람들인데, 우리 성을 소란하게 하고 있습니다. 이 사람들은 로마 사람(로마 시민)인 우리로서는 받아들일 수도 없고 실천할 수도 없는 부당한 관습을 선전하고 있다."고 말하였다. 그러자 그곳에 모인 무리도 일제히 일어나 그들을 공격하는 데 가세하였고, 상관들은 바울과 실라의 옷을 찢어 벗기고 그들을 매로 치라고 명령하였다. 바울과 실라는 매를 많이 맞은 후에 옥에 갇혔다. 한밤중에 그들이 기도하고 하나님을 찬송하는데 갑자기 큰 지진이 나서 옥터가 움직이고 옥문이 다 열리며 모든 사람의 매인 것이 다 벗어졌다. 간수가 자다가 깨어 옥문들이 열린 것을 보고 죄수들이 도망한 줄로 생각하여 칼을 빼어 자결하려고 했다. 그러나 바울이 만류하였고, 결국 그 간수와 그의 온 가족이 예수를 믿고 세례를 받았다.

다음날 상관들이 부하를 보내어 바울과 실라는 놓아주라고 명령하였다. 그래서 간수는 바울에게 "상관들이 당신들을 놓아 주라고 사람을 보냈습니다. 그러니 이제 나오셔서 평안히 가십시오."라고 전했다. 그러자 바울이 이렇게 말했다. "로마 사람인 우리를 유죄 판결도 내리지 않은 채 사람들 앞에서 때리고 감옥에 가두었다가 이제 와서, 슬그머니 우리를 내보내고자 하느냐? 안 된다. 그들이 직접 와서 우리를 석방해야 할 것이다." 부하들이 상관들에게 이 말을 보고했다. 상관들은 바울과 실라가 로마 사람이라는 말을 듣고 두려워하여, 가서 그들을 위로하고 데리고 나가서, 그 성에서 떠나 달라고 간청하였다. 여기서 "위로했다"는 말은 용서를 빌었다는 의미도 있다. 바울과 실라는 감옥에서 나와 루디아의 집에 가서 형제들을 만나 그들을 위로하고 빌립보를 떠났다.

2. 로마 시민의 특권과 책임

우리가 이 사건에서 특별히 주의해서 보아야 할 것들이 있다. 먼저 사도행전 16:12은 빌립보 시(city)가 "마게도냐 지방의 첫 성이요 또 로마의 식민지라"고 말씀한다. "첫 성"이라는 말은 빌립보 시가 지리적으로 맨 앞에 있다는 뜻이 아니다. 왜냐하면 드로아에서 마게도냐 지역으로 건너가면 제일 먼저 도착하는 곳은 빌립보가 아니라 네압볼리이기 때문이다(행 16:11). 따라서 빌립보 시가 마게도냐 지방의 "첫 성"이라는 말은 빌립보가 마게도냐 지역에서 매우 중요한 도시라는 의미이다. 그 이유가 무엇이었을까? 빌립보는 로마의 식민지였지만 로마의 다른 식민지들과는 매우 달랐다. 로마는 빌립보의 사람들에게 로마 시내의 시민들과 똑같은 법적 지위를 부여했다(행 16:21). 그들은 개인 재산을 소유할 수 있었고, 재판권을 가질 수 있었으며, 공물과 세금을 면제받았다. 그래서 빌립보는 '작은 로마'(little Rome)라고 불렸다. 이런 까닭에 빌립보 시민들은 자신들이 로마 시민이라는 것에 대단한 자부심을 가지고 있었고, 로마 시민으로서 로마의 법을 지키는 것에 충실했다[참조, 이복우, "하늘 시민권자의 합당한 생활에 대한 연구: 빌립보서 4:1-9 주해를 중심으로," 「신학정론」 31권 2호 (2013. 11), 합신대학원출판부, 155-187].

또한 우리는 바울과 실라를 고발한 사람들이 그들을 고발한 죄목이 무엇이냐 하는 것에 주의해야 한다. 그것은 "로마 사람인 우리가 받지도 못하고 행하지도 못할 풍속을 전한다."(행 16:21)는 것이었다. 또한 바울이 자신을 폭행하고 가두었다가 가만히 내보내고자 한 상관들에게 항의한 내용이 무엇인가? 그것은 "로마 사람인 우리를 죄도 정하지 아니하고 공중 앞에서 때리고 옥에 가두었다."(행 16:37)는 것이다. 나아가서 상관들이 무엇 때문에 두려워하여 와서 바울과 실라에게 빌고 그들을 데리고 나가 그 성에서 떠나기를 간청했는가? 그들이 바울과 실라가 "로마 사람이라"는 말을 들었기 때문이다(행 16:38). 로마 시민에게는 재판 없이 처벌할 수 없었다. 그러므로 실제로 로마의 법을 어긴 사람은 바울과 실라가 아니라 그들을 거짓 고소한 사람들과 죄를 알아보지도 않고 처벌한 상관들이다. 그래서 상관들은 자신들이 로마의 시민으로서 로마의 법을 어긴 것을 알았고 두려워하여 바울과 실라에게 와서 잘못을 빌고 그들을 데리고 나가 빌립보에서 떠나달라고 간청했던 것이다. 여기서 우리는 빌립보 사람들이 자신들이 로마 시민권자라는 것에 대단한 자부심을 가지고 있었고, 따라서 그들은 로마의 풍습과 법을 지키는 것을 매우 중요하게 여겼으며, 그들이 로마의 법을 어겼을 때는 매우 엄한 벌이 그들에게 가해졌다는 것을 잘 알 수 있다(참고. 행 22:25-29).

3. 빌립보 교회의 문제(상황)

이렇게 바울과 실라의 수고로 세워진 빌립보 교회는 마게도냐 지방에서 튼튼한 조직을 가진 교회로 성장했다. 빌립보서 서문에 빌립보 교회의 감독들과 집사들이 언급되고 있는 사실이 이것을 잘 보여준다(빌 1:1). 그럼에도 불구하고 빌립보 교회는 매우 어려운 상황 속에 있었다.

(1) 사도 바울과의 갈등

빌립보 교회가 당한 첫 번째 어려움은 사도 바울과의 갈등이다. 빌립보 교회에는 사도 바울을 오해하거나 심지어 그를 대적하는 사람들이 많이 있었다. 어떤 사람들은 사도 바울의 전도를 시기하였다(빌 1:15, 17). 그들도 예수 그리스도를 전도하였는데, 그 전도는 투기와 분쟁의 마음에서 나온 것이며 사도 바울의 감금에 괴로움을 더하게 하려는 생각에서 나온 것이었다. 또한 어떤 사람들은 사도 바울의 신앙을 멸시하였다(빌 3:2, 4). 그들은 육체를 신뢰하고 자랑함으로써 예수를 신뢰하고 자랑하는 것을 비웃었다. 나아가서 어떤 이들은 사도 바울의 복음에 원수가 되었다(빌 3:18-19). 그들은 예수 그리스도의 십자가에 대하여 원수로 행동하였고, 패거리를 지어서 배를 신으로 삼고, 수치를 영광으로 삼았다. 사도 바울은 이런 사람들 때문에 피눈물을 흘렸다. "내가 여러 번 너희에게 말하였거니와 이제도 눈물을 흘리며 말하노니"(3:18). (조병수, 『신약성경총론』, 329-330)

(2) 교회 내의 분열

그러나 빌립보 교회의 가장 큰 문제는 내부적인 분열이었다(빌 2:1 이하). 그들은 서로 하나 되지 못했고, 한 뜻되지 못했으며, 한마음을 가지지 못했다. 사도 바울은 "오직 너희는 그리스도의 복음에 합당하게 생활하라"(빌 1:27a)고 권면한 뒤, 바로 이어서 이 권면의 목적에 대하여 말씀한다. "이는 내가 너희에게 가 보나 떠나 있으나 너희가 한마음으로 서서 한 뜻으로 복음의 신앙을 위하여 협력하는 것과 무슨 일에든지 대적하는 자들 때문에 두려워하지 아니하는 이 일을 듣고자 함이라"(빌 1:27b-28a). 이 말씀은 빌립보 교회의 성도가 서로 한마음, 한 뜻 되지 않았고 서로 협력하지 않았다는 것을 전제로 하고 하는 것이다. 또한 빌립보 교회의 분열은 "마음을 같이하여 같은 사랑을 가지고 뜻을 합하며 한마음을 품어 아무 일에든지 다툼이나 허영으로 하지 말고"(빌 2:2-3)라는 말씀에 잘 반영되어 있다.

빌립보 교회의 내부적인 분열의 대표적인 경우는 유오디아와 순두게의 갈등이다. "내가 유오디아를 권하고 내가 순두게를 권하노니 주 안에서 같은 마음을 품으라"(4:2). 여기에 나타난 중요한 특징은 바울이 이들을 권면하면서 각각의 이름 뒤에 "내가 권면한다"는 말을 동일하게 쓰고 있다는 것이다. 이것은 먼저 반복을 통한 강조를 나타낸다. 바울은 그들 둘 모두에게 간절한 요청과 촉구와 호소를 하고 있다. 또한 이것은 둘 중 어느 한편에도 치우하지 않는 동등한 권면을 표현한다. 아마도 이것은 두 여인 사이의 문제가 두 사람 모두에게 책임이 있다는 것을 의미하는 것일 수도 있다. 나아가서 이것은 이 권면이 사도의 권위로 주어지는 직접적인 권면임을 강조한다. 이는 "내가"를 반복하는 것에서 잘 드러난다. 그런데 사도 바울이 이처럼 두 사람 모두에게 강하고도 직접적으로 행한 권면의 내용은 무엇인가? 그것은 "같은 마음을 품으라"는 것이다. 유오디아와 순두게는 둘 다 열심히 교회를 섬겼지만, 이들은 하나 되지 못했고 같은 마음을 품지 못했다. 열심은 있었으나 하나 됨은 없었다.

이 외에도 바울이 교제(참여)를 강조한 것(빌 1:5, 7; 2:1; 3:10; 4:14, 15)과 하나님을 "하나님의 평강"(빌 4:7)과 "평강의 하나님"(빌 4:9)을 말한 것도 모두 분열과 갈등이라는 빌립보 교회의 상황과 밀접한 관련이 있다.

4. 하늘 시민의 합당한 생활

사도 바울은 교회의 이러한 상황을 해결하기 위해 빌립보서를 썼다. 그리고 매우 다급한 심정으로 권면의 말을 1장에서 곧장 시작하였으며, 많은 권면의 내용들을 기록하였다. 그러면 교회의 분열을 극복하기 위한 바울 사도의 권면은 무엇인가? 교회 안의 갈등을 막기 위해 그가 준 대안은 무엇인가?

그는 권면을 시작하는 빌립보서 1:27에서 "오직 너희는 그리스도의 복음에 합당하게 생활하라"고 명령한다. 여기서 "생활하다"(πολιτεύω)는 원래 "시민으로 살다"(live as a citizen) 뜻이다. 신약성경에서 같은 단어가 사도행전 23:1에 한 번 더 나온다. 거기서 사도 바울은 "오늘까지 나는 범사에 양심을 따라 하나님을 섬겼노라"고 말하는데, 이 때 사용된 "섬겼노라"는 말이 바로 빌립보서 1:27의 "생활하다"와 같은 단어이다. 그러므로 복음에 합당하게 생활하라는 말은 복음에 합당한 시민생활을 하라는 뜻이며, 양심을 따라 하나님을 섬겼다는 말은 모든 선한 양심으로 하나님에게 시민생활을 했다는 뜻이다.

그러면 사도 바울이 교회의 분열을 극복하기 위한 대안으로 복음에 합당한 시민생활(노릇)을 하라고 명령한 이유는 무엇일까? 먼저 알아야 할 것은 이 명령의 근거가 "우리의 시민권(πολίτευμα)은 하늘에 있는지라"(빌 3:20)는 말씀에 있다는 사실이다. 그리스도인은 하늘나라의 시민이다. 신자의 시민권은 이 땅에 있는 것이 아니라 하늘나라에 있다. 바울이 "시민생활"이라는 특별한 용어를 사용하여 빌립보 교회를 권면한 것은 앞에서 말한 것과 같이 로마 시민권에 대한 자부심과 긍지, 그리고 그것에 어울리는 생활을 추구했던 당시의 빌립보 사람들의 상황을 염두에 둔 것이다. 이 편지를 받는 빌립보 교회의 교인들은 빌립보 시에 살고 있었지만 로마의 시민권을 가진 사람들이다. 그래서 그들은 자신들이 로마의 시민권자라는 자부심과 긍지를 가지고 있었다. 또한 로마의 시민으로서 로마의 법을 지키며 사는 것이 그들의 의무이자 특권이라는 것을 잘 알고 있었다. 게다가 그들은 로마의 법을 지키지 않았을 때 어떤 처벌이 가해지는지에 대해서도 역시 잘 알고 있었다. 세상에 속한 로마의 시민권에 대한 자부심과 긍지와 책임도 이럴진대, 하물며 하늘나라에 속한 하늘나라의 시민권을 가진 자라면 그 시민권에 대하여 더 큰 자부심과 긍지를 가지고 더 충성스럽게 하늘나라의 시민생활을 하며 더 열심히 하늘나라의 법을 지키기를 열망하고 실천해야 마땅하지 않겠는가. 이것이 바로 분열과 갈등으로 고통하는 빌립보 교회를 위한 사도 바울의 해결책이며 권면의 핵심이다.

5. 사도 바울의 대안

그러면 분열을 극복하기 위한 하늘나라 시민의 합당한 생활은 구체적으로 어떤 것일까? 그것은 바로 "주 안에 서는 것"이다. "그러므로 나의 사랑하고 사모하는 형제들, 나의 기쁨이요 면류관인 사랑하는 자들아 이와 같이 주 안에 서라"(빌 4:1). 주 안에 서는 것은 주님을 본받는 것을 뜻한다. 이것은 빌립보서에 나타난 그리스도의 모범을 따르는 것이다. 사도 바울은 "너희 안에 이 마음을 품으라 곧 그리스도 예수의 마음이니"(빌 2:5)라고 말씀한다. 그리스도의 모범을 따르는 것은 그분의 마음을 품는 것이다. 그러면 그리스도의 마음은 무엇인가?

그리스도는 근본 하나님의 본체시나 하나님과 동등됨을 취할 것을 여기지 아니하시고 오히려 자기를 비워 종의 형체를 가지사 사람들과 같이 되셨고 사람의 모양으로 나타나사 자기를 낮추시고 죽기까지 복종하셨다(빌 2:6-8). 예수께서 하나님과 동등됨을 취할 것으로 여기지 않았다는 말씀은 무슨 뜻일까? 이 말씀을 직역하면 예수께서 하나님과 동등임을 탈취물로 여기지 아니하셨다는 말이다. 좀 쉽게 말씀드리면, 예수님이 하나님이신 것은 그 하나님이라는 신분을 누군가로부터 빼앗아 된 것이 아니라 원래부터 예수님은 하나님이시라는 뜻이다. 예수님은 강도가 남의 금품을 탈취하듯이 하나님이라는 신분을 탈취해서 하나님이 된 것이 아니다. 예수님은 본래 하나님이시고 언제나 하나님이시다. 그럼에도 불구하고 예수님은 사람이 되기까지 자기를 비우고 낮추셨다. 이것이 바로 그리스도의 마음이다. 따라서 그리스도처럼 자기를 비우고 낮추는 것이 바로 그리스도 안에 서는 것이다.

빌립보 교회의 성도가 당면한 문제인 갈등과 분열을 극복하기 위해서는 그들이 한마음 한 뜻이 되어 협력해야 한다. 그리고 이것은 모든 성도가 근본 하나님이시지만 인간이 되셨고, 인간이 되셨을 뿐만 아니라 죽기까지 복종한 그리스도의 낮아지심을 본받을 때 이루어진다. 이처럼 교회가 분열을 극복하고 하나 됨을 이루는 최선의 비결은 모든 성도가 그리스도의 마음을 품는 것이다. 이 마음은 그리스도처럼 자신을 낮추어 종이 되며, 겸손한 마음으로 모든 사람을 자기보다 낮게 여기는 마음이다. 이것이 바로 하늘나라 시민으로서 그리스도의 복음에 합당하게 시민노릇을 하는 것이다.

6. 맺는 말

우리는 비록 이 땅에 살지만 우리의 시민권은 하늘에 있다. 그래서 우리는 하늘로부터 다시 오셔서 우리를 주님과 같은 영광의 몸으로 변화시키실 예수 그리스도를 기다리고 있다(빌 3:20-21). 성도는 하늘 시민권자이다. 성도는 땅에서 살아도 하늘을 사는 사람들이다. 그러므로 성도는 하늘 시민으로서 복음에 합당한 생활을 해야 하며(빌 1:27), "어그러지고 거스르는 세대 가운데서 하나님의 흠 없는 자녀로 세상에서 그들 가운데 빛들로 나타나야"(빌 2:15) 마땅하다. 사도 바울은 빌립보 교회를 이와 같은 하늘 시민으로 세우기 위해 그들을 권면하였다.

신자는 자신의 하늘 소속성에 대한 분명한 인식과 그것에 부합하는 삶을 살아야 한다. 그리하여 분열을 극복하고 하나 됨을 이루어야 한다. 이것은 교회가 주님을 본받아 자신을 낮추고 비울 때 가능하다. 자신을 죽기까지 낮춤으로써 한마음, 같은 마음, 겸손한 마음, 그리스도 예수의 마음을 가지라. 주님을 위해, 교회를 위해 열심히 일하는 것은 너무나 마땅하나 그 열심이 자기를 높이고 하나 됨을 깨뜨리며 분열을 일으키는 것이 되어서는 안 된다. 그리스도의 마음을 잊지 말라. 우리가 하늘나라의 시민권을 가진 것에 대한 당당함과 자부심과 긍지를 잊지 말고 그 나라의 시민으로서 합당한 생활을 하자. 교회의 하나 됨을 이룸으로써 하늘나라의 시민임을 보여주고 하늘 시민권자의 자부심과 품격을 지켜나가자.

09장

사람을 세우는 사람
골로새서 1:28-29

---

28 우리가 그를 전파하여 각 사람을 권하고 모든 지혜로 각 사람을 가르침은 각 사람을 그리스도 안에서 완전한 자로 세우려 함이니 29 이를 위하여 나도 내 속에서 능력으로 역사하시는 이의 역사를 따라 힘을 다하여 수고하노라

우리는 늘 새로운 계획을 세운다. 그리고 이것만큼은 반드시 이루어 내리라 결심하고 힘을 다하여 노력하고 수고한다. 사도 바울에게도 힘을 다하여 수고하는 것이 있었다. 그것은 사람을 세우는 일이었다. 그는 사람을 세우기 위하여 힘을 다하여 수고한다고 말씀한다(골 1:28-29). 그런데 여기에는 분명한 목표가 있었다. 그것은 사람을 "완전한 자"로 세우는 것이었다(골 1:28b). 그는 사람을 세우는 일을 하되, 완전한 자로 세우기 위해, 다시 말해 거룩하고 흠 없고 책망할 것이 없는 자로 하나님 앞에 세우기 위해(골 1:22) 힘을 다하는 수고를 했다. 그러면 그가 이 일을 위해 구체적으로 행한 것은 무엇인가? 그는 사람을 완전한 자로 세우기 위해 무엇을 하였는가?

1. 전파의 내용 : 세움의 기초(터)

사도 바울이 사람을 완전한 자로 세우기 위하여 행한 일은 "전파"이다. "전파하여"(28). 그는 무엇인가를 전파함으로써 사람을 세웠다. 그러면 그가 전파한 것은 무엇인가? 그는 예수 그리스도를 전파했다. 사도 바울은 "우리가 그를 전파하여"(골 1:28)라고 말하는데, 여기서 '그'는 예수 그리스도를 가리킨다. 바울이 전파한 내용의 핵심은 그리스도이다. 왜냐하면 사람을 완전한 자로 세우는 분은 오직 그리스도이기 때문이다. 사도 바울은 각 사람을 "그리스도 안에서" 완전한 자로 세우려고 한다. 불완전하기 짝이 없는 인간은 오직 그리스도 예수 안에서 완전하게 된다. 인간의 완전함은 그리스도라는 울타리와 테두리 안에서, 예수라는 한계 안에서 이루어진다. 그리스도를 벗어나면 완전함이란 있을 수 없다. 오직 그리스도 안에 완전함이 있다. 그리스도는 사람이 완전한 자로 세워지기 위한 유일한 기초이며 터요 뿌리이다. 그래서 사도 바울은 "그 안에 뿌리를 박으며 세움을 입어"(골 2:7)라고 말씀한다. 사람은 예수님 안에 뿌리를 박고 예수님 안에 세워질 때 완전한 자가 된다.

이처럼 바울 사도는 예수 그리스도를 전함으로써 사람을 세우는 일을 했다. 그런데 그는 이 일을 복음 전파를 통하여 이루어갔다. 예수 그리스도가 복음의 핵심이기 때문이다. 그리스도는 복음의 절정이요 본질이다. 복음은 예수께서 그의 십자가의 피로 화평을 이루사 만물 곧 땅에 있는 것들이나 하늘에 있는 것들을 그로 말미암아 자기와 화목케 하신 것이다(골 1:20). 또한 복음은 악한 행실로 주를 멀리 떠나 마음으로 하나님과 원수가 되었던 우리를 예수께서 자기의 육체의 죽음으로 말미암아 화목케 하시고 거룩하게 하신 것이다(골 1:21-22). 한 마디로 말해, 복음은 죄로 인해 하나님과 원수 되었던 우리를 살리시기 위하여 예수께서 십자가에 못 박혀 그의 육체를 찢어 피 흘려 죽으심으로써 우리의 죄를 다 용서하셨다는 것이다. 그리하여 하나님과 멀어졌던 우리를 다시 평화의 관계로 회복시키셨다. 사람들은 이 복음을 통하여 참으로 하나님의 은혜를 깨닫게 되며(골 1:6), 소망에서 흔들리지 않게 된다(골 1:23).

사도 바울은 이 복음 위에 사람을 세우기를 원했다. 복음은 세움을 목적으로 하기 때문이다. 그래서 "그의 육체의 죽음으로 말미암아 화목하게 하사 너희를 거룩하고 흠 없고 책망할 것이 없는 자로 그 앞에 세우고자 하셨으니"(골 1:22)라고 말씀한다. 복음을 떠나면 세움은 없다. 예수님의 십자가의 피와 그의 육체의 죽음을 믿지 않으면 세움은 없다. 예수께서 십자가에서 피 흘려 죽으신 목적은 세움이다. 그러므로 사람이 온전한 자로 세워지기 위해서는 예수님을 나의 주인으로 믿을 뿐만 아니라 나를 구원하신 구주로 또한 믿어야 한다. "너희가 그리스도 예수를 주로 받았으니"(골 2:6a). 예수님을 주로 영접해야 한다. 예수님을 나의 생명과 나의 삶의 주인으로 받고 고백하고 믿어야 한다. 그리할 때 예수님을 터로 하여 예수 안에 뿌리를 박고 예수 안에 세워지는 것이 가능하다. 그래서 바울 사도는 "그리스도를 믿는 너희 믿음이 굳건한 것을 기쁘게 봄이라"(골 2:5b)고 말씀하며, "믿음에 굳게 서서"(골 2:7a)라고 말씀한다.

이와 관련하여 유다는 "사랑하는 자들아 너희는 너희의 지극히 거룩한 믿음 위에 자신을 세우며"(유 20)라고 말한다. 완전한 자로 세워지기를 원하는 사람은 누구든지 예수님을 주로 믿어야만 한다. 예수만이 온전한 세움을 위한 유일한 기초요 영원한 터가 되기 때문이다. 그러므로 오직 예수 안에 뿌리를 박아야만 한다. 이를 위하여 바울은 복음과 그 핵심인 예수 그리스도를 전파했고, 이를 통하여 사람을 세웠다. 그런데 이 복음은 진리라는 말로도 표현된다. 그래서 바울은 "복음 진리의 말씀"(골 1:5)이라고 부른다. 그가 "복음 진리의 말씀"이라고 한 것은 복음의 본질이 진리이고 말씀이며, 말씀과 진리가 복음의 근본이라는 것을 의미한다. 복음은 진리이며 복음은 하나님의 말씀이다. 따라서 바울이 사람을 세우기 위하여 전파한 것은 하나님의 말씀(참고. 엡 1:13), 곧 진리였다. 사람을 완전하게 세우는 것은 오직 진리인 하나님의 말씀을 통하여 이루어진다. 진리를 떠나서는 사람이 온전하게 세워질 수 없다. 진리를 믿는 믿음 위에 세워져야만 진리이신 예수 안에 뿌리를 박고 온전하게 세움을 입기 때문이다.

2. 전파의 방법 : 세움의 방법

지금까지 우리는 바울이 사람을 세우기 위하여 전파한 내용이 무엇인지에 대하여 살펴보았다. 그것은 그리스도요 복음이요 진리였다. 이어서 본문은 사도 바울이 이러한 내용들을 어떠한 방법으로 전파했는지에 대하여 말씀한다. 다시 말해, 바울이 사람을 세우기 위하여 사용한 구체적인 방법이 무엇인지에 대하여 말씀한다. 바울이 사용한 방법은 두 가지이다. 하나는 "권하고"이고, 다른 하나는 "가르침"이다(골 1:28). "권하다"는 말은 권면한다는 말로써 그릇된 것을 지적하여 바로잡는 것이다(살전 5:14). 이것은 일종의 교정이다. "가르침"은 말 그대로 교육을 의미한다(참고. 골 3:16). 그러므로 사람을 완전한 자로 세우기 위해 바울이 사용한 구체적인 방법은 권면과 교육이었다.

복음을 전하여 사람을 그리스도 안에 뿌리를 박으며 그리스도 안에서 완전한 자로 세우기 위해서는 권면이 있어야 한다. 진리 위에 사람을 세우는 일은 그릇된 것에 대한 지적이 없이는 이루어질 수 없기 때문이다. 사람의 악한 상태를 지적하지 않은 채, 예수님을 전파하는 것은 옳은 전파가 아니다. 인간의 부패와 타락과 거역을 강하게 경고하고 훈계하여 바로잡는 것 없이 사람을 온전한 자로 세우려는 것은 잘못이다. 그리고 잘못과 악함과 진리로부터의 이탈에 대한 강한 경고를 받지 않거나 고통스러운 교정의 과정을 거절한 채 온전한 자로 세워지기를 원하는 것도 있을 수 없다. 사실 권면하는 사람은 자신이 완벽하기 때문에 하는 것이 아니다. 선배는 자기 때에 완성시키지 못한 부분을 후배가 이루도록 권면하고 재촉하는 사람이다. 그러므로 권면을 기꺼이 받는 사람이 완전한 사람으로 세워진다.

또한 사람을 진리 위에 세우기 위해서는 권면과 더불어 교육이 있어야 한다. 사람이 예수 안에 뿌리를 박고 예수 안에 세움을 입으며 진리 위에 완전한 자로 서고 또 세우기 위해서는 진리를 가르치고 배워야 한다. 이를 위해 에바브라는 골로새 교인들을 가르쳤다. "사랑하는 에바브라에게 너희가 배웠나니"(골 1:7). 바울도 사람들을 가르쳤다. "각 사람을 가르침은"(골 1:28). 그리고 "가르침을 받은 대로 믿음에 굳게 서라"(골 2:7)고 명령한다. 믿음에 굳게 서기 위해서는 가르침을 받아야 한다는 것이다. 진리에 대한 가르침이 없이는 예수 안에 온전히 세워질 수 없다. 또한 "모든 지혜로 피차 가르치라"(골 3:16)고 말씀한다. 이처럼 세움은 가르침, 즉 교육을 통하여 이루어진다. 그리고 이 교육은 진리에 대한 지식을 목적으로 한다. 세움은 진리에 대한 지식 없이는 불가능하기 때문이다. 바울은 이것을 매우 강조한다. 그는 "하나님의 뜻을 아는 것으로 채우게 하시고"(골 1:9)라고 기도한다. 그는 성도들을 위해 기도할 때, 그들이 하나님에 대한 지식으로 충만하게 되기를 구했다. 그리하여 "하나님의 모든 뜻 가운데서 완전하고(참고. 골 1:28) 확신 있게(참고. 골 2:2) 서기를" 간구했다(골 4:12). 하나님의 뜻을 아는 지식이 충만할 때 완전하고 확신 있게 세워지기 때문이다.

또한 그는 "하나님을 아는 것에 자라게 하시고"(골 1:10)라고 기도했다. 세움을 위해서는 하나님을 아는 '지식'에서 성장해야 한다는 말씀이다. 그리고 그는 "하나님이 알게 하려 하신다"(골 1:27)고 말씀한다. 하나님은 이방인들이 그리스도의 풍성함에 대한 지식이 있기를 원하신다. 또한 하나님은 성도들이 이해에서 확신이 있고 부요하기를 원하시며(골 2:2a), 하나님의 비밀이신 그리스도를 깨닫기를 원하신다(골 2:2b). 깨닫는다는 말은 안다는 말과 같은 것이며 곧 지식을 의미한다. 그리고 거듭난 자는 지식에까지 새롭게 하심을 받는 자이다(골 3:10). 새로 난 사람은 이전에는 알지 못했던 새로운 지식, 즉 하나님에 대한 지식과 진리에 대한 지식으로 새로워져야 한다. 이런 이유들 때문에 바울은 "그리스도의 말씀이 너희 속에 풍성히 거하게 하라"(골 3:16)고 명령한다. 이것은 명령이다. 반드시 진리에 대한 지식이 우리 안에 풍성해야 한다는 것이다. 예수 그리스도 안에는 지혜와 지식의 모든 보화가 저장되어(감추어져) 있다(골 2:3). 그 지식을 우리의 것으로 만들라는 것이다.

만일 하나님의 말씀과 그리스도에 대하여 알지 못하면, 다시 말해 진리에 대한 지식이 없으면 어떻게 될까? 진리를 모르면 공교한 말에 속게 된다(골 2:4). 세상에는 매우 매력적이고 그럴듯해 보이나 실은 거짓말인 것들이 얼마나 많은지 모른다. 진리를 모르면 이런 것들에 속고 만다. 또한 진리가 없으면 철학과 헛된 속임수에 포로가 되고 만다(골 2:8). 진리에 서지 못하면 그리스도를 좇아가지 않고 인간의 전통과 세상의 초등학문을 좇아간다(골 2:8. 참고. 20). 이는 머리를 붙들지 않는 것이다(골 2:19. 참고. 10). 진리를 떠나면 붙잡아서는 안 될 것들을 붙잡으며, 맛보지 말아야 할 것을 맛보게 되고, 만지지 말아야 할 것들을 만지게 된다(골 2:21). 진리의 가르침이 없으면 사람의 계명과 가르침을 좇아가게 되어 있다(골 2:22). 그래서 진리에 대한 가르침이 없으면 완전한 자로 세워질 수 없다.

3. 세움의 대상

그러면 이러한 권면과 가르침의 대상은 누구인가? 사도 바울은 누구에게 그리스도를 전했는가? 그는 누구를 권면하며 교육하였는가? 그것은 "모든 사람"이다. 28절에는 "모든 사람"이 세 번이나 반복된다. 모든 사람이 다 복음을 들어야 한다. 모든 사람이 다 권면과 진리에 대한 교육을 받아야 한다. 하나님의 모든 진리는 하나님의 모든 사람들을 위한 것이기 때문이다. 누구는 가르치는 일만 하고 누구는 배우기만 하는 것이 아니다. 우리는 언제나 배우는 자리에 있고 또한 가르치는 자리에 있다. 그래서 "피차 가르치라"(골 3:16)고 말씀한다. 배우는 이는 자존심이나 명예에 개의치 않고 배우려고 열심을 낼 때가 가장 아름답다. 그러므로 교회는 단순한 모범이 아닌 어리석음과 실수를 드러내면서까지 진리를 배우는 배움의 현장이 되도록 해야 한다.

4. 세움의 자세

그러면 진리를 배움으로써 자신을 예수 안에 견고하게 세우기를 원하는 사람의 자세는 어떠해야 할까? 사도 바울은 "나도 내 속에서 능력으로 역사하시는 이의 역사를 따라 힘을 다하여 수고한다."(골 1:29)고 말한다. 그에게는 사람을 세우고자 하는 강렬한 열망이 있었다. 그 어떤 장벽도 이 열망을 막지 못했다. 바울이 이 편지를 쓰고 있을 당시에 그는 어디에 있었는가? 그는 감옥에 있었다. "내가 이것을 인하여 매임을 당하였노라"(골 4:3). "나와 함께 갇힌"(골 4:10). "나의 매인 것을 생각하라"(골 4:18). 바울은 현재 감옥에 갇혀서 아무 것도 할 수 없는 상황에 있다. 그런데도 그는 사람을 세우는 일을 멈추지 않는다.

그는 무엇으로 이 일을 계속했는가? 그는 편지를 써서 교회에 보냈다. 그는 교회에 편지함으로써 교회를 세우고 성도를 세워 나갔다. 또한 그는 기도했다. 그의 기도에는 사람을 세우기 원하는 그의 열망이 그대로 담겨 있다(골 1:9b-12). 바울의 동역자 에바브라도 성도들이 완전하고 확신 있게 서기를 간구했다(골 4:12). 그러므로 우리도 할 마음만 있으면 세우고 세움을 입는 일을 계속할 수 있다. 감옥에서도 하는데 그 어떤 상황에선들 못하겠는가? 내 속에서 능력으로 일하시는 하나님의 일하심을 믿고 의지함으로써 진리를 배우고 진리 위에 서는 이 일에 온 힘과 마음과 시간과 물질을 드리자. 우리가 수고하면 하나님도 우리 안에서 힘차게 계속해서 역사하실 것이다.

사도 바울은 사람을 완전한 자로 세우기 위해 수고하되, 힘을 다하여 수고한다고 말씀한다. "힘을 다한다"(참고. 고전 9:25)라는 말은 운동경기를 연상시키는 단어이다. 올림픽에서 100m를 달리는 선수가 한눈을 팔고 다른 것에 신경을 쓸 틈이 어디 있겠는가? 그는 자신의 모든 힘을 10초 정도 되는 그 시간에 다 쏟아 붓는다. 그리고는 가쁜 숨을 몰아쉰다. 마라톤 선수가 완주를 한 다음에도 힘이 남아서 한 판 더하자고 한다면 그는 최선을 다한 것이 아니다. 힘이 남아 있지 않아야 힘을 다한 것이요 최선을 다한 것이다. 이것은 목적한 바를 이루기 위한 극도의 노력을 의미한다. 우리가 진리를 배울 때도 이러한 자세와 헌신으로 해야 한다. 힘을 다하여 배우고 다른 것에 한눈팔지 않고 배우며 신실함으로 배워야 한다. 그래야 완전한 사람으로 세워진다. 이를 위해서는 무엇보다도 절제와 집중이 필요하다. 하나님의 말씀을 연구하고 배우는 일을 방해하는 모든 것들을 차단하고 잘라 버리라. 우선순위를 분명하게 정하고 실천하라. 진리를 배우는 일에 집중하지 않으면 예수 안에 깊은 뿌리를 내리기가 어렵다.

전심전력하지 않고도 탁월함을 이루는 일은 없다. 예수 안에 뿌리를 박고 예수 안에 세움을 입기 위하여 진리를 배우는 일에 힘을 다하여 수고하라. 이 일을 방해하는 모든 것을 다 잘라 버리라. 진리를 배울 수 있는 좋은 기회들을 절대로 놓치지 않아야 한다.

5. 맺는 말

예수께서는 만물을 창조하시고 그 만물로 하여금 "그 안에" "함께 서도록" 하셨다(골 1:17). 그러므로 예수님의 창조의 목적은 세움이었다. 또한 예수께서 십자가에서 피 흘려 죽으신 것도 그의 육체의 죽음으로 우리를 거룩하고 흠 없고 책망할 것이 없는 자로 "그의 앞에" "세우기" 위함이었다(골 1:22). 이처럼 예수 그리스도의 창조와 재창조는 모두 사람을 세우기 위한 것이다. 그래서 예수 그리스도는 사람을 세우는 분이시다.

사도 바울도 그리스도의 이러한 본을 받아 사람을 "그리스도 안에서" 완전한 자로 "세우기" 위해 수고하였다(골 1:28. 참고. 4:12). 이를 위해 그는 그리스도를 중심으로 하는 복음 진리의 말씀을 전파했다. 그가 그리스도를 전파한 것은 그리스도가 세움의 터가 되고 기초가 되고 뿌리가 되기 때문이다. 그가 복음을 전파한 것은 예수께서 십자가에서 피 흘려 죽으신 목적이 사람을 완전한 자로 세우기 위함이기 때문이다. 그가 진리를 전파한 것은 진리이신 하나님의 말씀이 사람을 완전한 자로 세우기 때문이다. 바울은 이 일을 위한 구체적인 방법으로 잘못된 것을 지적하고 바로잡는 권면을 했고, 진리를 가르쳤다.

신자는 예수 안에 뿌리를 박으며 예수 안에 세움을 입어야 한다. 그러기 위해서는 가르침을 받고 가르침을 받은 대로 믿어야만 한다. 권면을 받고 진리 교육을 받아야 한다. 진리를 배우지 않으면 진리 위에 세워질 수 없다. 신자가 진리 위에 세워지기 위해서는 하나님을 아는 지식에서 자라가야 하며 하나님의 말씀이 그 안에 풍성히 거하도록 해야 한다. 따라서 완전한 사람으로 세워지기를 원하는 모든 사람은 진리를 배우는 일에 집중하고 힘을 다해 수고해야 한다. 물건에만 짝퉁이 있는 것이 아니다. 짝퉁 그리스도인도 얼마든지 있을 수 있다. 건물만 부실공사가 있는 것이 아니다. 그리스도인도 얼마든지 부실하게 세워질 수 있다. 모래 위에 지은 집은 비가 내리고 강들이 범람하여 밀려오고 바람이 불어 닥치면 곧 무너지고 만다. 그러나 반석 위에 지은 집은 무너지지 않는다. 사람도 마찬가지이다. 예수 안에 세워지고 진리 위에 세워진 사람은 결단코 무너지지 않는다. 그러므로 예수님을 믿고 진리에 대한 가르침을 받는 일에 전심전력해야 한다. 그리하면 그리스도 안에 세움을 입고, 진리 위에 세워질 뿐만 아니라 진리로 사람을 세우는 복된 사람이 될 것이다.

나아감이 아니라 머묾이다

디모데후서 3:12-17

12 무릇 그리스도 예수 안에서 경건하게 살고자 하는 자는 박해를 받으리라 13 악한 사람들과 속이는 자들은 더욱 악하여져서 속이기도 하고 속기도 하나니 14 그러나 너는 배우고 확신한 일에 거하라 너는 네가 누구에게서 배운 것을 알며 15 또 어려서부터 성경을 알았나니 성경은 능히 너로 하여금 그리스도 예수 안에 있는 믿음으로 말미암아 구원에 이르는 지혜가 있게 하느니라 16 모든 성경은 하나님의 감동으로 된 것으로 교훈과 책망과 바르게 함과 의로 교육하기에 유익하니 17 이는 하나님의 사람으로 온전하게 하며 모든 선한 일을 행할 능력을 갖추게 하려 함이라

사도 바울은 자신이 전제(奠祭)와 같이 부어지고 떠날 시각이 가까웠으며, 달려갈 길을 마치고 믿음을 지켰다."(딤후 4:6-7)고 말씀한다. 그는 자신의 죽음이 임박했다는 것을 확신하고 있다. 그러므로 디모데후서는 사도 바울이 매우 어려운 상황에서(참고. 딤후 4:9-10, 13, 21) 곧 닥칠 자신의 죽음을 내다보면서 쓴 유언장과 같은 편지이다. 디모데후서 3:12-17은 그 내용들 중의 하나이다.

바울은 "마지막 날들에 고통 하는 때가 올 것이라"(딤후 3:1)고 말씀한다. 이 때에는 사람들이 "자기를 사랑하고"(딤후 3:2) 타인을 "비방하며"(딤후 3:2) "하나님을 사랑하는 것보다 쾌락을 더 사랑한다"(딤후 3:4). 이들은 경건의 모양은 있으나 경건의 능력은 부인한다(딤후 3:5). 하지만 성도는 이러한 때에도 변함없이 그리스도 예수 안에서 경건하게 살아야 한다(딤후 3:12). 이를 위하여 사도 바울은 디모데후서 3:12-17에서 다음과 같이 교훈한다.

1. 배우고 확신한 일에 거하라(딤후 3:14)

먼저, 사도 바울은 배우고 확신한 일에 거하라고 권고한다. "그러나 너는 배우고 확신한 일에 거하라"(14). 여기서 우리가 주목해야 할 것은 13절과 14절이 "그러나 너는"(참고. 딤후 3:10)이라는 표현으로 강하게 대조되고 있다는 사실이다. 대조되는 내용은 "더욱 악하여 진다"(13)와 "거하라"(14)이다. 전자는 악한 것에서 더 악한 것으로 '나아가다, 전진하다'는 뜻이다. 이 단어는 "망령되고 헛된 말을 버리라 그들은 경건하지 아니함에 점점 나아가나니"(딤후 2:16)라는 말에서 이미 사용되었다. 그리고 이것과 대조되는 14절의 "거하라"는 말은 '머물다, 거주하다, 체류하다'는 뜻이다. 악한 자들과 속이는 자들은 악의 진보를 통하여 속이기도 하고 속기도 한다(딤후 3:13). 그러나 사도 바울은 성도가 이와 같은 상황에 동화되지 않고 경건하게 사는 비결을 알고 있었다. 그것은 바로 '전진'이 아니라 '머묾'이다. '나아감'이 아니라 '거함'이, '진전'이 아니라 '체류'가 경건의 비밀이다.

그러면 우리는 어디에 머물고 거해야만 하는가? 우리는 "배우고 확신하는 것 '안'"에 머물러야 한다. 경건한 성도에게는 머물러야 할 울타리가 있다. 넘어가면 안 되는 한계가 있다. 성도는 하나님이 주신

이 제한 안에 확고부동하게 머물러야 한다. 사도 요한도 "지나쳐 그리스도의 교훈 안에 거하지 아니하는 자는 다 하나님을 모시지 못한다."(요이 9, 참고. 요일 2:24)고 말하였다. 그러므로 성도는 배우고 확신하는 것을 넘어서 나아가지 말고, 그것 '안에' 머물러 있어야만 한다. 그런데 배우는 것과 확신하는 것은 별개의 다른 둘이 아니다. 배움과 확신은 하나로 연결되어 있다. 확신 없는 배움은 단순한 죽은 지식이며, 배움 없는 확신은 광신이요 미신이다. 배우지 않으면 확실한 믿음을 가지지 못하며, 확실한 믿음은 배움을 통하여 이루어진다. 배움에서 확신이 나오고, 확신은 배움을 수단으로 한다.

2. 두 가지 앎(딤후 3:14b-15)

그러면 성도가 악에서 더 큰 악으로 나아가지 않고 배우고 확신한 것에 머물러 있기 위해서는 어떻게 해야 하는가? 사도 바울은 두 가지가 필요하다고 말한다. 그는 이 둘을 '안다'는 말로 설명한다. 하나는 누구에게서 배웠는지를 아는 것이며(딤후 3:14b), 다른 하나는 성경을 아는 것이다(딤후 3:15). 전자는 배움의 수단인 교사에 관한 것이며, 후자는 배움의 내용인 성경에 대한 것이다.

(1) 참된 교사

성도가 배우고 확신한 일에 거하기 위해서는 무엇보다도 신실한 교사가 있어야 한다. 그래서 바울은 디모데에게 "너는 네가 누구에게서 배운 것을 알며"(14b)라고 말한 것이다. 디모데는 여러 사람에게서 성경을 배웠다(14b). 먼저 디모데는 외조모 로이스와 어머니 유니게에게서 배웠을 것이다. "이는 네 속에 거짓이 없는 믿음이 있음을 생각함이라 이 믿음은 먼저 네 외조모 로이스와 네 어머니 유니게 속에 있더니 네 속에도 있는 줄을 확신하노라"(딤후 1:5). 이 말씀은 사람이 성경을 배우고 확신한 것에 거하기 위해서는, 또한 성도가 경건한 자로 살기 위해서는 어머니가 훌륭한 성경 교사이어야 한다는 것을 보여 준다.

그러면 자녀의 신앙에 대한 책임이 어머니에게만 있는가? 우리는 여기서 바울이 디모데를 '아들'이라고 부름으로써 자신을 디모데의 아버지로 자처하고 있다는 사실을 눈여겨보아야 한다. 그것도 그냥 아들이 아니라 "사랑하는 아들"(딤후 1:2), "내 아들"(딤후 2:1)이라고 부른다(참고. 딤전 1:2, 18). 이것은 바울이 자신을 디모데의 영적 아버지로 선언하는 것이다. 디모데의 친아버지는 헬라인이었다(행 16:1). 그래서 디모데는 친아버지로부터 신앙을 배울 기회가 없었을 것이다. 하지만 그에게는 영적 아버지인 바울이 있었다. 그는 이 영적 아버지인 바울에게서 성경을 배웠다. 바울은 디모데에게 다음과 같이 말한다. "내게 들은 바 바른 말을 본받아 지키라"(딤후 1:13). "내 아들아 … 내게 들은 바를 충성된 사람들에게 부탁하라"(딤후 2:2, 참고. 딤후 3:10-11). 그러므로 디모데가 젊은 나이임에도 불구하고 경건한 목회자요 신앙인으로 존재할 수 있었던 것은 육신의 어머니 유니게와 영적 아버지인 바울로부터 성경을 배웠기 때문이다.

한 사람이 태어나 경건한 성도로 살기 위해서는 육적이든 영적이든 부모의 역할이 절대적으로 중요하다. 다시 말해 부모가 최고의 성경 교사이어야 한다. 경건한 신앙을 위해서는 경건한 교사가 있어야 한다. 악한 시대를 이기고 경건을 가능케 하는 배움과 확신은 좋은 교사를 통하여 가르쳐지고 계승된다. 그리고 누구보다도 부모가 이 역할을 잘 감당해야 한다. 우리는 여기서 교사와 관련하여 한 가지 더 생각해 볼 것이 있다. 그것은 바울이 성경보다 성경을 가르치는 교사를 먼저 언급하고 있다는 사실이다. "너는 네가 누구에게서 배운 것을 알며 또 어려서부터 성경을 알았나니"(딤후 3:14-15). 여기에는 어떤 특별한 의도가 있다. 좀 의아하게 들리겠지만, 그것은 성경 교사가 성경보다 중요하다는 것이다. 우리는 수많은 이단들이 우리와 동일한 성경을 가지고도 우리와 전혀 다르게 가르친다는 점에 주목해야 한다. 사람이 이단에 빠지고 멸망에 이르는 것은 성경 자체의 문제가 아니라 성경을 가르치는 교사의 문제이다. 바로 이 점에서 성경보다 교사가 중요하다고 말할 수 있을 것이다.

사실 디모데가 목회하고 있는 교회에도 거짓 교사들이 있었고 그들로 인해 교회가 큰 피해를 입고 있었다. 그 대표적인 사람이 후메내오와 빌레도이다(딤후 2:17). 그들은 망령되고 헛된 말로 경건하지 아니함에 점점 나아갔다(딤후 2:16). 그들은 진리에 관하여 잘못되었다. 이것은 악성종양과 같은 것이었다(딤후 2:17). 특히 그들은 부활이 이미 지나갔다고 말함으로써 어떤 사람들의 믿음을 무너뜨렸다(딤후

2:18). 이처럼 거짓 교사는 진리를 대적하고 믿음을 파괴한다. 또한 디모데의 교회에는 사람들이 바른 교훈을 받지 않으며 도리어 간지러운 귀를 긁어 자신들의 욕심을 만족시켜 줄 거짓 스승을 많이 두었다(딤후 4:3). 이들은 귀를 진리에서 돌이켜 허탄한 이야기를 따랐다(딤후 4:4). 그러므로 배우고 확신한 일에 머무는 경건한 성도가 되기 위해서는 아무한테서나 배우면 절대로 안 된다. 이 세상에는 거짓 선생들이 참으로 많이 있다(딤후 4:3-4). 참된 선생을 만나 진리를 배울 수 있다는 것은 무엇과도 바꿀 수 없는 복이다.

(2) 성경

이와 함께 성도가 배우고 확실한 일에 거하기 위해서는 성경을 알아야 한다. "또 네가 어려서부터 성경을 알았나니"(딤후 3:15a). 이 말씀은 성도가 성경을 배우는 것에 대하여 몇 가지 중요한 사실을 교훈한다.

① 시기

먼저 성도는 "어려서부터" 성경을 배워야 한다. 그러면 '어리다'는 것은 어느 정도의 나이를 말하는 것인가? 우리는 언제부터 성경을 배우고 가르쳐야 할까? 신약성경에서 '어리다'라는 단어의 용례는 다음과 같다.

"엘리사벳이 마리아의 문안함을 들으매 아이가 복중에서 뛰노는지라"(눅 1:41).

"보라 네 문안하는 소리가 내 귀에 들릴 때에 아이가 내 복중에서 기쁨으로 뛰놀았도다"(눅 1:44).

"너희가 가서 강보에 싸여 구유에 누인 아기를 보리니"(눅 2:12).

"빨리 가서 마리아와 요셉과 구유에 누인 아기를 찾아서"(눅 2:16).

"사람들이 예수께서 만져 주심을 바라고 자기 어린 아기를 데리고 오매"(눅 18:15).

"그 어린 아이들을 내어버려 살지 못하게 할 새"(행 7:19).

"네가 어려서부터 성경을 알았나니"(딤후 3:15).

"갓난아이들 같이 순전하고 신령한 젖을 사모하라"(벧전 2:2).

그러므로 "어리다"라는 말은 뛰어 다닐 수 있는 어린 아이(참고. 눅 8:16-17)만이 아니라 젖먹이와 심지어는 엄마의 뱃속에 있는 태아까지 가리키는 말이다. 디모데가 어려서부터 성경을 배웠다는 것은 그가 모태에서부터, 갓난아이 때도, 그리고 어린 아이 때에도 성경을 배웠다는 뜻이다. 성경은 사람이 이 세상에 태어나기 전에, 즉 모태에서부터 배워야 한다. 또한 바울은 청년 디모데에게 성경을 읽는 것과 권하는 것과 가르치는 것에 전념하라고 말한다(딤전 4:13). 나아가서 진리의 말씀을 옳게 분별하며(딤후 2:15), 가르치라고 말한다(딤후 2:24; 4:2). 이에 더하여 바울은 장로를 말씀과 가르침에 수고하는 자라고 말함으로써 장년이 되어서도 말씀을 배우고 연구하며 가르칠 것을 말하고 있다(딤전 5:17). 따라서 인간은 그의 태동부터 삶의 전 과정 동안 내내 성경을 배워야 한다. 이런 이유에서 바울은 "어려서부터"라고 말함으로써 성경을 배우는 시작에 대하여는 밝히지만 그 끝에 대하여는(~까지) 아무런 언급을 하지 않는다. 성경을 배우는 데는 시작은 있으나 끝은 없다.

② **범위**

또한 성도는 성경 전체를 골고루 배워야 한다. 본문의 '성경'이라는 단어를 직역하면 '거룩한 문자들' 또는 '거룩한 기록물들'이라는 뜻이며, 복수로 되어 있다. 이것은 성경이 여러 권으로 되어 있다는 것을 의미한다. 그래서 16절은 "모든 성경"이라고 말하는 것이다. 우리는 성경을 배우되 모든 성경을 골고루 배워야 한다. 그 이유는 '모든'(16) 성경이 하나님의 감동으로 되었고, 성경은 전체가 연속성과 통일성 속에 있으며, 신구약 간에 상호작용이 있기 때문이다. 우리는 성경 중 어느 하나라도 배척하거나 가볍게 여겨서는 안 된다. 모든 성경을 골고루 배우고 전체 속에서 부분을 이해해야 한다.

③ **기록성**

이와 함께 성도는 성경을 어려서부터, 그리고 전체를 배우되, 반드시 '기록된' 성경을 배워야 한다. 본문의 "성경"이라는 말은 문자로 기록된 것을 의미하기 때문이다. 오늘날 문자로 기록되지 않은 많은 것들을 마치 성경처럼 믿고 추앙하는 이상한 신자들이 많이 있다. '기록된' 성경이 아닌 허황된 공상이나 꿈과 같은 것들을 성경이나 그 이상으로 신뢰하는 것을 자주 본다. 하지만 문자로 기록된 성경 이외의 그 어떤 것도 하나님의 말씀이 아니다. 예수님도 "모세의 율법과 선지자의 글과 시편에 나를 가리켜 기록된 모든 것이 이루어져야 하리라"(눅 24:44)고 말씀하심으로써 기록된 성경(구약)만을 인정하셨다. 바울 사도도 "기록한 말씀 밖으로 넘어가지 말라"(고전 4:6)고 말했고, 빌립은 예수께서 그리스도라는 것을 증거할 때 "모세가 기록하였고 여러 선지자가 기록한 그이"(요 1:45)라고 말함으로써 기록된 성경을 최종 근거로 제시하였다. 또한 요한복음은 예수께서 하나님의 아들 그리스도이심을 믿고 생명을 얻도록 하기 위해서 '기록'되었다(요 20:31). 그러므로 사람이 구원을 얻고 생명을 얻는 것은 '기록된' 말씀을 통해서이다. 그리고 바울 사도는 "그들에게 일어난 이런 일은 본보기가 되고 또한 말세를 만난 우리를 깨우치기 위하여 기록되었느니라"(고전 10:11)고 말함으로써 우리에게 본이 되고 깨우침이 되기 위한 것도 기록된 것으로 제한하고 있다. 또한 그는 친필로 문안함으로써(고전 16:21) 그것을 자신의 편지라는 표시로 삼았고(살전 3:17), 사도 베드로도 사도 바울이 쓴 편지를 성경으로 인정하였다(벧후 3:15-16). 나아가서 요한계시록은 "이 예언의 말씀을 읽는 자와 듣는 자와 그 가운데 기록한 것을 지키는 자는 복이 있다"(계 1:3)고 말씀한다. 특히 두루마리의 말씀을 더하거나 제하지 말 것을 경고함으로써 기록된 말씀에 최종 권위를 부여하고 있다(계 22:18-19). 따라서 기록된 성경이 아닌 다른 어떤 것을 마치 하나님의 말씀인 것처럼 가르치거나 배우면 절대로 안 된다. 문자로 기록된 성경 이외에 다른 그 어떤 것도 성경이 아니기 때문이다.

3. 성경의 기원

이제 사도 바울은 성경의 기원에 대하여 말한다. 그는 "모든 성경은 하나님의 감동으로 되었다."고 말한다(딤후 3:16a). 여기서 감동이라는 말은 영화를 보거나 책을 읽고 받은 감동을 말하는 것이 아니다. 이 말은 "하나님이 호흡으로 불어내셨다."는 뜻이다. 이 말은 하나님이 성경 저자들 속에 기운을 불어 넣었다든지, 혹은 작품 속에 불어 넣어 독특한 성격을 가지게 했다는 것이 아니라, 기록은 사람이 했지만 그것이 하나님에 의해 불어내진 것이라는 뜻이다. 성경은 하나님이 인간 저자들을 통하여 말씀하신 것이다(벧후 1:21). 그렇다고 해서 인간 저자들은 그냥 받아쓰기를 한 것은 아니다. 하나님은 그들의 인격과 기질과 배경과 경험 등을 충분히 사용하셔서 각자로 하여금 적당하고 독특한 메시지를 전하게 하셨다. 우리는 이것을 성경의 유기적 영감이라고 한다. 이처럼 성경은 하나님의 감동으로 된 하나님의 말씀이다. 성경은 하나님으로부터 유래했으며, 신적인 권위를 가진다. 따라서 모든 성경은 다음과 같은 몇 가지 중요한 특징을 가지고 있다.

(1) 성경의 완전성

성경은 완전하다. 성경은 완전하신 하나님에 의해 감동된 것이기 때문에 완전한 말씀이다. 하나님의 완전성이 성경의 완전성을 보장한다. 그런데 성경이 완전하다는 것은 그것의 질(質)과 양(量)에 있어서 모두 완전하다는 뜻이다.

먼저 질적으로 보면 성경은 진리이기 때문에 완전하다. 바울은 디모데에게 "너는 진리의 말씀을 옳게 분별(分別)하라"(딤후 2:15)고 말함으로써 말씀이 진리라고 설명한다. 성경은 거짓 교사들의 망령되고 헛된 말이 아니며(딤후 1:16) 허탄한 이야기도 아니다(딤후 4:4). 성경은 바울이 디모데에게 전한 "바른 말"(딤후 1:13)이며, "하나님의 견고한 터"(딤후 2:19)이다. 또한 성경이 진리인 이유는 말씀하신 분이 미쁘신 분이기 때문이다. 우리는 미쁨이 없을지라도 주는 항상 미쁘시기에 자기를 부인할 수 없다(딤후 2:13). 하나님은 거짓이 없으신 분이시며(딛 1:2) 식언치 않으시는 분이다(민 23:19).

또한 성경은 양적으로도 완전하다. "'모든' 성경은 하나님의 감동으로 되었다"(딤후 3:16a)는 말씀에서 "모든"은 양을 나타내는 말이며, 그것이 전부라는 뜻으로서 양적 완전함을 나타내는 것이다. 또한 "기록한 말씀 밖에 넘어가지 말라"(고전 4:6)는 것에는 기록된 말씀으로 충분하고 완전하다는 뜻이 포함되어 있다. 그리고 기록된 것에 더하거나 빼지 말라는 말씀도(계 22:18-19) 성경의 양적 충분성을 확증하는 것이다. 이렇게 성경은 질과 양에 있어서 부족함이 없이 완전하다.

(2) 성경의 영원성과 불변성

성경은 영원하며 변하지 않는다. 하나님은 영원 전부터 계신 분이며(딤후 1:9; 참고. 딛 1:2) 사망을 폐하신 분이다(딤후 1:10). 하나님 앞에서 사망은 힘을 발휘할 수 없다. 또한 하나님은 생명과 썩지 아니할 것을 드러내신 분이다(딤후 1:10). 그래서 그분에게 영광이 세세무궁토록 있는 것이다(딤후 4:18). 이처럼 하나님은 영원하시고 불변하시는 분이다. 그렇기 때문에 그분의 감동으로 된 성경도 영원하며 불변한다. 성경의 영원성은 하나님의 영원성에 기초하고 있다.

(3) 성경의 비속박성

성경은 속박되지 않는다. 하나님은 그 무엇에 의해서도 속박당하지 않으신다. 그러므로 그분의 말씀도 속박되지 않는다. "내가 죄인과 같이 매이는 데까지 고난을 받았으나 하나님의 말씀은 매이지 아니하니라."(딤후 2:9). 하나님의 말씀인 성경은 환경이나 어떤 세력에 의해서도 제한을 당하지 않는다. 바울은 매였어도 그가 전한 복음은 매이지 않고 더욱 담대히 전해졌다(빌 1:13-14). 바울에 의해 선포된 말씀은 "모든 족속"(참고. 마 28:19)이 듣도록 하기 위한 것이다(딤후 4:17). 그는 분명히 모든 족속에게 나아가지 못했다. 그러나 그가 전한 하나님의 감동으로 된 성경은 매이지 않으므로 모든 족속이 듣게 될 것이다.

(4) 성경의 계시성

성경은 계시이다. 하나님은 영원 전부터 가지고 계신 자신의 계획과 은혜를 예수 그리스도를 통하여 나타내셨다(딤후 1:9-10). 하나님은 계시하시는 분이다. 따라서 계시자인 하나님의 감동으로 된 성경도 계시의 책이다. 하나님은 성경을 통해 하나님 자신을 나타내신다. 하나님은 성경을 통해 자신의 영광과 위대하심과 전능하심과 역사하심 등을 나타내신다. 또한 하나님은 성경을 통해 인간이 어떤 존재인가를 나타내신다. 성경을 보면 인간이 바로 보인다. 성경은 인간이 얼마나 비참한 존재인지를 깨닫게 한다(히 4:12). 성경은 거룩하신 하나님 앞에 부패하고 타락한 인간을 세움으로써 하나님의 거룩하심과 인간의 패역함을 극명하게 대조하기 때문이다. 나아가서 하나님은 성경을 통해 만물의 시작과 그들의 상태와 운명에 대하여 명확하고 분명하게 보여준다. 이처럼 우리는 하나님의 계시인 성경을 통하여 하나님을 배우며, 인간과 만물에 대하여 알게 된다. 하나님과 인간과 만물을 바로 알기 원하는 사람은 성경을 열어야 한다. 성경을 열면 하늘이 열린다. 성경을 열면 하나님의 세계가 열리고, 인간과 만물이 열린다(참조. 조병수, 『신약성경총론』, 399-400).

4. 성경의 목적

마지막으로 사도 바울은 성경의 목적에 대하여 말한다. 무엇보다도 성경은 구원을 목적으로 한다. "성경은 능히 너로 하여금 그리스도 예수 안에 있는 믿음으로 말미암아 구원에 이르는 지혜가 있게 하느니라."(딤후 3:15). 하나님의 말씀인 성경은 예수 그리스도에 대한 믿음을 일으켜 구원을 받게 한다. 인간은 오직 예수 그리스도를 믿음으로 구원을 받으며, 이 믿음은 그리스도의 말씀으로 말미암는다(롬 10:17). 우리는 오직 성경을 통하여 하나님이 영원 전부터 그리스도 예수 안에서 우리를 부르신 것과, 예수 그리스도의 나타나심으로 사망을 폐하시고 생명을 주신 것을 믿게 된다(딤후 1:9-10, 참고. 벧전 1:23). 그러므로 인간은 구원을 위해서도 성경을 읽고 배워야 한다. 그리하면 성경은 우리를 그리스도께로 인도하여 구원의 은혜를 누리게 할 것이다.

또한 성경은 성도의 온전함을 목적으로 한다. 성경은 온전하신 하나님의 감동으로 된 것이기에 능히 하나님의 사람을 온전하게 만든다. 즉 성경의 신적 기원이 인간의 온전함을 보증해 주는 것이다. 그런데 이 온전함은 성경이 주는 유익을 통하여 이루어진다. 성경은 교훈과 책망과 바르게 함과 의로 교육함에 유익하다. 성경은 가르치고, 잘못된 것을 꾸짖고 바로잡아 교정하며, 의로움으로 훈련시키기에 유익하다. 성경은 이런 유익을 통하여 하나님의 사람을 "온전하게"하며, 모든 선한 일을 행하기에 온전하게 만든다. 이처럼 성경은 성도의 온전함을 위하여 존재한다.

5. 맺는 말

우리 모두는 말세의 고통하는 때를 살고 있다. 사람들은 악한 것에서 더 악한 것으로 나아간다. 그러나 이들과 달리 성도는 배우고 확신하는 일에 머묾으로써 경건하게 살아야 한다. 이를 위해서는 무엇보다 성경을 정확하게 가르칠 수 있는 신실한 교사가 필요하다. 또한 성도는 모태에서부터 생명이 다하는 날까지 성경을 알아가며, 성경 전체를 알고, 반드시 기록된 성경의 진리를 배우기 위해 힘써야 한다. 나아가 성도는 성경의 특성을 알고 성경의 신적 권위와 가르침에 복종해야 한다. 하나님의 사람이 온전하게 될 수 있는 것은 부지런히 성경을 배우고 그것 안에 머묾으로써 이루어지기 때문이다.

천국 백성의 표지

요한계시록 7:9-17

9 이 일 후에 내가 보니 각 나라와 족속과 백성과 방언에서 아무도 능히 셀 수 없는 큰 무리가 나와 흰 옷을 입고 손에 종려 가지를 들고 보좌 앞과 어린 양 앞에 서서 10 큰 소리로 외쳐 이르되 구원하심이 보좌에 앉으신 우리 하나님과 어린 양에게 있도다 하니 11 모든 천사가 보좌와 장로들과 네 생물의 주위에 서 있다가 보좌 앞에 엎드려 얼굴을 대고 하나님께 경배하여 12 이르되 아멘 찬송과 영광과 지혜와 감사와 존귀와 권능과 힘이 우리 하나님께 세세토록 있을지어다 아멘 13 장로 중 하나가 응답하여 나에게 이르되 이 흰 옷 입은 자들이 누구며 또 어디서 왔느냐 14 내가 말하기를 내 주여 당신이 아시나이다 하니 그가 나에게 이르되 이는 큰 환난에서 나오는 자들인데 어린 양의 피에 그 옷을 씻어 희게 하였느니라 15 그러므로 그들이 하나님의 보좌 앞에 있고 또 그의 성전에서 밤낮 하나님을 섬기매 보좌에 앉으신 이가 그들 위에 장막을 치시리니 16 그들이 다시는 주리지도 아니하며 목마르지도 아니하고 해나 아무 뜨거운 기운에 상하지도 아니하리니 17 이는 보좌 가운데에 계신 어린 양이 그들의 목자가 되사 생명수 샘으로 인도하시고 하나님께서 그들의 눈에서 모든 눈물을 씻어 주실 것임이라

이 세상에는 구별을 위한 표지가 수도 없이 많다. 땅의 소유권을 구별하기 위한 표지로 국가 간에는 국경이 있고 개인 간에는 지계석이 있다. 상품에는 각각의 브랜드가 있어서 어느 회사 제품인지를 구별하는 표지가 된다(옷, 신발 등). 또 책과 같은 경우에는 도장을 찍거나 사인을 함으로써 그것이 누구의 소유인지를 구별하는 표지가 된다. 또 가축을 구별하기 위한 표지로 말의 엉덩이에 낙인을 찍는가 하면 소의 경우에는 귀에다 구멍을 뚫고 인식표를 단다.

구별을 위한 이러한 표지는 사람에게도 있다. 고대 노예 제도에서는 노예의 코를 뚫거나 몸에 문신을 새기거나 아니면 낙인을 찍어서 누구의 노예인가를 구별하는 표지로 삼았다. 성경에도 이런 법이 있다. 유대인이 동족인 히브리 종을 사면 6년 동안 주인을 섬기게 하고 제7년에는 풀어주어 자유의 몸이 되도록 했다. 그러나 그 종이 계속해서 종으로 남아 있기를 참으로 원하면 그를 데리고 재판장에게 가서 확인을 한 후에 문이나 문설주 앞으로 데리고 가서 거기에 대고 송곳으로 귀를 뚫게 했다. 이렇게 하여 그 종으로 하여금 영원히 그의 주인의 종이라는 구별의 표지를 지니게 했다(출 21:5-6; 신 15:16-17). 또한 어느 나라의 백성인지를 구별하는 표지로 국적이 있다. 그래서 미국 국적을 가진 사람이 우리나라에 들어오려면 우리 정부의 허가를 받아야만 한다. 그런데 성경을 보면 어느 나라의 백성이냐를 구별하는 표지는 이 땅의 나라에만 있는 것이 아니라 하늘나라에도 있음을 알 수 있다. 즉 천국 백성인지 아닌지를 구별하는 표지가 있다는 말이다.

1. 천국 백성의 표지

본문은 요한계시록에 나오는 일곱 인 중에 여섯 번째 인과 일곱 번째 인 사이에 있는 두 가지 환상 중 두 번째 것이다. 9-12절은 환상의 내용이고 13-17절은 그 환상에 대한 해석이다. 이 환상에서 사도

요한은 천국의 모습을 보았다. 하나님이 보좌에 앉아 계시고 어린 양이 계신다. 그 주위에 장로들과 네 생물들이 서 있고, 천사들이 보좌와 장로들과 네 생물의 주위에 서 있다. 그런데 거기에 그 누구도 능히 셀 수 없는 큰 무리가 보좌 앞과 어린 양 앞에 서서 큰 소리로 구원하심이 하나님과 어린 양에게 있다고 외친다(9, 10). 이 큰 무리는 하나님의 보좌 앞에서 하나님을 찬양하는 것으로 보아 구원받아 천국에 들어간 하나님 나라의 백성들임에 틀림이 없다. 요한계시록 6:17의 "누가 능히 서리요"에서 요한계시록 7:9의 "서서"로의 변화도 이를 명백하게 지지한다.[2] 본문은 이들이 어떤 자들인지에 대해 구체적으로 설명한다. 장로 중 하나가 요한에게 "이 흰 옷 입은 자들이 누구며 또 어디서 왔느냐"(13)고 묻는다. 이 질문에 대해 장로 자신이 대답을 한다. "이는 큰 환난에서 나오는 자들인데 어린 양의 피에 그 옷을 씻어 희게 하였느니라"(14). 우리는 이 질문과 대답에서 천국 백성을 구별하는 표지가 무엇인지를 두 가지로 확인할 수 있다.

---

2) 144,000과 '아무도 능히 셀 수 없는 큰 무리'는 동일체인가 아닌가? 요한계시록에 나오는 144,000(계 7:4; 14:1, 3)은 실제로 그만큼의 사람 수를 가리키는 것이 아니라 다른 어떤 의미를 가진 상징적 숫자이다. 그 이유는 다음과 같다. 첫째, 이 숫자는 이마에 하나님의 인(印)침을 받은 자들의 수이다(계 7:4). 하나님의 인(계 7:2, 3, 4; 9:4; 22:4)은 물리적인 것이 아니라 상징적인 것으로서 하나님의 구별과 소유, 보호와 보증과 책임 등을 나타낸다(예, 계 3:12; 9:4; 14:1 등). 둘째, 144,000은 이스라엘 자손의 열 두 지파 중에서 하나님의 인침을 받은 자들이다. 초대 교회는 성도를 영적 '이스라엘'로 불렀다(갈 3:7, 9, 29; 6:16; 벧전 2:9). '열 두 지파' 또한 그러하다(약 1:1). 그러므로 144,000은 문자적으로 유대 민족을 가리키지 않고 영적 이스라엘 곧

기독 신자들을 상징한다(계 21:21)(박윤선, 『요한계시록』, 173이하). 셋째, 144,000은 하나님의 인침을 받은 "하나님의 종들"로 불린다(계 7:3, 4). 요한계시록에서 "하나님의 종들"은 일반적으로 신구약의 모든 성도를 가리킨다(계 1:1; 2:20; 10:7; 11:18; 19:2, 5; 22:3, 6). 신구약의 모든 성도가 하나님의 인침을 받은 하나님의 종들이며 영적 이스라엘이다. 넷째, 천하 "만민"(LXX, πάντα τὰ ἔθνη)이 아브라함으로 말미암아 복을 받게 될 것(창 18:18)과 아브라함의 씨로 말미암아 천하 "만민"(LXX, πάντα τὰ ἔθνη)이 복을 받을 것(창 22:18)이 예언되었고, 예수께서도 "모든 족속"(πάντα τὰ ἔθνη)으로 제자를 삼으라고 명령하셨다(마 28:19). 그러므로 하나님의 인침을 받은 "하나님의 종들"은 혈통적 이스라엘의 열 두 지파를 말하는 것이 아니라 모든 족속 가운데서 예수님을 믿는 사람들을 가리킨다. "하나님의 종들"로 표현된 144,000은 문자적 의미가 아니라 구원받은 신자의 총수 즉, 하나님의 백성의 완전성과 충만성을 나타내는 상징적인 숫자이다.

그런데도 대부분의 이단들은 144,000을 문자적으로 해석한다. 이들의 가장 큰 문제점은 144,000을 문자적으로 해석하면서도 이것의 출처인 이스라엘 열 두 지파는 문자적, 즉 혈통적 이스라엘로 해석하지 않고(자신들은 분명 유대인이 아니므로) 영적으로 해석하는 것이다. 출처가 영적이면 실체도 영적이어야 하며, 출처가 문자적(혈통적)이면 실체도 문자적이어야 한다. 그런데 이단들은 출처(계 7:5-8)는 영적으로 해석하고, 그것에서 나온 실체(계 7:2-4)는 문자적으로 해석하는 오류를 범하고 있다. 이것은 성경 해석의 근본을 모르는 무지의 소치이다.

그러면 구원받은 하나님의 종들의 총수를 상징하는 144,000에 이어 등장하는 '아무도 능히 셀 수 없는 흰 옷 입은 큰 무리'(계 7:9-17)는 누구인가? 또한 이들은 144,000과 어떤 관계인가? 144,000은 이마에 하나님의 인침을 받아 심판재앙으로부터 보호받은 자들이다(계 7:3, 4). 그리고 "흰 옷 입은 아무도 능히 셀 수 없는 큰 무리"(계 7:9) 역시 심판재앙으로부터 보호받은 자들이다. 이 사실은 "그들의 진노의 큰 날이 이르렀으니 누가 능히 서리요"(계 6:17)라는 질문에 대한 다음의 대답이 이를 잘 증명한다: "아무도 능히 셀 수 없는 큰 무리가 나와 흰 옷을 입고 손에 종려가지를 들고 보좌 앞과 어린 양 앞에 서서"(계 7:9). 또한 7장에서 144,000은 어린 양에 대한 언급 없이 등장하지만 '셀 수 없는 큰 무리'는 어린 양과 함께 등장한다(계 7:9, 17). 그런데 14장에서는 이와 반대로 144,000이 어린 양과 함께 등장한다(계 14:1). 따라서 144,000과 '흰 옷 입은 큰 무리'는 하나의 동일 그룹이다. 더 나아가서 144,000은 "하나님의 종들"(τοὺς δούλους τοῦ θεοῦ)(계 7:3)이며, '흰 옷 입은 큰 무리'는 하나님의 성전에서 밤낮 "하나님을 섬긴다"(λατρεύουσιν αὐτῷ)(계 7:15). 그런데 요한계시록 22:3은 이 둘을 하나로 통합한다: "그의 종들이 그를 섬기며"(οἱ δοῦλοι αὐτοῦ λατρεύσουσιν αὐτῷ). 따라서 전자와 후자 모두 동일한 하나님의 백성들이며, 각각 다른 측면에서 표현된 것일 뿐 별개의 두 그룹이 아니다. 144,000은 아무도 능히 셀 수 없는 흰 옷 입은 큰 무리이다.

(1) 흰 옷(9, 13, 14)

천국 백성의 첫 번째 표지는 흰 옷이다. 하나님의 보좌와 어린 양 앞에 서서 큰 소리로 외치는 큰 무리 모두가 흰 옷을 입고 있다. 본문은 이 사실을 세 번이나 반복하여 강조하고 있다. "큰 무리가 흰 옷을 입고"(9), "흰 옷 입은 자들"(13), "그 옷을 씻어 희게 하였느니라"(14). 그러므로 이 흰 옷이 바로 그들이 하나님의 백성임을 나타내는 표지가 되고 있다. 흰 옷 입은 자가 천국 백성이며, 흰 옷이 천국 백성의 표지이다. 그러면 이 큰 무리는 어떻게 흰 옷을 입고 천국에 들어갈 수 있었을까? 이에 대하여 14절은 그들이 "어린 양의 피에 옷을 씻어 희게" 하였기 때문이라고 말씀한다. 그런데 피로 씻어 희게 되었다는 이 말은 쉽게 이해되지 않는다. 피에 옷을 빨면 붉은 색이 되어야지 흰색이 될 수 없기 때문이다. 따라서 이 말은 문자 그대로 피에 옷을 빤다는 의미가 아니라 상징적인 의미로 사용된 것이 분명하다. 그러면 이 말씀은 무엇을 상징하는 것일까?

① 상징의 의미

첫째, 어린 양은 누구를 상징하는 것일까? 세례 요한은 예수께서 자기에게 나아오심을 보고 이렇게 말씀한다. "보라 세상 죄를 지고 가는 하나님의 어린 양이로다"(요 1:29). 또한 예수님의 다니심을 보고 "보라 하나님의 어린 양이로다"(요 1:36)라고 말씀한다. 베드로 사도는 그리스도를 "오직 흠 없고 점 없는 어린 양 같은 그리스도"(벧전 1:19)라고 하였다. 또한 사도 요한은 "어린 양은 만주의 주시요 만왕의 왕이시다"(계 17:14)라고 말씀하였다. 그러므로 이 어린 양은 주 예수 그리스도를 가리킨다.

둘째, 피는 무엇을 상징하는 것일까? 성경에서 피는 생명을 의미한다. "고기를 그 생명 되는 피 채 먹지 말 것이니라"(창 9:4). "오직 크게 삼가서 그 피는 먹지 말라 피는 그 생명인즉"(신 12:23). "육체의 생명은 피에 있음이라 내가 이 피를 너희에게 주어 단에 뿌려 너희의 생명을 위하여 속하게 하였나니 생명이 피에 있으므로 피가 죄를 속하느니라"(레 17:11). 이처럼 피는 생명을 말한다. 따라서 피를 흘렸다는 것은 죽음을 의미하는 것이다.

셋째, 흰 옷은 무엇을 상징하는 것일까? 14절에 보면 "그 옷을 씻어 희게 하였다"고 말씀한다. 그냥 흰 옷이 아니라 "씻어서" 희게 된 흰 옷이다. 성경에서 옷을 씻거나 빠는 행위는 성결하게 하는 것을 의미한다. "그들을 성결케 하며 그들로 옷을 빨고"(출 19:10), "백성으로 성결케 하니 그들이 자기 옷을 빨더라"(출 19:14). 그러므로 그들이 흰 옷을 입었다는 말은 씻어서 깨끗하게 되었다, 즉 성결하고 거룩하게 되었다는 뜻이다.

그런데 그들이 씻어서 깨끗하게 된 흰 옷을 입었다는 이 말은 그들의 이전 상태가 누더기와 같은 더러운 옷을 입고 있었다는 것을 전제로 하는 것이다. 그러면 더러운 옷은 무엇을 의미할까? "대저 우리는 다 부정한 자 같아서 우리의 의는 다 더러운 옷 같으며"(사 64:6). 이것은 인간의 불의를 더러운 옷에 비유하고 있는 것이다. "여호수아가 더러운 옷을 입고 천사 앞에 섰는지라 여호와께서 자기 앞에 선 자들에게 명하사 그 더러운 옷을 벗기라 하시고 또 여호수아에게 이르시되 내가 네 죄과를 제하여 버렸으니 네게 아름다운 옷을 입히리라 하시기로"(슥 3:3,4). 따라서 더러운 옷은 죄를 의미하며, 그 옷을 벗기는 것은 죄를 제거하는 것을 뜻한다. 이와 함께 성경은 모든 사람이 죄를 지었고, 의인은 없으며 한 사람도 없다고 선언한다. 즉 모든 사람은 다 더러운 옷을 입고 있는 자들이라는 말이다. 그 결과 모든 사람이 하나님의 진노의 심판을 받아 지옥에 떨어져야만 한다고 말씀한다. 모든 인간은 한 명도 예외 없이 다 이러한 운명에 놓여 있다.

② 예수의 피의 효력

그러나 놀랍게도 본문에서는 그 더러운 옷이 흰 옷으로 변화된 것을 말씀하고 있다. 어떻게 해서 그렇게 될 수 있었는가? 바로 어린 양이신 예수님의 피에 그 더러운 옷을 씻어서 희게 했기 때문이다. 어린 양이신 예수께서 피 흘려 죽으심으로, 그 피에 더러운 옷을 빨아 깨끗하게 되고 희게 된 것이다. 따라서 흰 옷을 입었다는 것은 예수 그리스도로 인해 죄가 제거되었다는 것을 의미한다(시 51:6; 사 1:18; 요 1:29). 이것은 그리스도께서 죄인을 대신하여 죽으신 그 죽음이 주는 속죄의 완벽한 효력을 말하는 것이다. 하지만 이것이 정말 가능한가? 다시 말해 예수님의 피가 참으로 사람들의 죄를 깨끗케 할 수 있느냐는 것이다. 성경은 분명하게 그렇다고 증거 한다. "생명이 피에 있으므로 피가 죄를 속하느니라"(레 17:11). "영원하신 성령으로 말미암아 흠 없는 자기를 하나님께 드린 그리스도의 피가 어찌 너희 양심으로 죽은 행실에서 깨끗하게 하고 살아 계신 하나님을 섬기게 못하겠느냐"(히 9:14). "예수도 자기 피로써 백성을 거룩케 하려고 성문 밖에서 고난을 받으셨느니라"(히 13:12). 이 사실에 대해 요한일서 1:7은 다음과 같이 증거 한다. "예수의 피가 우리를 모든 죄에서 깨끗하게 하실 것이요." 이와 같은 수많은 증거에 이어 요한계시록 1:5은 예수께서 "우리를 사랑하사 그의 피로 우리 죄에서 우리를 해방하셨다."고 선언하고 있다. 때문에 예수께서는 요한계시록 5:9에서 "일찍 죽임을 당하사 각 족속과 방언과 백성과 나라 가운데서 사람들을 피로 사서 하나님께 드리신" 분이라는 증거를 받는 것이다.

이러한 예수님의 피의 효력에 대해 사도 베드로는 매우 구체적으로 증거 한다. 그는 베드로전서 1:18-19에서 "너희가 알거니와 너희 조상의 유전한 망령된 행실에서 구속된 것은 은이나 금같이 없어질 것으로 한 것이 아니요 오직 흠 없고 점 없는 어린 양 같은 그리스도의 보배로운 피로 한 것이니라"고 말씀한다. 세상에 있는 모든 것은 아무리 귀할지라도, 비록 그것이 은이나 금과 같은 보배일지라도 결국 썩어 없어지고 만다. 그러나 예수님의 피는 은이나 금과 같이 썩고 부패하여 없어지는 것이 아니다. 만일 우리의 속죄가, 우리의 구원이 부패하고 썩어 없어지는 은이나 금과 같은 것으로 되었다면 우리의 속죄도 부패하고 썩어 없어지는 것이 되고 말 것이다. 그리하여 우리의 구원은 영원하지 못하고 온전하지 못하며 결국 파기되고 무효가 되고 말 것이다. 우리 모두가 구원을 받는 데서 실패하고 말 것이라는 말이다. 그러나 우리의 속죄와 구원은 썩어 없어질 세상의 은이나 금이 아니라 흠 없고 점 없는 그리스도의 보배로운 피로 되었다. 예수님의 피는 점도 없고 흠도 없이 순결하고 완전하다. 그러므로 예수님의 피는 결코 썩지 않고 부패하지 않는 것이다. 은과 금은 피조물이며 시간의 세계에 속하여 유한하며 점과 흠이 있다. 그러나 예수 그리스도는 피조물이 아닌 창조주이시고, 시간의 세계가 아닌 영원의 세계에 속하며, 점도 없고 흠도 없는 완전한 분이시다. 그렇기 때문에 그분의 피도 결코 썩지 않고 영원토록 유효한 피이다. 우리의 속죄와 구원이 결단코 취소되거나 파기되거나 폐지되거나 무효가 될 수 없는 완전하고도 영원한 것인 이유는 우리의 속죄와 구원이 이처럼 무흠하고 영원한 예수 그리스도의 보배로운 피로 이루어졌기 때문이다. 어린 양이신 예수께서는 십자가에 못 박혀 흘리신 자신의 그 보배로운 피로 인간들의 더러운 죄를 깨끗이 씻어 희게 하셨으며 영원토록 온전케 하셨다. 죄인이 흰 옷을 입고 하나님 앞에 설 수 있는 것은 전적으로 그리스도께서 피를 흘려주셨기 때문이다.

③ 결론

천국 백성의 표지가 무엇인가? 그것은 흰 옷이다. 이것은 어린 양의 피에 그 옷을 씻어 희게 한 옷이다. 흰 옷 입은 자가 하나님의 백성이다. 흰 옷 입은 자만이 천국에 들어간다. "그 두루마기를 빠는 자들은 복이 있으니 이는 저희가 생명나무에 나아가며 문들을 통하여 성에 들어갈 권세를 얻으려 함이로다."(계 22:14). 그러면 우리는 어떻게 해야 천국 백성의 표지인 이 흰 옷을 입을 수 있을까? 어떻게 해야 어린 양의 피에 옷을 빨아 희게 할 수 있을까? 어떻게 해야 누더기와 같은 더러운 죄의 옷을 그리스도의 피에 씻어 흰 옷 입은 하나님의 백성이 될 수 있을까? 어떻게 해야 지옥 자식에서 천국 백성이 될 수 있는가?

그것은 어린 양이신 예수께서 나의 죄를 위해 피 흘려 죽으셨으며 그 피로 인해 더러운 내 죄가 깨끗하게 씻겨서 희게 되었다는 것을 믿을 때 가능하다. 하나님의 백성이 되어 천국에 갈 수 있는 유일한 길은 예수께서 나의 죄를 대신 지시고 십자가에서 피 흘려 죽으셨다는 것을 믿는 것이다. "구원은 인간의 공로로써 매수할 수 있는 염가의 것이 아니고, 오직 하나님의 그 독생 성자의 피로야 살 수 있는 보배로운 것이다. 성도는 하나님께서 거저 얻으신 습득물이 아니고 그의 피로 사신 고가의 보배이다"(박윤선). 이런 까닭에 흰 옷 입은 큰 무리는 10절에서 이렇게 외친다. "구원이 보좌에 앉으신 우리 하나님과 어린 양에게 있도다." 이것은 그들의 구원의 원인을 자신들의 지혜나 선행에 돌리지 않고 하나님과 어린 양에게 돌리는 것이다. 예수께서 나의 죄를 위하여, 나를 대신하여 십자가에 못 박혀 피 흘려 죽으심으로 나의 더러운 죄가 다 용서되었다는 것을 믿는 사람은 어린 양의 피에 옷을 씻어 희게 한 자요, 천국 백성이라는 구별된 표지를 가진 자이다. 그는 영생을 소유하고 구원을 얻으며 장차 저 천국에 들어가게 될 것이다.

(2) 큰 환난(14)

① 천국 백성의 표지인 환난

천국 백성의 두 번째 표지는 환난이다. 장로는 흰 옷 입은 큰 무리를 "큰 환난에서 나오는 자들"(14)이라고 말한다. 성도는 반드시 환난으로부터 나오게 될 것이다. 성도의 고난은 영원히 지속되는 것이 아니다. 성도는 모든 고난으로부터 영원히 벗어날 때가 올 것이다. 그런데 이 말에는 천국 백성인 성도는 반드시 환난을 당한다는 것이 전제되어 있다. 이 환난은 어떤 특정한 시기의 환난이 아니라 모든 세대의 그리스도인들이 당하는 모든 환난을 의미한다. 인류의 모든 역사를 통해서 하나님의 백성이 경험하게 될 두려운 환난의 총체를 의미한다. 이것은 성도들이 생활 중에 당하는 모든 고통이며, 교회가 이 세상에서 당하는 정상적인 체험이다(요 16:33; 행 14:22; 롬 8:35). 구약의 선지자들이 당한 고난, 사도와 교부들, 종교개혁자들, 그리고 우리 시대에 이루 셀 수 없을 만큼 많은 사람들이 고난과 환난을 당한다. 이러한 사람들은 "심한 고문을 받고, 조롱과 채찍질뿐만 아니라 결박과 옥에 갇히는 시험도 받았으며, 돌로 치는 것과 톱으로 켜는 것과 시험과 칼에 죽는 것을 당하고 양과 염소의 가죽을 입고 유리하여 궁핍과 환난과 학대를 받았으며 광야와 산중과 암혈과 토굴에 유리한 사람들"(히 11:35-38)이다. 그러나 이렇게 고난 받는 사람들은 자기들이 당하는 환난을 슬픔과 후회할 일로 생각하지 않는다. 오히려 그들은 그리스도의 이름으로 능욕 받기에 합당한 자로 인정받은 것을 기뻐한다(행 5:41). 그들이 당하는 짧은 고난은 이후에 그들을 기다리고 있는 영원한 영광과 족히 비교할 수가 없는 것이기 때문이다(롬 8:18; 고후 4:17; 마 5:12).

오늘날 우리에게도 많은 고난과 고통이 있다. 그 고통이 큰 산과 같이 크고 무거워서 질식하여 죽을 것 같은 날들도 많이 있다. 이 때 우리가 알아야 할 것은 이러한 고통이 우리에게 오는 것은 우리에게 믿음이 없어서가 아니라 우리가 천국 백성이기 때문에 오는 것이라는 사실이다. 그러므로 우리는 환난을 당할 때 절망하거나 좌절하거나 낙담하지 말고 오히려 천국 백성 되었음을 감사하며 믿음으로 견뎌내야 할 것이다. 우리는 흰 옷 입은 큰 무리가 하나님의 보좌 앞에 설 수 있었던 것은 그들에게 고난이 없었기 때문이 아니라 그들이 그 큰 고난을 참고 견뎠기 때문이었다는 사실을 잊지 말아야 한다. 어려움과 환난과 고통의 때를 보내고 있는가? 힘을 내라. 인내하라. 우리는 지금 그 고난을 통과하고 있는 것이다. 그리고 언젠가는 그 고통에서 나오게 될 것이다.

② 환난을 이기는 능력

그러면 그들이 그 큰 환난을 이길 수 있었던 힘은 무엇이었을까? 무엇이 그들로 하여금 고난을 견디게 했을까? 그 근본적인 힘은, 본질적인 원인은 변하지 않는 그리스도의 보혈로 이룬 하나님의 구원에 있다. 예수님의 보배로운 피가 썩지 않고 부패하지 않고 영원한 것이기에 그 피로 인한 구원 또한 영원한 것이다. 요한계시록 7:3에서 말씀하는 대로 흰 옷 입은 큰 무리가 큰 환난으로부터 나올 수 있었던 것은 그들이 하나님의 명으로 인침을 받았기 때문이라는 사실이 이 것을 잘 증명한다. 예수님의 피로 이룬 성도의 구원은 절대로 파기되거나 취소될 수 없는 구원이다. 따라서 그 어떤 환난이나 고통이 있어도 하나님은 성도를 저 천국에까지 인도하시고야 말 것이다. 사도 바울은 이 사실에 대해 이렇게 외친다. "누가 우리를 그리스도의 사랑에서 끊으리요 환난이나 곤고나 박해나 기근이나 적신이나 위험이나 칼이랴 … 그러나 이 모든 일에 우리를 사랑하시는 이로 말미암아 우리가 넉넉히 이기느니라"(롬 8:35, 37).

천국 백성인 우리가 한평생 수많은 환난을 당하나 결코 망하지 않고 꿋꿋이 맞서 싸우며 승리할 수 있는 것은 우리 자신이 강하기 때문이 아니라 오직 우리가 영원한 예수님의 보혈로 구원을 받았기 때문이다. 그 구원은 결단코 취소될 수 없고 파기될 수도 없는 구원이며, 장차 고통하는 것이나 눈물이나 근심이나 걱정이나 곡하는 것이나 애통하는 것이 없는 저 천국에 반드시 인도하여 들일 구원이다. 이것을 믿을 때 성도는 환난을 이길 힘을 얻는다. 성도에게는 이러한 천국 소망이 있기 때문에 닥치는 환난을 피하지 않고 당당하게 맞서는 것이다. 그러므로 어떠한 환난도 우리를 압도하여 하나님 나라에서 내쫓지 못한다. 어떤 무시무시한 환난이라도 천국 백성을 단 한 사람이라도 위협할 수 없다. 천국 백성은 환난이 없는 자가 아니다. 그 반대로 천국 백성도 환난을 당한다. 하지만 그들은 하나님이 그에게 베푸신 구원을 끝까지 이루심을 알고 확신하기에 천국에 대한 분명한 소망을 가지고 믿음으로 환난을 이기고 통과하며 결국은 그 환난으로부터 나오는 자이다. 이 사실이 환난의 때를 사는 모든 신자에게 큰 위로가 된다.

2. 천국 백성 됨의 결과

천국 백성은 예수님의 피로 죄 씻음을 받아 흰 옷을 입고, 모든 환난과 고통을 통과한 자들이다. 그러므로 흰 옷과 환난, 이 두 가지가 천국 백성의 표지가 된다. 그러면 그들이 이렇게 흰 옷을 입고 환난에서 나온 결과는 무엇일까? 이것에 대해 15절부터 "그러므로"라는 말로 설명된다.

첫째, 그들이 하나님의 보좌 앞에 있게 되었다. "그들이 하나님의 보좌 앞에 있고"(15a). 성도는 흰 옷을 입고 고난을 통과한 결과 하나님의 현존 앞에 설 수 있게 되었다. 그 영광스러운 하나님의 얼굴을 직접 볼 수 있게 되었다(마 5:8; 레 22:4; 요일 3:2,3). 이것은 하나님이 자기 백성과 함께 거하심을 나타내는 것이다.

둘째, 하나님이 그들 위에 장막을 치신 것이다. "그의 성전에서 밤낮 하나님을 섬기매 보좌에 앉으신 이가 그들 위에 장막을 치시리니"(15b). 이것은 첫 번째 결과에 대한 좀 더 자세한 설명이다. 여기서 말하는 성전은 하늘에 있는 어떤 구별된 건물이 아니라 그 백성들 가운데 나타나신 하나님의 임재이다. 이것은 하나님과 어린 양이 자기 백성 가운데 온전히 임재하시는 것을 의미한다. 하나님의 임재가 충만하고도 온전히 이루어진 것이다. 성도들은 이 성전에서 하나님을 섬긴다. 이 섬김은 곧 예배를 의미한다. 흰 옷 입은 천국 백성은 모든 환난을 이겨내고 영원한 안식에 들어가 하나님 나라를 기업으로 받고 세세토록 하나님과 어린 양을 경배하며 섬기는 즐거움을 누리게 되는 것이다.

이리하여 저 하늘의 온전하고도 영원한 복이 그들에게 주어진다. 그들은 주림과 목마름과 뜨거움에서 구출 받고 영원한 안식을 누리게 될 것이다(16). 또한 어린 양이 하늘의 목자가 되셔서 자기 양인 성도들을 생명수로 인도하시고 지상에서 당한 고난의 마지막 눈물을 닦아 주실 것이다. 온전한 기쁨과 축복과 영광과 지극히 밀접한 교제와 충만한 생명이 그곳에 넘칠 것이다. 이러한 하늘의 축복을 아는 것은 이 세상에서 살고 있는 성도에게 큰 용기와 격려와 참 소망이 된다.

3. 맺는 말

신자는 어린 양의 피에 우리의 더러운 옷을 씻어 희게 된 흰 옷 입은 천국 백성임을 믿는다. 또한 신자는 그 피의 효력이 영원하고 불변하기에 그로 하여금 어떤 환난과 고난도 견뎌내게 하며, 결국에는 그를 하나님의 보좌와 어린 양 앞에 세우실 것도 믿는다. 그러나 우리가 잊지 말아야 할 것이 한 가지 있다. 그것은 비록 우리가 흰 옷 입고 고난을 통과하는 천국 백성이지만, 그럼에도 불구하고 우리는 아직 이 땅에 살고 있다는 사실이다. 우리는 천국 백성의 신분을 가지고 이 땅에서 사는 사람들이다. 따라서 성도는 하늘에 속하여 이 땅을 사는 자이며, 동시에 이 땅에서 하늘을 사는 사람들이다. 그런 까닭에 성도는 이 땅에서 살되, 흰 옷 입은 천국 백성의 신분을 표현하고 증거 해야만 한다. 이렇게 하여 성도는 하늘과 땅을 엮는 사람이 되어야 한다.

이를 위하여 우리는 환난을 견뎌내야 한다. 성도는 영원한 구원과 그로 인해 장차 저 천국에서 누릴 그 영원한 복을 소망하면서 이 땅에서 닥치는 환난과 고통과 시련들을 기쁨으로 인내하고 이겨내야 한다. 또한 우리는 하나님을 열심히 섬겨야 한다. 성도는 여러 가지 방법으로 하나님을 섬긴다. 그리고 그 섬김의 핵심은 예배이다. 저 천상에서 흰 옷 입은 큰 무리는 밤낮 하나님을 예배한다(15a). 예배는 우리가 하나님의 백성임을 이 세상에 증거 하는 가장 중요하고도 가장 힘 있는 행위이다. 그러므로 하나님을 예배하는 데 힘쓰라. 더 나아가서 우리는 다른 사람들의 육신의 필요를 채워 주어야 한다. 성도는 다른 사람들의 배고픔과 갈증을 풀어주고 애통하는 마음을 위로하며 고통당하는 자의 눈의 눈물을 닦아 주어야 한다. 그렇게 할 때 우리는 하늘 백성으로서 이 땅을 살아 '하늘로 땅을 채우는 사람들'이 될 것이다.